Die Mischna

Text, Übersetzung und ausführliche Erklärung

Mit eingehenden geschichtlichen und sprachlichen Einleitungen und textkritischen Anhängen

unter Mitwirkung von

Prof. D. Dr. **Albrecht**-Oldenburg (†) / Prof. D. **Bauer**-Göttingen / Dr. theol. **Bornhäuser**-Mannheim / Prof. D. **Fiebig**-Leipzig / Pfarrer D. Dr. **Frankenberg**-Marburg Prof. D. Dr. **Frhr. v. Gall**-Gießen / Priv.-Doz. Dr. theol. **Haag**-Heidelberg (†) / Dr. **Kapustin**-Berlin / Prof. D. **G. Kittel**-Tübingen / **Kohn**-Mannheim / Pfarrer Lic. Dr. **Kramer**-Gerichshain / Priv.-Doz. Dr. **Kuhn**-Tübingen / Rabbiner Dr. **Lauer**-Mannheim / Prof. Dr **Marmorstein**-London / Prof. D. Dr. **Marti**-Bern (†) / Prof. D. **Meinhold**-Bonn / Prof. D. Dr. **Nowack**-Leipzig (†) / Pfarrer Dr. theol. **Rapp**-Kumase Priv.-Doz. Lic. Dr. **Rost**-Berlin / Pastor Lic. **Sander**-Goldschau / Prof. D. **Volz**-Tübingen / Prof. D. **Weiser**-Tübingen / Priv.-Doz. Dr. theol. **Wendel**-Ober-Breidenbach / Prof. D. **Windfuhr**-Hamburg

herausgegeben von

Prof. D. Dr. **Beer**-Heidelberg / Prof. D. **Holtzmann**-Gießen (†)
Prof. Dr. **Krauß**-Wien / Priv.-Doz. Lic. **Rengstorf**-Tübingen

II. Seder. Mo'ed. 6. Traktat. Sukka

Sukka

(Laubhüttenfest)

Text, Übersetzung und Erklärung

Nebst einem textkritischen Anhang und einer Tafel

Von

Hans Bornhäuser

Dr. theol., Vikar in Mannheim

1935

Verlag von Alfred Töpelmann in Berlin, W. 10

Printed in Germany

Druck der Dieterichschen Universitäts-Buchdruckerei (W. Fr. Kaestner) Göttingen

Meinem Onkel

Prof. D. Karl Bornhäuser

Marburg

Inhalt

Vorbemerkungen

Wer heute einen Mischnatraktat bearbeitet, befindet sich nicht mehr auf jungfräulichem Boden. Ich habe dankbar gelernt, vor allem aus P. Billerbecks ausgezeichnetem, das rabbinische Material in voller Breite aufführendem Exkurs über das Laubhüttenfest [Strack-Billerbeck, Kommentar zum Neuen Testament aus Talmud und Midrasch II (1924) S. 774—812] und aus dem die jüdische Tradition vertretenden Kommentar von E. Baneth [Mischnajot II² (1927) S. 332—358]. Wenn ich sie hier nenne, so deswegen, weil es nicht möglich war, jede Einzelheit, in der ich ihnen in Übersetzung und Kommentar gefolgt bin, mit ihrem Namen zu verzeichnen. Ein dritter muß an dieser Stelle noch erwähnt werden: Fr. B. Dachs, Talmudis Babylonici Codex Succa, Utrecht 1726. Wer diesen 580 Seiten starken Band durcharbeitet, staunt über die Fülle von Gelehrsamkeit, die ihm hier, wenn auch teilweise unter Anwendung anderer wissenschaftlicher Methoden als der heutigen, entgegentritt.

Im Einverständnis mit den Herausgebern der Gießener Mischna ist von einer ausführlichen geschichtlichen Einleitung an dieser Stelle abgesehen und sind außerhalb des eigentlichen Kommentars lediglich Fragen behandelt worden, die mit einer Bearbeitung des Traktats vom neutestamentlichen und spätjüdischen Standpunkt aus unmittelbar gegeben waren. Da die vorliegende Ausgabe jedoch nicht zum Bruchstück werden sollte, war es notwendig, wenigstens in kurzen Zügen die alttestamentlichen Grundlagen für das Fest und seine Riten innerhalb des Kommentars selbst aufzuzeigen, der dadurch an Breite etwas über das übliche Maß hinausgeschritten ist. Vgl. auch die Zusammenstellung der Quellen S. 3, Anm. [4].

Von einem ausführlicheren Eingehen auf die alttestamentliche Seite des Laubhüttenfestes abzusehen, war um so leichter möglich, als dafür auf P. Volz, Das Neujahrsfest Jahwes (Laubhüttenfest) (1912) verwiesen werden kann. Daß diese Schrift in einigen weniger wichtigen Einzelheiten der Darstellung des spätjüdischen Materials der Berichtigung bedarf, hat bereits G. Quell, Das kultische Problem der Psalmen (1926) S. 55f. bemerkt. Das ändert jedoch nichts an der Tatsache, daß ihre in der Formulierung des Titels ausgedrückte Hauptthese sich immer mehr durchsetzt. Für das Verständnis des Mischnatraktats Sukka trägt diese These indessen ebensowenig wie die weitere Ausführung, die ihr unabhängig von Volz S. Mowinckel [Psalmenstudien II. Das Thronbesteigungsfest Jahwäs und der Ursprung der Eschatologie (1922)] gegeben hat, Entscheidendes aus, da der Zerfall des einen Jahwe-Jahresfestes in Neujahrsfest, Versöhnungstag und Laubhüttenfest für die Zeit des Neuen Testaments und der Mischna bereits weit zurückliegt und der Gedankeninhalt des von Mowinckel postulierten Thronbesteigungsfestes auf das spätjüdische Neujahrsfest Rosch-Haschana übergegangen ist (vgl. Mowinckel, a. a. O., S. 82).

Den Herren Prof. D. G. Kittel und Prof. D. P. Volz danke ich für Anregung und Förderung dieser Arbeit. Daß ich neben ihnen besonders Herrn Priv.-Doz. Lic. K. H. Rengstorf zu Dank verpflichtet bin, geht aus ihr selbst hervor (vgl. S. 175f.). Das erste Eindringen in den Stoff, vor allem in die jerusalemische Gemara, wurde mir dadurch erleichtert, daß ich die Unterstützung von Herrn Ch. Horowitz, früher in Tübingen, beim Beginn der Arbeit in Anspruch nehmen durfte. Er hat mir außerdem in ihrem Endstadium aus seiner Kenntnis des heutigen jüdischen Festbrauchs einige Fragen beantwortet. Auch dafür danke ich herzlich.

Die philosophisch-historische Klasse der Heidelberger Akademie der Wissenschaften ermöglichte die Drucklegung des Traktats durch einen namhaften Betrag aus der Merx-Curtius-Stiftung, wofür zu danken ich auch an dieser Stelle nicht versäumen möchte. Endlich danke ich den Herren Herausgebern für ihre unermüdliche Hilfe bei der Korrektur.

Das erste Blatt dieser Arbeit trägt den Namen meines Onkels, Prof. D. Karl Bornhäuser in Marburg. Er hat den Grundstein zu ihr gelegt, indem er mich von meinem ersten Semester an immer wieder darauf hinwies, wie wichtig die Kenntnis des zeitgenössischen Judentums für die Auslegung des Neuen Testaments ist.

Eine im Manuskript fertiggestellte Bearbeitung des Toseftatraktats Sukka, die zugleich mit der Beschäftigung mit dem Mischnatraktat entstanden ist, hoffe ich in der von G. Kittel und K. H. Rengstorf herausgegebenen ersten Reihe der „Rabbinischen Texte“ in absehbarer Zeit vorlegen zu können.

Mannheim, im Februar 1935. **Hans Bornhäuser.**

Einleitung

I. Der Name des Traktats und seine Stellung in der Mischna.

Der Traktat Sukka gehört zu der zweiten Ordnung der Mischna. מוֹעֵד, der Name dieser Ordnung, bezeichnet zunächst eine bestimmte zeitliche oder örtliche Verabredung (1. Sam 20_{35}), der Plural מוֹעֲדִים (Sach 8_{19}) oder מוֹעֲדוֹת (biblisch-hebräisch nur 2. Chron 8_{13}, später häufiger) wird meist von den jährlichen Festtagen und Festzeiten gebraucht und zwar vorzugsweise von den drei großen Wallfahrtsfesten (Num 15_3, Ket V 8), mit Einschluß des Neujahrsfestes (Zeb V 3) und auch des Sabbats (Lev $23_{2\,ff.}$). Daß der Name der alle Feste umgreifenden Ordnung der Mischna im Singular steht, fällt um so mehr auf, als die Bezeichnungen der übrigen fünf Ordnungen Pluralformen sind.

E. Baneth[1]) vermutet, סֵדֶר מוֹעֲדוֹת habe bereits die feste Bedeutung „Lehre vom Kalender“ gehabt und deshalb sei מוֹעֲדוֹת als Überschrift für die zweite Ordnung (סֵדֶר) nicht in Betracht gekommen. Aber an der Stelle, auf die er sich bezieht, j Erub 21c, 19ff., handelt es sich um die Frage, ob man den Feststrauß des Laubhüttenfestes in Alexandria am Sabbat nehmen soll oder nicht. סִדְרֵי מוֹעֲדוֹת kann in diesem Zusammenhang nur „die Ordnungen der Feste“ bezeichnen. Ebenso verhält es sich mit Targ Onk zu Lev 23_{44}, der zweiten Stelle, die Baneth heranzieht. Wo der Kalender gemeint ist, steht nicht מוֹעֵד, sondern עֵת und זְמָן (vgl. die midraschischen Auslegungen zu 1. Chron 19_{32})[2]).

Eher als E. Baneths Vermutung leuchtet die Erklärung ein, die J. Dérenbourg[3]) gegeben hat. Im Anschluß an die Tatsache, daß die fünf Bücher des Pentateuch je nach dem ersten wichtigen Wort (Bereschit usw.) benannt werden (s. etwa j Meg 74a, 4ff.), hält er es von vornherein für wahrscheinlich, daß man bei den sechs Ordnungen der Mischna ebenso vorgegangen ist. Für die zweite (נָשִׁים), vierte (נְזִיקִין) und sechste (טָהֳרוֹת: für טֻמְאוֹת) Ordnung bestätigt sich seine Annahme. Die fünfte sollte demgemäß זְבָחִים heißen, doch da der erste

1) In Mischnajot II^2 (1927) S. 168.
2) Hinweis von Ch. Horowitz, früher in Tübingen.
3) Revue des Études Juives (= REJ) 3 (1881) S. 208ff.

Traktat bereits diesen Namen führte, hat man nach J. Dérenbourg zur Bezeichnung der ganzen Ordnung für dieses Wort ein Äquivalent, nämlich קָדָשִׁים, gewählt. Diese These kann durch den Hinweis darauf noch gestützt werden, daß der Traktat זְבָחִים gelegentlich (z. B. b B meṣ 109b) שְׁחִיטַת קָדָשִׁים genannt wird (vgl. die Parallelerscheinung in der dritten und vierten Ordnung, wo die Sedernamen jeweils mit weniger gebräuchlichen Bezeichnungen des ersten Traktats übereinstimmen: נָשִׁים für Jebamot in der Cambridger Mischnahandschrift, נְזִיקִין für die drei Babot, b B ḳam 30 a u. ö.). Denselben Vorgang wie bei der fünften Ordnung — die erste steht hier wie in anderer Beziehung für sich — vermutet J. Dérenbourg bei der zweiten. Auch hier war das erste für den Namen des Seders in Betracht kommende Wort שַׁבָּת bereits für den ersten Traktat vergeben und deshalb ebenfalls ein Äquivalent nötig. Es bot sich im Anschluß an Lev 23 2ff. in מוֹעֵד.

Man mag diese Erklärung für richtig halten oder nicht, eine Anlehnung der Überschrift der zweiten Ordnung, die schon in b Suk 4b auftritt, an den biblischen Sprachgebrauch, insbesondere an Lev 23 2ff. (vielleicht in der allgemeinen Bedeutung „Festzeit“) empfiehlt sich auf alle Fälle, da das Wort מוֹעֵד im Neuhebräischen sprachlich gesunken ist. Es bezeichnet in der Mischna nur noch die Halbfeiertage des Passah- und des Laubhüttenfestes, so vor allem in dem elften Traktat der zweiten Ordnung מוֹעֵד קָטָן. Der Zusatz קָטָן ist in der übrigen rabbinischen Literatur nicht mehr belegbar, er dient lediglich zur Unterscheidung des Traktats von der Ordnung, in der er steht [1]).

Unter den zwölf Traktaten des zweiten Seders, deren Reihenfolge schwankend ist [2]), ist unser Traktat nach der heute üblichen Zählung des Maimonides der sechste. Während etwa die Ausgabe des babylonischen Talmuds von 1697 ff. [3]) in ihrer Anordnung sich von der chronologischen Reihenfolge der Feste leiten läßt, scheint Maimonides, der hierin den wichtigsten Mischnahandschriften im wesentlichen folgt, die Traktate trotz des Versuchs einer sachlichen Begründung nach ihrem Umfang zu ordnen, ein Prinzip, das sich an den Ordnungen II—VI deutlich beobachten läßt. Damit ist für die Zeit der Redaktion der Mischna indirekt und ganz roh umrissen eine gewisse Bedeutungsfolge der Feste gegeben. Der Sabbat (1. 2.) [4]) ist tatsächlich der wichtigste Feiertag des Judentums, er steht daher mit Recht

1) Vgl. auch den Kommentar zu III 15.
2) Vgl. die Tabelle bei Strack, Einleitung, S. 26 ff.
3) 2. Spalte in der angezogenen Tabelle bei Strack.
4) Traktat 1 und 2 des 2. Seders behandeln den Sabbat.

voran. Es folgen Pesaḥim (3.), Joma oder Kippurim (5.), Sukka (6.), denen gegenüber Rosch Haschana (8.), Megilla (= Purim, 10.) und das Wochenfest, das keinen eigenen Traktat besitzt, in den Hintergrund treten.

Als Name unseres Traktats ist einhellig סֻכָּה überliefert [1]). Das Wort bezeichnet die beim Herbstfest als Festwohnung verwendete „Laubhütte" [2]). Das A. T. kennt סֻכָּה in dieser Bedeutung nur im Plural, vor allem in der Verbindung חַג הַסֻּכֹּת Lev 23 34, Dtn 16 13 u. ö., so im ganzen achtmal. Zusammen mit הֶחָג, „das Fest", und חַג הָאָסִיף, „Einsammlungsfest", kennzeichnet dieser Name das große Herbstfest [3]). Aus der Tatsache, daß einerseits die Singularform סֻכָּה im A. T. als Festwohnung nicht belegbar ist, andererseits חַג הַסֻּכֹּת in der Mischna nicht vorkommt, geht hervor, daß unser Traktat, wie übrigens alle Festtraktate der zweiten Ordnung, seine Überschrift nicht direkt dem biblischen Eigennamen des in ihm behandelten Festes verdankt. Man könnte vermuten, daß sie auf das am meisten auffallende Merkmal des Festes, die Laubhütte, der die beiden ersten Kapitel des Traktates gewidmet sind, zurückzuführen sei, jedoch weist eine Beobachtung, die wir im Seder Moʿed mehrmals machen können, auf einen anderen Weg. Gleich der auf Sukka folgende Traktat wird häufiger nach seinem Anfangswort בֵּיצָה als nach seinem Hauptinhalt יוֹם טוֹב genannt. Auch der zehnte Traktat heißt nach seinem ersten Wort מְגִלָּה und die von seinem Anfangswort מַשְׁקִין abgeleitete Bezeichnung des elften ist älter als die heute gebräuchliche מוֹעֵד קָטָן. Analog diesen Beispielen, denen man noch שְׁבוּעוֹת, den sechsten Traktat der vierten Ordnung, anfügen könnte, hat auch der Traktat Sukka seinen im Talmud nicht belegbaren Namen von dem Wort, mit dem er beginnt, erhalten.

II. Die Feier des Laubhüttenfestes zur Zeit Jesu [4]).

Vgl. P. Volz, Das Neujahrsfest Jahwes (Laubhüttenfest) (1912), bes. S. 2—7, H. L. Strack-P. Billerbeck, Kommentar zum N.T. aus Talmud und Midrasch II (1924) S. 774—812, G. Dalman, Arbeit und Sitte in Palästina I 1 (1928) S. 148—152.

Die beiden ersten Feiertage des Herbstfestkreises der Israeliten,

---

1) סֻכּוֹת, das Strack, Einleitung, S. 41 außerdem anführt, kommt als Name des Traktats in den Texten nicht vor.

2) Weiter siehe den Kommentar zu I 1 a, Anm. 1.

3) Für alles Weitere über die Namen des Festes vgl. den Kommentar zu I 1 b.

4) Die Darstellung beruht auf dem rabbinischen Material, vorwiegend auf dem Mischna- und Toseftatraktat Sukka, zu dem die gleichnamigen Traktate der beiden

Neujahr und der große Versöhnungstag, sind vorüber. Die Ernte ist eingebracht, die Feldarbeit des Jahres zu Ende. Da beginnt man in Jerusalem auf den flachen Dächern und auf den freien Plätzen der Stadt leichte Hütten zu errichten (M I 1). Wie verschieden auch im einzelnen ihre Formen sein mögen, eines ist ihnen gemeinsam: ihr Dach besteht, z. T. wenigstens, aus Laubwerk (M I 1—II 4a). Am Vorabend des 15. Tischri, des jüdischen Monats, der etwa unserem Oktober entspricht, nimmt der Jude seine Hütte, die er mit allem zum Wohnen Notwendigen ausgestattet (M IV 8) und sorgsam geschmückt hat (Tos I 7), mit einem Lobspruch (Tos Ber VII 9) in Be-

---

Talmude und einige Stellen aus den Midraschim treten. Dieses Material baut seinerseits wieder auf dem A. T. auf. Alle anderen Quellen ergeben keine wesentliche Änderung des so gewonnenen Bildes abgesehen von einigen Zügen (vgl. etwa Jos Ant 3, 244), die sich mit ihm schlechterdings nicht in Einklang bringen lassen und deshalb unberücksichtigt bleiben. Um einen Überblick zu geben, werden im folgenden sämtliche erreichbaren literarischen Quellen zum Laubhüttenfest abgesehen von dem rabbinischen Material kurz zusammengestellt. Bei wichtigeren außerbiblischen Stellen erfolgt ein Verweis auf den Ort, wo sie im Kommentar behandelt sind, im übrigen vgl. das Bibelstellenregister.

I. Altes Testament:

1) Stellen, die auf die Gestaltung des Festes im Spätjudentum einen bestimmenden Einfluß ausgeübt haben: Ex 23 16 b, 34 22 b, Lev 23 33-36, 39-43, Num 29 12-38, Dtn 16 13-17.

2) Gelegentliche Erwähnungen des Laubhüttenfestes: Dtn 31 9-13, 1. Kön 8 2. 65. 66. Jer 41 5 (?), Sach 14 16-19, Neh 7 73-8 18, 2. Chron 5 3, 7 8-10, 8 13.

Hierzu kommen noch Anklänge bei den Propheten und in den Psalmen (vgl. die Zusammenstellung bei P. Volz, S. 45 u. 61).

II. Apokryphen und Pseudepigraphen:

1. Makk 10 21, 2. Makk 1 9. 18, 10 5-8, Jub 16 20-31, 32 4-7, 27-29.

III. Neues Testament:

Joh 7 1-8 12 vgl. Exkurs I.

IV. Weitere jüdische Quellen:

1) Josephus:

a) Hauptstelle: Ant 3, 244—247 (S. 28).

b) Einzelne Erwähnungen: Ant 4, 209; 8, 100. 123 f. 225. 230; 9, 154. 157; 13, 372; 15, 50; Bell 1, 73; 2, 515—17; 6, 300. 308.

2) Philo:

a) Hauptstelle: Spec Leg II, 204—213 (S. 32).

b) Einzelne Erwähnungen: Spec. Leg I 189, II 41, Flacc 116—18, Migr Abr 202, Fug 186.

Vgl. noch die fälschlich Philo zugeschriebene Schrift De biblicis antiquitatibus 13 7.

V. Außerjüdische Quellen:

1) Plutarch, Moralia, Quaest conv IV, 6 671 D f. (S. 41 f.).

2) Tacitus, Hist V 5 (?) (S. 41 f.).

nutzung und hält in ihr ein feierliches Festmahl ab (M II 6). Die Nacht ist eben noch warm genug, um draußen zu sein. Man bleibt lange fröhlich beisammen und schläft schließlich in der Laubhütte, wenigstens die allein dazu verpflichteten Männer (M II 4. 8, Tos I 1, II 7). Feste Mahlzeiten hält man fortan während der Festwoche nur hier und nicht im Hause ab (M II 4—6).

Auch droben im Heiligtum über der Stadt geht es festlich zu. Kaum graut der Morgen, da steigt schon ein feierlicher Zug von Priestern herunter zum Schiloaḥ. Mit einer goldenen Kanne schöpft einer von ihnen dort frisch quellendes Wasser. Durch das auf der Südseite des Frauenvorhofs gelegene sogenannte Wassertor kehrt der Zug wieder in den Tempel zurück, begrüßt durch die hellen Posaunenstöße anderer Priester und umjubelt von der Menge des Volkes, das sich inzwischen im Heiligtum eingefunden hat (M IV 9). Es ist, als ob das — nach unseren Begriffen — zu Ende gehende Jahr sich verjüngen sollte. Der mächtige Brandopferaltar ist mit großen Zweigen festlich geschmückt, die man aus einem nahegelegenen Tal unterhalb von Jerusalem herbeigeschafft hat (M IV 5). Auch jeder einzelne männliche Jude hat sich mit einem Strauß versehen. Mit mehr oder weniger Mühe hat er sich die Zitronatfrucht (Etrog), die Bachweiden und Myrthen besorgt und den diese überragenden Palmzweig (Lulab), das Charakteristikum des Festes, der leise im Winde rauscht (M III 1—8a). Die Vorhöfe vermögen die Jerusalemer und die vielen anderen, die aus dem Lande und von weither aus der Diaspora gekommen sind, kaum zu fassen.

Feierlicher als sonst scheint heute das tägliche Morgenopfer vor sich zu gehen. Die freudige Anteilnahme des Volkes erreicht ihren Höhepunkt, wenn der Priester mit der goldenen Kanne langsam die Rampe zum Altar hinaufschreitet und die Wasserspende aus dem Schiloaḥ samt der täglichen Weinspende mit hocherhobener Hand in die zwei Schalen auf dem Altar gießt (M IV 9). Die Tempelmusik setzt ein, die Leviten beginnen ihren Tagespsalm zu rezitieren, und alles Volk wirft sich anbetend zur Erde nieder (M Tam VII 3). Jetzt ordnen sich die Priester zum feierlichen Umzug um den Brandopferaltar. Feststräuße oder große Bachweidenzweige in den Händen, umschreiten sie ihn unter dem Jubel des Volkes und unter neuen Posaunenstößen. Sind die Leviten mit der Rezitation des Hallel (Ps 113—118) zu Ps 118 gekommen, so schüttelt das ganze Volk bei „Danket dem Herrn“ (V. 1 und V. 29) und bei dem „Hosianna“ (V. 25) den Feststrauß, ein Ritus, der im Heiligtum gemeinsam vollzogen wird

(M IV 5), während man draußen im Landgebiet den Feststrauß den ganzen Tag über — ebenfalls mit einem Lobspruch (Tos Ber VII 10) — „nehmen“ kann (M III 9, M Meg II 5).

Das tägliche Gebet setzt auch an diesen hohen Feiertagen nicht aus. In der überfüllten Tempelsynagoge spricht man oder respondiert man auf das Sch'ma und Sch'mone Esre bzw. seine Vorläufer. Mancher bleibt im Lehrhaus, um einen berühmten Schriftgelehrten zu hören; die meisten jedoch kommen zurück zum Altar, wo jetzt das eigentliche Festopfer dargebracht wird (Tos IV 5). Kein Tag im ganzen Jahre kennt eine derartige Fülle von Gemeindeopfern wie der erste Feiertag des Laubhüttenfestes: 13 Stiere, dazu 14 Lämmer, 2 Widder und 1 Bock (M V 6). Kein Wunder, daß sämtliche priesterlichen Dienstabteilungen in dieser Woche in Jerusalem anwesend sein müssen (M V 7).

Den Höhepunkt der Freude erreicht der Festtag jedoch erst am Abend. Bricht die Dämmerung herein, so wird der Tempel herrlich erleuchtet (M V 2. 3). Die ganze Festgemeinde mitsamt den Frauen zieht hinauf zum Heiligtum. Ein Levitenchor steht auf der fünfzehnstufigen Freitreppe, die vom Vorhof der Israeliten in den Frauenvorhof hinabführt, in welchem die Feier stattfindet (M V 2). Gesänge erschallen, Musikinstrumente aller Art, unter denen die Flöte eine hervorragende Rolle spielt (M V 1), ertönen. Je länger die Feier dauert, um so ausgelassener wird das Treiben. Fromme und ehrwürdige Männer sieht man da mit Fackeln einen begeisterten Tanz aufführen (M V 4, Tos IV 4). Männer und Frauen müssen getrennt sitzen, da sonst die überschwängliche Freude immer wieder ausartete (M V 2, Tos IV 1). Der Volksmund prägt den sprechenden Ausdruck: ‚Wer die Freude der „Stätte des Schöpfens“ (Bezeichnung des Nachtlichtfestes, vgl. den Komm.) nicht gesehen hat, der hat sein Leben lang keine richtige Freude gesehen!' (M V 1). Bis zum frühen Morgengrauen dauert die Feier. Kräht der Hahn, so ruft ein dreifaches Posaunensignal zum Aufbruch. Ein feierliches Bekenntnis zu Jahwe versieht das beinahe orgienhaft anmutende Nachtlichtfest zum Schluß ausdrücklich mit einem göttlichen Vorzeichen (M V 4).

Die Hauptkennzeichen des Festes (Laubhütte, Feststrauß, Wasserspende, Bachweidenumzug, Nachtlichtfeier) bleiben auch an den Zwischenfeiertagen (M IV 1—3). Lieder wie Ps 84 oder 120—134 können uns einen Eindruck davon geben, was einen Festpilger beseelt. Der Altardienst setzt eigentlich nie aus. Außer den täglichen und den besonderen Opfern des Laubhüttenfestes werden Gelübde-, freiwillige und andere Opfer mehr in großer Zahl dargebracht (M V 7, Tos IV 19). Zwischendurch besucht man — immer mit dem Feststrauß in der Hand — Kranke und Trauernde (Tos II 10) und versammelt sich wieder mit seinen Gästen zu fröhlicher Mahlzeit in der Laubhütte (Tos IV 5). Der zweite Höhepunkt des Festes ist der siebte Tag, an dem der Umzug um den Altar sogar siebenmal stattfindet. Anschließend schlagen die Priester das Laub der Bachweidenzweige ab; Sommer und Herbst sind aus, der Winter beginnt (M IV 5. 6).

Als wollte man der Gemeinde nach dem Ende des fröhlichen Festes — am siebten Tag benutzt man die Laubhütte zum letzten Mal (M IV 8) — wieder in den Alltag zurückzufinden helfen, wird schon in alter Zeit der Festwoche ein achter Feiertag angefügt, der in wesentlich ruhigeren Formen verläuft als das übrige Fest (Tos IV 17). Die Zahl der Opfer ist gering gegenüber denen der vorhergehenden sieben Tage, Laubhütte, Feststrauß, Wasserspende, Bachweidenumzug und Nachtlichtfest fallen weg, und doch ist man verpflichtet, in Jerusalem zu bleiben (Tos IV 18). Jetzt schaltet man endgültig die Regenbitte bis zum Passah des folgenden Jahres in das Achtzehngebet ein (M Taan II 2) und erwartet das für die Fruchtbarkeit des Landes unentbehrliche kostbare Naß. Am Morgen des neunten Tages brechen die Pilger aus der Diaspora wieder in ihre Heimat auf (M Taan I 3).

III. Bildliche Darstellungen von Symbolen des Laubhüttenfestes im Spätjudentum.

Die Veröffentlichungen von Beyer-Lietzmann[1]) und Müller-Bees[2]) haben die Aufmerksamkeit derer, die sich mit dem Spätjudentum beschäftigen, erneut auf das Gebiet der Archäologie gelenkt. Das häufige Vorkommen von Darstellungen von Symbolen des Laubhüttenfestes, des Lulab[3]) (Feststrauß) und des Etrog[3]) (Zitronatfrucht) erfordern auch im Rahmen dieser Einleitung ein Eingehen auf das von

1) H. W. Beyer und H. Lietzmann, Die jüdische Katakombe der Villa Torlonia in Rom (= Studien zur spätantiken Kunstgeschichte 4) (1930). Vgl. dazu den Aufsatz von K. H. Rengstorf „Zu den Fresken in der jüdischen Katakombe der Villa Torlonia in Rom“ ZNW 31 (1932) S. 33—60. Abgesehen von einigen Stellen, an denen dies ausdrücklich bemerkt ist, bin ich von ihm unabhängig. A. Marmorsteins Aufsatz „Jüdische Archäologie und Theologie“ ZNW 32 (1933) S. 32—41 konnte ich nicht mehr verarbeiten.

2) Die Inschriften der jüdischen Katakombe am Monteverde zu Rom, entdeckt und erklärt v. Nik. Müller, herausg. v. Nikos A. Bees (Schriften herausg. v. d. Gesellschaft z. Förderung d. Wissensch. d. Judentums) (1919).

3) Zur näheren Erläuterung dieser Termini vgl. den Kommentar zu III 1 und III 5.

ihnen gebotene neue sowie auf das ältere Material[1]). Es muß allerdings von vornherein betont werden, daß Lulab und Etrog sich nicht aus dem festen Zusammenhang herausreißen lassen, in dem sie mit dem Schofar (= Horn, vgl. R hasch III 2 ff.), einem Öl- oder Weingefäß, dem Synagogenschrein und vor allem mit dem siebenarmigen Leuchter stehen.

1. Die Verbreitung der Darstellungen.

Das älteste für uns in Betracht kommende Material sind unzweifelhaft die jüdischen Münzen. Bereits auf vier uns erhaltenen Stücken, die Simon Makkabäus 136/5 v. Chr. prägen ließ, finden sich auf je einer oder zwei Seiten Lulab und Etrog dargestellt[2]). Auch die beiden anderen großen nationalen Erhebungen des Judentums in den Jahren 67—69 und 132—135 n. Chr. weisen auf einem Teil ihrer Münzen die beiden Symbole des Laubhüttenfestes auf[3]). Dagegen ist in der Zwischenzeit nichts von ihnen zu entdecken. Ein einfacher Palmzweig ist freilich sehr häufig zu belegen, muß jedoch als allgemeines Zeichen der Fruchtbarkeit oder auch der Huldigung vom Lulab scharf geschieden werden[4]). Bemerkt sei noch, daß auf der großen Anzahl der von F. W. Madden veröffentlichten jüdischen Münzen der siebenarmige Leuchter auffallenderweise nur zweimal vorkommt[5]).

In den Baulichkeiten antiker Synagogen begegnen uns die Symbole des Laubhüttenfestes ebenfalls. Achtmal kam mir die Zusammenstellung Leuchter, Lulab und Schofar zu Gesicht, davon dreimal mit dem Etrog, wozu einmal ein Beschneidungsmesser und einmal eine

---

1) R. Garrucci, Storia dell' arte christiana VI (1881) Taf. 490—492.

F. W. Madden, Coins of the Jews (= The international Numismata Orientalia II) (1881).

Vgl. auch H. Kohl u. C. Watzinger, Antike Synagogen in Galiläa (= 29. wissenschaftl. Veröffentlichung d. Deutschen Orient-Gesellschaft) (1916).

E. Cohn-Wiener, Die jüdische Kunst (1929).

Weitere Literatur in den Anmerkungen bei Beyer-Lietzmann, S. 15 ff.

2) Vgl. F. W. Madden, a. a. O., S. 71 f.

3) Vgl. F. W. Madden, a. a. O., S. 202 f., 239, 244, dazu Zeitschrift für Numismatik 18 (1892) S. 273 ff., Tafel 2. Ebenda,. S. 281 ff., will L. Hamburger auch den von F. W. Madden S. 202 f. für den Aufstand von 67—69 n. Chr. angeführten Münztyp dem Barkokbaaufstand zuweisen.

4) Vgl. Beyer-Lietzmann, S. 25 f.

5) Vgl. S. 102, auf Münzen des Antigonus (40—37 v. Chr.). Ein weiteres Exemplar einer Münze mit Leuchter bei G. F. Hill, Catalogue of the Greek coins of Palestine (1914) S. 213, Nr. 56.

Almosenbüchse (?) tritt [1]). Doch werden sich diese Beispiele sicherlich noch vermehren lassen. Ferner sind Leuchter, Lulab und Schofar auch auf einigen Gebrauchsgegenständen, einer Lampe [2]), einem Ring, zwei Steinschnitten [3]) zu belegen, Etrogim auf einem Siegel und einem Gefäß [4]).

Das jüdische Goldglas des Kaiser Friedrich-Museums in Berlin [5]), das meist — ob mit Recht, sei dahingestellt — als „tempelgeschmückt" bezeichnete des Vatikans [6]) sowie vier der bei R. Garrucci abgebildeten Goldgläser [7]) besitzen sämtlich Lulab und Etrog zusammen mit Leuchter, Synagogenschrein, Horn und Gefäß.

Von den 184 durch Müller-Bees veröffentlichten Inschriften der Katakombe am Monteverde enthalten 70 den Leuchter (davon 7 doppelt), 12 Symbole des Laubhüttenfestes [8]), darunter nur zweimal ohne Verbindung mit dem Leuchter. Hingegen weisen von den 75 Inschriften der Katakombe Torlonia nur 9 den Leuchter auf, Lulab und Etrog fehlen hier ganz. Häufig sind sie jedoch auf Malereien dieser Katakombe sowie auf einigen Sarkophagen und Grabplatten. Die Zusammenstellung ist ähnlich wie bei den Goldgläsern.

2. Die Form der Darstellungen.

Der Lulab ist meist dadurch vom einfachen Palmzweig, neben dem er sich z. B. auf dem Berliner Goldglas befindet, unterschieden, daß an seinem unteren Ende Bachweiden- und Myrthenzweige, die zu ihm gehören und die er nach talmudischer Vorschrift (b Suk 32 b) um mindestens eine Handbreite, tatsächlich jedoch oft um das Doppelte über-

1) Vgl. Cohn-Wiener, a. a. O., S. 90, 112, 116; G. Orfali, Capharnaum et ses ruines (1922) S. 93; S. Krauß, Synagogale Altertümer (1922) nach Seite 312; derselbe, Nouvelles découvertes archéologiques de Synagogues en Palestine in: REJ 89 (1930) S. 410, 412; vgl. auch P. Volz, Neujahrsfest, S. 36.

2) Vgl. E. Becker, Malta sotterranea (1913) S. 77, siehe neuerdings auch A. Reifenberg, Vergleichende Beschreibung einiger jüdisch-palästinischer Lampen, in: The Journal of the Palestine Oriental Society X (1930) S. 63 ff., 67 (zwei Lampen mit Lulab und Etrog).

3) Vgl. R. Garrucci, a. a. O., Taf. 491, Nr. 2, 3, 7.

4) Ebenda, Nr. 16 u. 5.

5) Vgl. Beyer-Lietzmann, Taf. 29, auch J. Leipoldt in: Angelos III (1928) vor S. 1.

6) Vgl. Cohn-Wiener, a. a. O., S. 129, jetzt K. H. Rengstorf, ZNW 31 (1932) S. 49 ff.

7) A. a. O., Taf. 490, Nr. 1. 2. 4. 6. Möglicherweise waren sie einst auch auf den übrigen fünf, heute nur noch in Bruchstücken erhaltenen Exemplaren Nr. 3. 5. 7. 8., Taf. 491, Nr. 1 zu finden.

8) Wir sehen dabei von einigen allein vorkommenden Palmzweigen ab.

ragt, mehr oder minder deutlich abgebildet sind. Die Darstellung ist auf den Grabinschriften nicht selten sehr roh[1]), auf den Goldgläsern deutlicher, ebenso, doch auch hier noch sehr einfach, auf den Malereien der Katakombe Torlonia. Am klarsten veranschaulicht den Feststrauß ein Sarkophag aus Rom[2]), allerdings bereits in einer gewissen Stilisierung, die bei den zeitlich früheren Barkoḵba-Münzen noch erheblich weiter fortgeschritten ist.

Der Etrog, der selten ohne den Lulab auftritt, folgt ihm in der Darstellung. Teils ist er stark runzelig, so auf einem Teil der Monteverde-Inschriften, teils glatt-oval (Monteverde, auch Torlonia). Meist hat er drei Blätter am oberen Ende. Das Größenverhältnis von Etrog und Lulab entspricht in Palästina den mischnischen Bestimmungen (Barkoḵba-Münzen)[3]), in Rom macht der Etrog gelegentlich aus symmetrischen Gründen einen stattlicheren Eindruck als der Feststrauß (Berliner Goldglas, vgl. S. 9 Anm. 5). Neben diesen trotz einzelner Unterschiede auf den Etrog zurückführbaren Formen treten zwei Besonderheiten auf: Einmal eine durch ihren grünen Stengel und ihre rote Farbe deutlich sich von ihm abhebende Frucht, die bei Beyer-Lietzmann[4]) als Mohnfrucht oder Granatapfel gedeutet wird. K. H. Rengstorf hat mich davon überzeugt, daß sie in letzterem Falle nicht als Ersatz für den Etrog betrachtet werden darf. Ferner überrascht neben der mehr vollen Form des Etrog eine längliche, spitz zulaufende Frucht mit starkem Blätterwuchs. Da die Etrogim der Goldgläser ebenfalls diese „Rübenform“[5]) haben, so sind die Übergänge fließend[6]). Sie ist nur da sicher zu belegen, wo sie zusammen mit dem Etrog auftritt, am deutlichsten bei R. Garrucci, a. a. O., Taf. 492, Nr. 1, vgl. auch Taf. 490, Nr. 1, und Beyer-Lietzmann, Taf. 26a. An diesen drei Stellen wird es sich um eines der fünf יָרָקוֹת handeln, mit denen man am Passah seiner Pflicht, Bitterkraut zu essen, genügt (Pes II 6), vermutlich um תַּמְכָה[7]).

1) Müller-Bees, a. a. O., Nr. 111 bezeichnet z. B. den Lulab durch einen kleinen Kreis mit einem schräg nach oben gerichteten Strich.

2) Beyer-Lietzmann, Taf. 28.

3) Vgl. auch F. W. Madden, a. a. O., S. 203, Anm. 5.

4) S. 11, ferner Taf. 4. 6. 12.

5) Bereits R. Garrucci, a. a. O., VI, Textband, S. 157a, spricht von radice = „Rettich“.

6) Die Sachlage wird dadurch noch erschwert, daß gelegentlich auch der Feststrauß ein rübenähnliches Aussehen hat, vgl. etwa Beyer-Lietzmann, Taf. 10.

7) So K. H. Rengstorf, ZNW 31 (1932) S. 60.

3. Der Sinn der Darstellungen.

Bei einem Versuch der Deutung des archäologischen Materials müssen wir von dem am häufigsten vorkommenden Gegenstand, dem siebenarmigen Leuchter, ausgehen. K. H. Rengstorf[1]) hat wahrscheinlich gemacht, daß er ein Symbol des Gesetzes ist (vgl. Ps 119_{105}, Spr 6_{23}). Die beherrschende Stellung, die er einnimmt, läßt sich nur mit der des Fisches oder des Christusmonogramms auf christlicher Seite vergleichen (die hiermit vollzogene Gegenüberstellung ist lediglich der Ausdruck für einen das ganze N. T., besonders aber das Johannesevangelium, durchziehenden Gegensatz: Christus — Tora)[2]). Hier wie dort ist jedoch das ornamentale Interesse schon so stark geworden und der ursprüngliche Sinn der Symbole bereits derart verblaßt, daß zwei Leuchter genau ebenso wie zwei Fische zu den beiden Seiten einer Grabinschrift in einer jüdischen bzw. christlichen Katakombe auftreten können[3]).

Immerhin, die Abbildung des Leuchters bedeutet auch in dieser abgeschwächten Form je nach dem Ort ihres Vorkommens: „Ein frommer Jude, d. h. ein Jude, der sich nach dem Gesetz hält, geht hier ein und aus, bedient sich dieses Geräts, liegt hier begraben". Von diesem beherrschenden Symbol aus sind die übrigen, an den verschiedensten Stellen meist mit ihm zusammen abgebildeten Gegenstände zu verstehen. Sie sind Kennzeichen des frommen, nach dem Gesetz lebenden Judentums. Als solche erscheinen neben dem Synagogenschrein, der in enger Verbindung mit dem Leuchter steht, neben dem Beschneidungsmesser und dem Krug, der doch wohl am richtigsten als Gefäß für den Wein der Mahlzeit des Sabbatvorabends verstanden wird[4]), mit Recht in erster Linie die Symbole der Jahresfeste, des Passah-, Wochen-, Laubhütten- und Neujahrsfestes.

Aber ihr Vorkommen ist sehr verschieden. Vor allem fällt auf, daß Erinnerungen an das Passah, auf das nur ganz selten Mazze und

---

1) A. a. O., S. 52 ff.

2) Vgl. K. Bornhäuser, Das Johannesevangelium, eine Missionsschrift für Israel (1928) S. 13 f.

3) Man vergleiche Müller-Bees, a. a. O., Nr. 107 mit F. J. Dölger, ΙΧΘΥΣ III (1922) Taf. XCIV!

4) So H. Greßmann, „Jewish life in ancient Rome", in: Jewish studies in memory of Israel Abrahams by the faculty and visiting teachers of the Jewish institute of religion (The Alexander Kohut Memorial Foundation), New York (1927) S. 182. Vgl. auch J. Elbogen in: Festschrift zu Israel Lewy's 70. Geburtstag (1911) S. 179 ff.

Bitterkraut (= Lietzmanns Rübe) hinweisen, kaum zu finden sind[1]), daß hingegen nächst dem Leuchter die Symbole des Laubhüttenfestes vorherrschen. Für das Zurücktreten des Passah in der Archäologie[2]) lassen sich verschiedene Gründe angeben. Zunächst ist es als Familienfeier von vornherein nicht in dem Maße auf Öffentlichkeit eingestellt wie das Laubhüttenfest. Ferner hat die Zerstörung des Tempels es viel stärker getroffen als dieses. Den Feststrauß kann man auch in Alexandrien nehmen (j Erub 21c, 19ff.), das Passahlamm nur in Jerusalem schlachten. Schließlich und nicht zuletzt muß betont werden[3]), daß Mazze und Bitterkraut Sinnbilder der Knechtschaft sind (vgl. „Elendsbrot" Dtn 16_3, „Bitterkraut" Pes X 5ff.). Ihnen gegenüber sind Lulab und Etrog hier entsprechend dem ganzen Charakter des Laubhüttenfestes Symbole der dankbaren Freude und — das dürfen wir für den Lulab bereits in früher Zeit voraussetzen — Symbole des Sieges[4]). Zudem wird die Verbindung der messianischen Hoffnung mit dem Laubhüttenfest schon aus der Schrift genährt: Sach $14_{16ff.}$ Von hier aus erhält die Tatsache, daß seine Symbole bereits lange, bevor die Goldgläser und Grabinschriften der Katakomben sie aufweisen, auf den Münzen der jüdischen Nationalerhebungen erscheinen, neues Licht. Mag die Rolle, die diese Gedanken in der Makkabäerzeit spielen, noch klein sein, so ist sie es doch nicht mehr für die zwölf Typen von Tetradrachmen, die L. Hamburger[5]) aus dem Barkokbaaufstand zusammengestellt hat. Diese Münzen tragen sämtlich auf der Vorderseite ein Tempelmotiv, das noch nicht genügend geklärt ist, wahrscheinlich jedoch die „schöne Türe", Apg $3_{2.10}$, also den Eingang in das Heiligtum darstellt[6]), auf der Rückseite den Feststrauß und — mit einer Ausnahme — den Etrog. Sie können direkt als ein Niederschlag der Erwartungen gelten, die den Schluß des Sacharjabuches beherrschen.

Lulab und Schofar auf der Synagogenschranke zu Asdod sowie in

1) Vgl. Beyer-Lietzmann, Taf. 26. 28, R. Garrucci, a.a.O., Taf. 490, Nr. 4. 6, Taf. 492, Nr. 1.

2) Vgl. auch den Kommentar zu I 1 b unter [5].

3) Hinweis von Ch. Horowitz.

4) Vgl. den Exkurs II: Feststrauß und Hosiannaruf im N.T.

5) Zeitschrift für Numismatik 18 (1892) S. 273ff. Sechs Abbildungen auf Tafel 2.

6) Vgl. F. W. Madden, a. a. O., S. 202f. — Daß zur Zeit Barkokbas der Tempel nicht mehr steht, kann dagegen nicht eingewendet werden, die Münzen sind vielmehr ein Beweis für die Glut der auf die Wiederherstellung des Heiligtums gerichteten messianischen Hoffnung. Vgl. dazu A. Schlatter, Geschichte Israels, S. 373ff.

anderer Verbindung mit der Synagoge[1]) erklären sich leicht. Es sind die Symbole der beiden Feste, für die wir in der Zeit nach der Zerstörung des zweiten Tempels eine Feier in der Synagoge kennen: Laubhütten- (Suk III 13) und Neujahrsfest (R hasch IV 1 ff.).

Die Goldgläser und der Ertrag der Katakomben an Inschriften, Malereien und Sarkophagen stehen einander insofern nahe, als einerseits die zeitliche Ansetzung der jüdischen Katakomben noch ungeklärt ist[2]), andererseits die meisten der uns erhaltenen jüdischen wie christlichen Goldgläser ebenfalls aus den Katakomben stammen. Wir fragen: Nötigt die starke Verbreitung von Abbildungen der Symbole des Laubhüttenfestes zu einer über den oben gegebenen allgemeinen Sinn hinausgehenden Deutung; stehen sie, was durch spätjüdische Gedankenverbindungen, wie sie im Kommentar zu IV 10b unter [4] aufgeführt sind, sich nahelegen könnte, in direkter Beziehung zur Auferstehungshoffnung? Für die Goldgläser könnte man es zunächst vermuten, denn zwei von den zwölf ganz oder in Bruchstücken erhaltenen Exemplaren scheinen schon durch ihre Inschriften auf diesen Gedankenkreis hinzudeuten, das Berliner Goldglas (Vale (?) domino vitale cum co(n)iuge et filio tuo . . . felix bene m(erenti))[3]) und das erste der bei Garrucci abgebildeten (Anastasi pie zeses)[4]). Aber bereits die Tatsache, daß keines der gleichzeitigen, nach Hunderten zählenden christlichen Goldgläser einen eindeutigen Hinweis auf die Auferstehungshoffnung enthält, muß uns stutzig machen. Bei näherem Zusehen fallen auch die beiden genannten Inschriften als Beweise weg. Den schwer zu entziffernden Text der ersten interpretiert H. Lietzmann[5]) so, daß die Möglichkeit einer Beziehung auf die Auferstehung wegfällt, und „Anastasi“ ist ganz einfach der Vokativ von Anastasius[6]): „Trinke, Ana-

1) Vgl. oben S. 9, Anm. 1.

2) Vgl. H. Leclerq in: Dictionnaire d'archéologie chrétienne et de liturgie II 2 (1910) S. 2380f.

3) So nach Wulff-Volbach bei J. Leipoldt, Angelos III (1928) S. 1. Zu bene m(erenti) vgl. Müller-Bees, Nr. 4. 95. 99. 102, Beyer-Lietzmann, Nr. 51. 52 (S. 38f.).

4) „Die Umschrift berührt die Auferstehung“, so P. Volz, Neujahrsfest, S. 36. Vgl. auch K. H. Rengstorf, ZNW 31 (1932) S. 58, Anm. 2.

5) Beyer-Lietzmann, S. 45.

6) So schon H. Vopel, Die altchristlichen Goldgläser (1899) S. 82, Anm. 5. — Erstaunlich ist allerdings das Vorkommen des spezifisch christlichen „Anastasius“ auf jüdischem Boden. Immerhin kennt der Thesaurus linguae latinae II (1900 ff.) Sp. 19 auch ein Beispiel für nichtchristliche Verwendung des aus der Auferstehungshoffnung stammenden Namens.

stasius, du mögest leben!" Der Zweck, dem die jüdischen Goldgläser dienen, ist also, trotzdem sie sämtlich spezifisch religiöse Symbole aufweisen, nicht mehr und nicht weniger profan oder sakral als der der gleichzeitigen christlichen: Sie sind Trinkschalen. Wie man den Toten hüben und drüben Gegenstände, die ihnen lieb geworden waren, mit ins Grab gab, so auch diese Goldgläser.

Wenn wir in der Ausschmückung der Grabstätten selbst auf Inschriften, Malereien und Sarkophagen die Sinnbilder des Laubhüttenfestes antreffen, so führt das einen Schritt weiter. Aber auch hier müssen wir mit H. Lietzmann[1]) von der irdischen Feier des Festes ausgehen. Sein eschatologischer Charakter wird damit nicht verkannt. Er zeigt sich bereits auf den Münzen und ist mit der Zeit sicherlich nicht geringer geworden. Aber es wird gelten müssen: Soviel eschatologische Erwartung hinter dem irdischen Laubhüttenfest steht, soviel auch hinter seinen in den Gräbern abgebildeten Symbolen. Wohl begegnen uns die Totenerweckung und der Regen, auf den sich der Feststrauß bezieht, nebeneinander in ein und derselben Bitte der Tefilla, wohl besteht eine gewisse Entsprechung zwischen dem lebenspendenden Wasser und dem totenerweckenden Geist, wohl soll die Auferstehung gelegentlich geradezu durch den Tau erfolgen[2]), aber die Brücke will uns doch etwas zu schmal erscheinen, auf der wir vom Symbolgehalt des Laubhüttenfestes direkt zur Auferstehungshoffnung hinüberschreiten[3]) sollen[4]). Lulab und Etrog sind auch hier nichts mehr als die Kennzeichen eines frommen, nach dem Gesetz lebenden Judentums.

Zusammenfassend läßt sich sagen: Die Bestimmungen des Mischnatraktats Sukka decken sich in allem, was wir beobachten können, mit dem Material, das die Archäologie für das Laubhüttenfest bietet, und gewinnen durch seine Heranziehung an Farbe.

IV. Die Komposition des Traktats Sukka.

Die der vorliegenden Ausgabe des Traktates Sukka vorausgeschickte eingehende Inhaltsübersicht zeigt, wenn wir sie mit der anderer

1) Vgl. Beyer-Lietzmann, S. 23.

2) Die Belege gibt der Kommentar zu IV 10 b unter [4].

3) Der sehr späte Midrasch Pelia zieht direkte Verbindungslinien dieser Art, vgl. M. Grunwald, Zur Vorgeschichte des Sukkothrituals und verwandter Kultformen, in: Jahrbuch für jüdische Volkskunde 25 (1923) S. 445 f.

4) Anders scheint A. Marmorstein zu urteilen, vgl. ZNW 32 (1933) S. 41, Anm. 62.

Mischnatraktate vergleichen, daß seine Gliederung verhältnismäßig durchsichtig ist. Die drei großen Teile, Kap. I und II: Die Laubhütte, Kap. III: Der Feststrauß, Kap. IV und V: Die Feier des Laubhüttenfestes in Jerusalem, fallen sofort ins Auge. Innerhalb dieser deutlich sichtbaren Abschnitte finden sich im Vergleich zu anderen Traktaten nur wenige „Abweichungen“. Der Grund für solche „Abweichungen“ und für den für unsere Begriffe teilweise wenig systematischen Aufbau innerhalb der einzelnen Kapitel[1]) liegt hauptsächlich in zwei Tatsachen, die man sich immer wieder vergegenwärtigen muß, wenn man an die Mischna herantritt. Einmal ist sie aus der lebendigen Diskussion über die Fragen der religiösen Praxis entstanden und gehorcht deren Gang. Das zweite, was es zu beachten gilt und worauf K. H. Rengstorf[2]) hingewiesen hat, ist die Gedankenassoziation, durch die manche Dinge in einen Traktat hineingeraten, die gar nicht zu seinem Thema passen. So stehen in III 12b zwei Verordnungen Rabban Joḥanan ben Zakkais nebeneinander, von denen die zweite, die sachlich mit dem Laubhüttenfest nicht das Geringste zu tun hat, eigentlich in den Traktat Menaḥot gehört und sich dort tatsächlich noch einmal findet (Men X 5). Lediglich ihrem Zurückgehen auf denselben berühmten Autor verdankt sie ihre Wiederholung in Suk III 12b sowie in R hasch IV 3. Ähnliches läßt sich am Schluß des Traktates beobachten. Nachdem die Darbringung der Opfer des Laubhüttenfestes durch die 24 priesterlichen Dienstabteilungen geordnet ist (V 6), wird von ihrem Anteil an den Opferstücken und am Schaubrot gesprochen. Hierbei sind jedoch die andern beiden Wallfahrtsfeste eingeschlossen (V 7). Zuletzt wird der Gedanke sogar auf die gewöhnlichen Sabbate des Jahres ausgedehnt (V 8).

Während es sich in den bisher genannten Beispielen um Dinge handelt, die ihrem Stoff nach über den Traktat hinausgehen, läßt sich weiterhin innerhalb des Stoffes des Traktates selbst eine Anwendung mnemotechnischer Hilfsmittel beobachten, ohne die ein genaues Einprägen der Lehre in einer Zeit, wo schriftliche Aufzeichnungen entweder noch nicht bestanden oder doch nicht in jedes Schülers Hand waren, nicht möglich gewesen wäre. Solche Hilfsmittel sind Stichwörter, durch die in weniger straff gegliederten Abschnitten die ein-

1) Der Hinweis, den Rengstorf, Jebamot, S. 42*, Anm. 1 auf Maimonides' die ganze Überlieferung abschließendes und systematisch ordnendes Werk מִשְׁנֵה תּוֹרָה gibt, sei hier wiederholt. Im Vergleich mit den für unseren Traktat in Frage kommenden Abschnitten aus seinen הלכות שופר וסוכה ולולב tritt die Eigenart der Mischna sofort deutlich hervor.

2) A. a. O., S. 43*.

zelnen Sätze zusammengehalten werden. So stehen z. B. I 4—6 unter dem Stichwort מְסַכְּכִים, für II 1. 2 lautet es מִטָּה, für II 3—4a אִילָן, für II 4d—6 אָכַל[1]). Daneben sind allerdings zwei Sätze, die durch die Worte פְּטוּרִים מִן הַסֻּכָּה beherrscht werden, nicht zusammengestellt, sondern aus sachlichen Erwägungen getrennt: II 4bc, 8a[2]).

Die Behandlung der einzelnen Stoffe ist innerhalb des Traktates ziemlich verschieden. Während in Kap. I etwa die Frage der Verwendung von Brettern und Balken für das Dach der Laubhütte sich über drei Halakot I 6—8 erstreckt, sind in der kurzen Halaka II 4 in knappen Sätzen drei bzw. vier ganz verschiedene Gedanken zusammengedrängt.

Sehen wir auf das Ganze des Traktats, so sind die Bestimmungen in Kap. I und II nicht gerade ungeordnet, aber doch nur verhältnismäßig lose aneinandergereiht. Kap. III ist demgegenüber bereits deutlicher disponiert. Der Zusammenhang von III 1—7 wenigstens, der den Feststrauß beschreibt, ist fest und zwingend. Von III 8 bis zum Schluß des Kapitels wird er wieder lockerer. Sätze wie III 9, 11b und 14 lassen sich in einen fortlaufenden Gedankengang nicht einordnen.

Am durchsichtigsten ist die Gliederung des Traktats in Kap. IV und V, die abgesehen von V 5—8 eine geschlossene Einheit bilden und die Feier des Laubhüttenfestes in Jerusalem zur Zeit des zweiten Tempels beschreiben. Hier kann man geradezu von einem kunstvollen Aufbau sprechen. IV 1 stellt eine kurze Zusammenfassung der Dauer der sieben Riten des Festes an die Spitze, die für die beiden ersten in IV 2. 3 noch genauer bestimmt wird. Dann folgt nach der in IV 1 gegebenen Reihenfolge die Darstellung der Ausführung der einzelnen Riten, in der ein begründender Satz wie IV 10b beinahe als Ausnahme steht. Es ist bedeutsam, daß dies geschlossene Bild durch keine Kontroverse zwischen einzelnen Rabbinen unterbrochen wird. Lediglich fünfmal ist der sonst anonymen Schilderung die abweichende Ansicht eines Tannaiten angefügt, während im übrigen Traktat 36 mal die Namen von Rabbinen erscheinen. Von diesen fünf kurzen Sätzen entfällt einer auf den sonst in Sukka nicht mehr genannten Rabbi Johanan ben Beroka (etwa 90—130 n. Chr.), die übrigen vier äußert Rabbi Jehuda ben El'ai, der in unserem Traktat, wie in der Mischna überhaupt, am häufigsten vorkommt.

---

1) Joach. Jeremias hat neuerdings in ZNW 29 (1930) S. 147—149 auf die Bedeutung dieser Zusammenhänge für die Synoptikerforschung hingewiesen.

2) Vgl. den Kommentar zu II 4b.

Diese Beobachtung läßt vermuten, daß IV 1—V 4 bereits in früher Zeit eine Einheit gebildet haben. Der Schluß des Traktats hebt sich von dem Vorhergehenden deutlich ab und ist etwas später anzusetzen. Das dreimalige Vorkommen des die Entfernung von Jerusalem klar zum Ausdruck bringenden שָׁם legt das im Zusammenhang mit anderen Gründen nahe[1]). Es ist durchaus nicht so, als ob Suk IV 1—V 4 formal in der Mischna einzig dastünde. Ein ähnlicher Abschnitt findet sich z. B. Sanh VII 4—VIII 5. Nach einer Aufzählung der Verbrechen, die mit Steinigung bestraft werden (VII 4a), werden von VII 4b bis VIII 5 die einzelnen Punkte — wie in Sukka die Riten des Laubhüttenfestes — nacheinander abgehandelt. Doch ein charakteristischer Unterschied besteht. In Sanhedrin sind es Einzelfälle, die von einander gesondert werden können, während in Sukka eine lebendige Einheit, die durch ihre Anschaulichkeit den Augenzeugen verrät, organisch gegliedert wird. Damit sind wir berechtigt, für Suk IV 1—V 4 ein hohes Alter anzunehmen. Die Überlieferung redet davon, daß es bereits vor Rabbi Jehuda ha-Nasi, dem Redaktor der Mischna, halakische Sammlungen gegeben hat, so von Rabbi Me'ir (b Sanh 86a) und noch früher von Rabbi ʿAkiba (Sanh III 4), die wohl nie schriftlich fixiert waren, aber nichtsdestoweniger in greifbarer Form existiert haben müssen[2]). Allerdings, ob Rabbi Jehuda hier zu einem Traditionsstück seines Lehrers ʿAkiba oder seines Gegners Me'ir oder, was am wahrscheinlichsten wäre, zu einer uns weiter nicht mehr bekannten מִשְׁנָה רִאשׁוֹנָה (Sanh III 4) eigene Überlieferungen hinzugefügt hat, das festzustellen, ist heute unmöglich. Hier liegt alles im Dunkel.

Über die Entstehungszeit von Kap. I—III etwas Greifbares auszusagen, darauf müssen wir vollends verzichten. Wir beschränken uns darauf, auf dem Wege der Negation herauszustellen, daß sekundäre Stoffe in ihnen mit Sicherheit nicht nachweisbar sind. L. Rosenthal[3]) hat zwar die spätere Zufügung der זֶה הַכְּלָל-[4]) und der מַעֲשֶׂה[4])-Stücke behauptet. Aber eine genauere Betrachtung der in Frage kommenden Stellen des Traktats Sukka I 4; II 1. 3. 5. 7. 8; III 8 zeigt, daß sie fest mit ihrer Umgebung verbunden sind, ja daß an den מַעֲשֶׂה-Stücken, wie II 1 deutlich beweist, gerade die Halaka entsteht. Man könnte ferner meinen, ein Satz wie I 11b, der ohne erklärlichen Grund am Ende des Kapitels steht, sei, nachdem die Behandlung der für die Bedachung der Laubhütte in Betracht kommenden Stoffe bereits mit

1) Vgl. den Kommentar zu V 5. 2) Vgl. Strack, Einleitung, S. 18f.

3) Bei Strack, Einleitung, S. 20.

4) Vgl. für diese Termini den Kommentar zu I 4 und II 1.

I 8 abgeschlossen war, später hinzugekommen; doch die Tatsache, daß er Tos Suk I 10 im gleichen Zusammenhang steht, mahnt zur Vorsicht. Daß die Schriftbegründung in II 6, die sich für ganz andere Dinge auch Ḥag I 7 findet, nicht zum ursprünglichen Bestand des Traktates gehört, läßt sich ebensowenig nachweisen.

Abschließend ist jedoch zu betonen, daß auch in Kap. I—III kein tannaitischer Lehrer auftritt, der später als Rabbi Jehuḏa ben El'ai (etwa 130—160 n. Chr.) gelebt hat. Wenn auch diese Tatsache keinen sicheren Schluß auf die Abfassungszeit unseres Traktats zuläßt, so ist es doch wahrscheinlich, daß er in der Hauptsache bereits geraume Zeit vor 200 n. Chr. seine heutige Gestalt gewonnen hat.

V. Das Verhältnis des Mischnatraktats Sukka zu dem gleichnamigen Traktat der Tosefta.

Wenn in zweien der letztveröffentlichten Traktate der Gießener Ausgabe der Mischna, K. H. Rengstorf, Jebamot (1929), und E. L. Rapp, Mo'ed qaṭan (1931), — früher schon P. Fiebig, Rosch ha-schana (1914), — je ein Abschnitt über das Verhältnis des behandelten Mischnatraktats zu dem entsprechenden Traktat der Tosefta erschien[1]), so geschah dies — und geschieht dies auch hier wiederum — aus der Erwägung heraus, daß das Verhältnis von Mischna und Tosefta eines der wichtigsten Probleme der spätjüdischen Literatur ist, und weiter, daß ein Mischnatraktat, ganz abgesehen von der Lösung der Frage nach dem literarischen Verhältnis der beiden Texte, ohne Kenntnis des entsprechenden Toseftatraktates kaum richtig kommentiert werden kann.

A. Schwarz[2]) hat gegenüber der Zuckermandel'schen These, daß wir in der Tosefta den Rest einer palästinischen Mischna vor uns haben, mit Recht darauf hingewiesen, daß in der Mischna der Name Rabbi's, der gemeinhin als ihr Redaktor gilt, kaum 30 mal, in der Tosefta hingegen mehr als 200 mal genannt werde. Damit deckt sich, um das gleich vorweg zu nehmen, die Tatsache, daß M Sukka nur Rabbinen aufweist, die in oder vor der dritten tannaitischen Generation[3]) gelebt haben, daß sich jedoch in Tos Sukka vier Tannaiten

---

1) Vgl. ferner neuestens S. Krauß, Sanhedrin-Makkoṯ (1933). Der dort (S. 16 ff.) gebotene Abschnitt konnte hier nicht mehr berücksichtigt werden.

2) Die Tosifta des Traktats Nesikin Baba Kamma, Frankfurt a. M. (1912), zitiert nach Strack, Einleitung, S. 76.

3) Zählung der Generationen nach Strack, Einleitung, S. 119 ff.

der vierten Generation finden. Diese Beobachtung bestärkt uns in dem von vornherein sich empfehlenden Grundsatz, zunächst einmal von der traditionellen Auffassung des Verhältnisses von Mischna und Tosefta auszugehen, wie sie sich in dem Namen der letzteren (תּוֹסֶפְתָּא = „Hinzufügung", „Zusatz") ausspricht, zumal diese Bezeichnung bereits in talmudischer Zeit im Munde von Rabbi Joḥanan bar Nappaḥa († 279 n. Chr.) auftritt (b Sanh 86 a). Wenn wir uns weiter vergegenwärtigen, daß die Mischna die Zusammenfassung der Gesetzestradition ist, während die Tosefta immer „außerkanonisch" blieb, so bedeutet das für die Beschäftigung mit diesen beiden Strömen spätjüdischer Überlieferung, daß wir von der Mischna zur Tosefta fortschreiten. Der erste Eindruck ist dabei für Sukka[1]) ähnlich wie der, den K. H. Rengstorf[2]) für Jebamot wiedergegeben hat:

Der Stoff der Tosefta ist einmal weniger geordnet als der der Mischna; er ist ferner breiter angelegt. Man vergleiche z. B. die gedrängte Kürze, in der M II 4 drei knappe, inhaltsreiche Sätze nebeneinanderstehen, mit der Ausführlichkeit, in der Tos II 1—3 denselben Stoff behandelt. Die Zahl der erzählenden מַעֲשֶׂה-Stücke der Tosefta überwiegt die der Mischna bei weitem; das Verhältnis ist dreizehn zu sechs. Dazu kommen in der Tosefta neben kleineren midraschischen Sätzen, denen in der Mischna lediglich die Bezugnahme auf Ḳoh 1_{15} in II 6 b gegenübersteht, drei ausgedehnte, teilweise in hohem Maße Midraschcharakter tragende „Abweichungen", die nur sehr lose mit dem übrigen Traktat verbunden sind. Sowohl der erste über die Verfinsterung der Himmelskörper II 5—6 als auch der zweite über den Heilsstrom der Endzeit (Ez $47_{1ff.}$) III 3—13 könnten entfernt werden, ohne eine spürbare Lücke zu hinterlassen. Neben diesen Hauptzügen treten kleinere Unterschiede in den Hintergrund. In der Zurückführung einzelner Halaḵot auf verschiedene Rabbinen setzt Tos I 7 statt des M I 7 überlieferten Rabbi Me'ir die „Weisen" ein. Tos III 1. 3 fügen zu dem Namen des M IV 4 (Zusatz der Editiones principes der Talmude) auftretenden Rabbi Eliʿezer die ihn ändernde nähere Bestimmung „ben Jaʿaḳoḇ" hinzu; die anonym erscheinende Halaḵa V 1 a wird Tos IV 14 zur einen Hälfte Rabbi Jose ben Jehuḏa, zur andern den „Weisen" zugeschrieben. Das ist aber in dieser Beziehung auch alles. Definitionen sind in der Mischna wie in der Tosefta selten, was damit zusammenhängen wird, daß im Volke der Festbrauch im allgemeinen

1) Auf diesen Traktat ist im folgenden allein Bezug genommen.

2) Jebamot, S. 48 *.

bekannt war. Mit der typischen Definitionsfrage אֵי זֶה הוּא [1]) eingeleitet, finden sich im Mischnatraktat ein, im Toseftatraktat zwei Sätze [2]).

Um diesen ersten Eindruck zu vervollständigen, empfiehlt sich als der methodisch am besten geeignete Weg die Anlage einer eingehenden „Synopse" der beiden Traktate. A. Guttmann [3]) hat hier einen richtigen Anfang gemacht. Eine nähere Beschäftigung mit seiner Arbeit zeigt jedoch, daß sie wegen ihrer Paralleltabellen weniger Material bringt, als man zunächst erwartet. Der zweite Schritt ist die Herausarbeitung des Sondergutes des Mischna- sowohl wie des Toseftatraktates, worüber jedoch drittens der Blick für die Fragen der inneren Einheitlichkeit sowie der Selbständigkeit bzw. Abhängigkeit der beiden Größen voneinander nicht verloren gehen darf. Eine Durchführung dieser Grundsätze ergibt für den Traktat Sukka:

1. Gemeinsames Traditionsgut.

a) Tos Suk weist zwar ein Kapitel weniger auf als M Suk; aber aufs Ganze gesehen läuft der Stoff in beiden Traktaten vollkommen parallel. Tos I behandelt wie M I die Laubhütte und das aus M II zu diesem Thema zu ziehende Material, Tos II 1—4 entspricht M II unter dem Thema: „Die Verpflichtung zum Wohnen in der Laubhütte". Nach der „Abweichung" über die Verfinsterung der Himmelslichter Tos II 5. 6 handelt der Rest des zweiten Kapitels der Tosefta (7—11) wie das dritte der Mischna über den Feststrauß. Die je zwei letzten Kapitel der beiden Traktate entsprechen einander wieder vollständig.

b) Wie diese Parallelität im einzelnen sich darstellt, mag an dem Verhältnis von M III zu Tos II 7—11 kurz veranschaulicht werden. Tos II 7. 8 behandelt wie M III 1—7 die Bestandteile des Feststraußes, enthält jedoch erheblich weniger Material. Während Palmzweig, Myrthe und Bachweide in der Mischna in je einer Halaḵa ausführlich und unter sich einheitlich besprochen werden, gibt die Tosefta nur kurze Sätze über den Palmzweig, dann die Bachweide, weiter über Myrthe und Bachweide zusammen. Tos II 8b erwähnt hierauf das Maß der drei bisher genannten Zweige; es folgt analog M III 4 eine Angabe über ihre Anzahl einschließlich des Etrog. Dieser M III 5—7 eingehend behandelten Frucht ist in der Tosefta nur ein ganz kurzer, gegenüber dem Stoff der Mischna nebensächlicher Satz gewidmet

---

1) Vgl. den Kommentar zu I 1 b.

2) Die von Rengstorf, Jebamot, S. 49*, Anm. 1, für Jebamot als weiterführend angegebene Zählung der Termini trägt für Sukka nichts Wesentliches aus.

3) Das redaktionelle und sachliche Verhältnis zwischen Mišna und Tosephta (1928).

(II 9a). Nach einer mit einem מַעֲשֶׂה-Stück verbundenen Kontroverse über verwelkte und vertrocknete Feststräuße wendet sich Tos II 10 wiederum ganz parallel zu M III 8 der Frage des Bindens des Feststraußes zu. In beiden Traktaten werden die „Männer von Jerusalem" hierzu als Beweis angeführt; in der Tosefta wirken sie als Stichwort, sodaß sich ein ins einzelne gehender Bericht darüber anschließt, wie sie den Feststrauß den ganzen Tag mit sich herumgetragen haben. Es folgt Tos II 11 unabhängig die M III 13 als Begründung verwendete Bestimmung, man dürfe am ersten Feiertag seine Pflicht nur mit seinem eigenen Feststrauß erfüllen. Daran knüpft sich ein מַעֲשֶׂה, das zeigt, wie man diese Bestimmung im gegebenen Fall der Notlage anpaßte. Den Schluß des zweiten Kapitels der Tosefta bildet ein sachlich M III 14a entsprechender Satz vom gleichen Autor.

Die Parallelität würde sich noch weiter aufzeigen lassen, doch beschränken wir uns in diesem Zusammenhang darauf, festzustellen, daß im Unterschied von Beobachtungen, wie sie Rengstorf[1]) für Jebamot gemacht hat, Inversionen gegenüber M Suk in Tos Suk kaum vorkommen, was sicherlich wieder mit dem Charakter des behandelten Stoffes zusammenhängt. Wie in M Suk II einige Sätze stehen, die Maimonides in הלכות שופר וסוכה ולולב zu seinem zweiten Kapitel über die Beschaffenheit der Laubhütte zieht, um im folgenden dritten nur den Stoff über die Verpflichtung zum Wohnen in ihr zusammenzustellen, so enthält auch Tos Suk II 2 Ende und 3 Anfang drei kurze Sätze, die wir, wollten wir systematisieren, bei Kap. I einfügen müßten. Außerdem erfahren wir bereits Tos I 1, daß die Frau nicht verpflichtet ist, in der Laubhütte zu wohnen, was M Suk erst in II 8 bringt. Eine Inversion kann man das jedoch kaum nennen, da lediglich der Zusammenhang eines מַעֲשֶׂה-Stückes, das an Tos I 1 (= M I 1a) sich anschließt, diese Feststellung hervorruft. Abgesehen davon ist hier nur Tos I 8 zu erwähnen, ein Satz, der wie ein erratischer Block in seiner jetzigen Umgebung steht. Auf ihn hat bereits A. Guttmann[2]) hingewiesen, dessen Zettelerklärung wir allerdings nicht übernehmen können[3]).

2. Das Sondergut in M und Tos Sukka.

a) Bei den erzählenden מַעֲשֶׂה-Stücken der Tosefta, die, wie bereits oben gesagt wurde, die der Mischna weit überwiegen, handelt es sich fast ausschließlich um Sondergut. Nur Tos III 16 ist = M IV 9d

1) Jebamot, S. 48*. 2) A. a. O., S. 78.

3) Vgl. meine später erscheinende Ausgabe des Toseftatraktats Sukka z. St.

und Tos II 10 = M III 8a. Das letzte Vorkommnis findet sich samt der Kontroverse, in der es steht, wörtlich sowohl im Mischna- wie im Toseftatraktat [1]). Abgesehen von diesem längeren Stück sind wörtliche Übereinstimmungen nur in Kurzzeilen meist halakischen Inhalts (so etwa M I 1a = Tos I 1a) festzustellen, und zwar außer der genannten Stelle an zwölf Punkten, die sich über alle Kapitel verteilen.

b) Wenn wir von den מַעֲשֶׂה-Stücken zu den eigentlichen Halakot übergehen, so müssen wir im Auge behalten, daß eine Scheidung zwischen diesen beiden Gruppen sachlich nicht möglich ist, da die ersteren meist in engem Zusammenhang mit den Fragen der Halaka stehen, die man oft direkt aus ihnen hervorwachsen sieht. Für unsere Betrachtung ist jedoch eine formale Unterscheidung beider angebracht.

α) Beginnen wir mit der Tosefta. Sie enthält

αα) eine ganze Anzahl halakischer Sätze, die wir im Mischnatraktat Sukka und auch in der übrigen Mischna nicht vorfinden, so etwa, daß eine geraubte Laubhütte untauglich ist I 4, ferner, welche Längenmaße für die zum Feststrauß zu vereinigenden drei Pflanzenarten vorgeschrieben sind II 8, oder daß es nicht erlaubt ist, statt des Etrog eine andere Frucht zu nehmen II 9.

ββ) Neben diesen wichtigeren Bestimmungen enthält Tos Suk umfangreichere Stücke, an deren Spitze ein mit M Suk wörtlich übereinstimmender Satz steht, der dann weiter entfaltet wird. So ist etwa aus Tos Suk II 2 ersichtlich, was M II 5 „krank" heißt, aus Tos IV 11. 12, wie das Blasen zur Ankündigung des Sabbats M V 5 ausgeführt wird, aus Tos IV 1, was mit תִּקּוּן גָּדוֹל M V 2a gemeint ist.

γγ) Schließlich finden sich Halakot, von denen man den Eindruck hat, daß sie sich erst sekundär zu einem bestimmten Stichwort angereichert haben, z. B. die verschiedenen Arten von Materialien für das Laubdach I 4—5 zu dem auch die Mischna in den parallelen Sätzen beherrschenden Stichwort מְסַכְּכִין, ferner die Ausführungen über die Matte I 10 (vgl. M I 11b) oder über die Verletzung des Altars III 16 (vgl. M IV 9d).

β) Das Urteil „sekundär" muß allerdings mit allem Vorbehalt ausgesprochen werden, denn wir müssen uns — das kann nicht oft genug betont werden — hüten, unsere „Logik" in die Texte einzutragen. Es gewinnt erst etwas mehr Farbe, wenn wir zum Vergleich den um-

1) A. Spanier, Die Toseftaperiode in der tannaitischen Literatur (1922) S. 120, vermutet daher, daß es sich hier um eine spätere Übertragung aus der Tosefta in die Mischna handelt.

gekehrten Weg einschlagen und ein paar charakteristische Beispiele für die Frage herausgreifen, welche halakischen Stoffe, die der Mischnatraktat enthält, im Toseftatraktat nicht anzutreffen sind: Tos Suk besitzt keinerlei Bestimmungen über das Essen in der Laubhütte (vgl. M II 4d—6), ferner keinerlei Angaben über das Schütteln des Feststraußes (vgl. M III 1b. 8bc. 15b); der Terminus נָטַל für die Erfüllung des Feststraußgebotes fehlt völlig (vgl. M III 9. 12. 13), ebenso die „liturgischen" Stücke (M III 8bc. IV 5b). Die hier genannten Stoffe sind für eine Schilderung der Feier des Laubhüttenfestes und seiner Riten unentbehrlich. In diesem Sinne sind wir berechtigt, sie gegenüber den oben unter γγ) angeführten als „primär" zu bezeichnen.

3. Die Frage der inneren Einheitlichkeit und der Selbständigkeit bzw. Abhängigkeit der beiden Texte voneinander.

a) Der Mischnatraktat Sukka stellt, wie in Abschnitt IV über seine Komposition[1]) bereits gezeigt wurde, ein relativ durchsichtiges und in sich verständliches Ganzes dar. Das Wort „relativ" muß dabei betont werden, denn es gibt tatsächlich in M Suk einige wenige Punkte, die ohne Kenntnis des Toseftatraktates dunkel bleiben würden, so etwa der Ausdruck תִּקּוּן גָּדוֹל V 2a oder der kurze, den Mischnatraktat abschließende Satz über die priesterliche Dienstabteilung Bilga V 8c.

b) Es überwiegen jedoch demgegenüber weitaus die Stellen in Tos Suk, die ohne Zuhilfenahme des Mischnatraktates schlechterdings unverständlich sind. Denn während wir von der Tosefta aus in den meisten Fällen Sätze, die in M Suk vorkommen, erläutern können, treten in Tos Suk außerdem Termini auf, die uns wohl von M Suk her vertraut sind, die jedoch hier völlig zusammenhangslos dastehen. Vgl. etwa die in Tos III 3 ganz unvermittelt erscheinende Frage: „Warum heißt es Wassertor?". Oder — ein besonders deutliches Beispiel — M Suk V 1b steht das „Sprichwort": „Wer die Freude der Stätte des Schöpfens nicht gesehen hat, der hat sein Leben lang keine richtige Freude gesehen." Tos Suk hat diesen Satz nicht, wohl aber tauchen an der Stelle, die dem Zusammenhang, in dem er in der Mischna steht, genau entspricht, die Worte auf: „Wer die Doppelstoa von Alexandrien nicht gesehen hat, der hat die große Herrlichkeit

1) Vgl. oben S. 14ff.

Israels sein Leben lang nicht gesehen" (IV 6)[1]. Es kann gar kein Zweifel darüber bestehen, daß diese beiden formal ganz analog gebauten Sätze irgend einmal beieinander gestanden haben[2]. Weitere Beispiele können an dieser Stelle nicht gegeben werden; es sei nur noch bemerkt, daß sich mindestens zehn Punkte herausgestellt haben, die in ähnlicher Weise von M Suk aus ihre Aufhellung erfahren.

c) Soweit der Textbefund. Er hat gezeigt, daß es nicht angeht, einen der beiden einander entsprechenden Traktate einseitig für den anderen vorauszusetzen. Am ehesten könnte man durch die zweite der 2 bα) innerhalb der Tosefta unterschiedenen Stoffgruppen auf diesen Gedanken kommen. Die Vermutung liegt zunächst nahe, daß die dort unter ββ) genannten näheren Ausführungen von Termini und Sätzen des Mischnatraktats erst nach dessen grundlegender Fixierung entstanden sind. Aber der Name Tosefta = Zusatz, von dem wir ausgingen, bestünde nicht nur bei dieser wenig wahrscheinlichen Annahme zu Recht, sondern auch bei der anderen, daß diese Erläuterungen demselben mündlichen Traditionsstrom entstammen wie die Mischna, bei deren Redaktion als selbstverständlich und daher sie unnötig belastend abgestoßen, später jedoch zusammen mit anderen Stoffen, die ebenfalls wertvoll schienen (vgl. etwa die Gruppen 2 a), 2 b αα) und γγ)), durch Aufzeichnung vor der Vergessenheit bewahrt wurden.

Noch ein Weiteres zeigt der Textbefund. Wir erhalten im Unterschied von K. H. Rengstorf[3] ein „geschlosseneres Bild", wenn wir den Mischnatraktat aus dem Toseftatraktat ergänzen, als wenn wir umgekehrt verfahren. Was Rengstorf vom Toseftatraktat Jebamot sagt, daß er „bei eingehenderer Beschäftigung mit ihm sehr an Einheitlichkeit gewinne", kann vom Toseftatraktat Sukka nur unter der Bedingung gelten, daß man ihn an Hand des Mischnatraktates liest, da er ohne diesen nicht verständlich ist (vgl. das oben unter 2 b β) und 3 b) Gesagte)[4]. Von hier aus erheben sich Bedenken gegen die Auffassung, die E. L. Rapp[5] auf Grund seines Vergleiches von

1) Hier schließt sich in Tos Suk eine Beschreibung dieser berühmtesten jüdischen Synagoge des Altertums an, vgl. auch b Suk 51 b Bar.

2) Den Grund ihrer Trennung hoffe ich in der Bearbeitung des Toseftatraktats Sukka deutlich machen zu können. — Das lehrreiche Beispiel fehlt bei A. Guttmann. 3) Jebamot, S. 49*f.

4) Dieser schon vor etwa einem Jahr niedergeschriebene Satz hat sich mir inzwischen durch meine Arbeit an der später erscheinenden Ausgabe des Toseftatraktates Sukka vollauf bestätigt. 5) Mo'ed qaṭan, S. 15 ff.

Mischna und Tosefta Mo'ed ḳaṭan vertritt. Er ist der Ansicht, der Toseftatraktat Mo'ed ḳaṭan sei als Ganzes älter als der entsprechende Mischnatraktat. Von Sukka ließe sich Entsprechendes nicht beweisen.

Mit der Feststellung der eigenen und der Abgrenzung gegenüber den Ergebnissen K. H. Rengstorfs und E. L. Rapps sei der Abschnitt über das Verhältnis des Mischnatraktats Sukka zu dem gleichnamigen Traktat der Tosefta abgeschlossen. Es wird als das Recht eines Anfängers auf diesem Gebiete gelten dürfen, solange er das Verhältnis von Mischna und Tosefta erst an der Hand eines kleinen Traktates gründlich kennt, darauf zu verzichten, sich einer der bestehenden Hypothesen über dieses Verhältnis anzuschließen oder gar selbst eine solche aufzustellen[1]). Die hier zusammengestellten Beobachtungen mögen samt der eingehenderen Beleuchtung des Problems, die ich anläßlich der Bearbeitung des Toseftatraktates Sukka in absehbarer Zeit vorzulegen hoffe, später einmal ihre weitere Verwertung finden[2]).

1) Hierin bestärkt mich G. Kittel.

2) Daß die Betrachtung des Verhältnisses von Mischna und Tosefta unter Beschränkung auf diese beiden Größen nur einen Anfang darstellt, daß also in der Art etwa, wie das H. Duensing in: Göttingische Gelehrte Anzeigen (1930) S. 244 empfiehlt, Jeruschalmi und auch Babli herangezogen werden müssen, ist klar, im Rahmen dieser Ausgabe jedoch kaum möglich.

מַסֶּכֶת סֻכָּה.

פֶּרֶק א.

סֻכָּה שֶׁהִיא גְבוֹהָה מֵעֶשְׂרִים אַמָּה פְסוּלָה | וְרַבִּי יְהוּדָה מַכְשִׁיר ‖ וְשֶׁאֵינָהּ

I 1a [1] סֻכָּה (vom Stamm סָכַךְ „bedecken") bezeichnet bh (= biblisch-hebräisch, in Zukunft immer so abgekürzt) a) eine gewöhnliche Hütte auf dem Felde (Jes 1 $_8$), b) die Laubhütte des Herbstfestes (Lev 23 $_{42}$ u. ö.), im A. T. immer im Plural. Die Bedeutung a) kommt zwar nicht in unserem, wohl aber in anderen Traktaten der Mischna vor, z. B. Jom VI 4—6. Beide Bedeutungen finden sich Maas III 7; die dort auftretende Wendung סֻכַּת הֶחָג בֶּחָג zeigt, wie man die Hütte des Herbstfestes von anderen Hüttenarten unterschied. Sonst ergibt jeweils der Zusammenhang ohne nähere Bestimmung, welche Hütte gemeint ist, so Beṣ IV 2 die des Festes, Ohal XI 10 die gewöhnliche Hütte. Das Wesentliche an der Laubhütte ist das Laubdach, von dem in Suk I am meisten die Rede ist, während auf die Wände wenig Gewicht gelegt wird. Von ihm hat die Laubhütte ihren Namen. סֻכָּה kann daher, während es im allgemeinen die Laubhütte als Ganzes bezeichnet, gelegentlich als pars pro toto für das Laubdach allein stehen (vgl. tectum: „Dach" und „Haus").

Was der ursprüngliche Sinn des Wohnens in Laubhütten war, ist umstritten. Ähnliche Festbräuche finden sich in vielen andern Kulten. So haben neuerdings A. J. Wensinck, Arabic New Year and the Feast of Tabernacles (= Verhandelingen der Koninkl. Akademie van Wetenschappen te Amsterdam, Afdeeling Letterkunde, Nieuwe Reeks, Deel XXV, 2) Amsterdam (1925), auf altarabische Vorstellungen eines Haus-Tabu, W. B. Kristensen, De Loofhut en het Loofhuttenfeest in den Egyptischen Kultus (= Koninkl. Akademie van Wetenschappen, Afdeeling Letterkunde, LV B 6) Amsterdam (1923), auf Darstellungen von Laubhütten auf den Mauern ägyptischer Grabkammern, H. Greßmann, Tod und Auferstehung des Osiris, in: Der Alte Orient 23 $_3$ (1925) und The Mysteries of Adonis and the Feast of Tabernacles,

Traktat Sukka.

I. Größe und Beschaffenheit der Laubhütte, insbesondere des Laubdachs (I 1—II 4a).

Kapitel I.

1. Grundbedingungen für eine taugliche Laubhütte (I 1).

I 1a Eine Laubhütte[1], die höher ist als zwanzig Ellen[2], ist untauglich[3], | Rabbi Jehuda[4] hingegen erklärt sie für tauglich; || und [eine Laub-

---

in: The Expositor IX 3 (1925) S. 416—432, auf die Adonisgärten hingewiesen. Dabei sind Wensinck und Greßmann (vgl. R. Kittel, Osirismysterien und Laubhüttenfest, OLZ 27 [1924] S. 385ff.) der Gefahr nicht entgangen, aus späteren Quellen zu weitgehende Schlüsse auf das Laubhüttenfest zu ziehen. Weitere Beispiele für ähnliche Kultbräuche bei P. Volz, Neujahrsfest, S. 20f.

Mag auch in allen diesen religionsgeschichtlichen Parallelen ein Körnlein Wahrheit stecken, zunächst ist doch von Israel selbst auszugehen. Was wir hier beobachten, läßt uns vermuten, daß sich zwei Linien miteinander verbunden haben. Die Tatsache, daß die grüne Laubdecke bis heute das Wesentlichste an der Laubhütte ist, weist in Verbindung mit den andern Riten des Festes auf eine Entstehung des Brauches aus uralten Vegetationskulten der kanaanäischen Vergangenheit Palästinas hin. Daß sich im Namen des Festes nicht das Hos 12_{10} als Festwohnung bezeugte אֹהֶל, sondern die erstmals Dtn 16_{13} vorkommende, der Sache nach aber gewiß schon ältere סֻכָּה durchsetzte, beweist, wie stark diese mit dem Charakter des Herbstfestes als eines Ernteschlußfestes zusammenhängende Linie ist.

Neben ihr läuft jedoch die andere, bereits durch Hos 12_{10} angedeutete Linie: Mit dem Wohnen in der Laubhütte will man ein Tun der Gottheit nachahmen, die selbst auf der Erde im heiligen Zelt Ex 33_{7} erscheint, vgl. Volz, Neujahrsfest, S. 21. Diese Anschauung kann nicht aus der Wüstenzeit stammen, weil man da immer in Zelten wohnte, sondern muß auf sie zurückblicken, wie das die ersten Propheten verschiedentlich tun (Am 2_{10}, vgl. Hos 2_{16}). Es liegt in der Richtung der immer stärker werdenden Idealisierung der Wüstenzeit, wenn der bereits bestehende Brauch Lev $23_{42f.}$ mit der Erinnerung an sie begründet wird: „In Hütten sollt ihr wohnen, . . ., damit eure

גְּבוֹהָה עֲשָׂרָה טְפָחִים וְשֶׁאֵין לָהּ שָׁלֹשׁ דְּפָנוֹת וְשֶׁחַמָּתָהּ מְרֻבָּה מִצִּלָּתָהּ

künftigen Geschlechter wissen, daß ich die Kinder Israel in Hütten habe wohnen lassen, als ich sie aus dem Lande Ägypten führte.“ Beispiele für eine ähnliche Zurückführung von Naturbräuchen auf die Urgeschichte eines Volkes bei W. Mannhardt, Antike Wald- und Feldkulte (1877) S. 229 ff. Man erwäge immerhin die gegen die hier vorgetragene Erklärung von H. Torczyner, Die Bundeslade und die Anfänge der Religion Israels[2] (1930) S. 51 ff. geltend gemachten Bedenken. Indes, so sehr auch wir die Bedeutung der Wasserspende an der Wende des Jahres für den Grundcharakter des Festes betonen (vgl. das unten zu IV 10 b Gesagte), seine aus den Targumen und b Suk 11 b geschöpfte Deutung der Laubhütten als „Wolken der Herrlichkeit“, die Gott auf dem Wüstenzug über Israel breitete, ist und bleibt eine haggadische Deutung. Wäre sie richtig, so müßte in Lev 23_{43} zum mindesten תַּחַת הַסֻּכּוֹת anstelle von בַּסֻּכֹּת stehen. Das bildliche Hendiadyoin חֻפָּה וְסֻכָּה Jes $4_{5.6}$ (s. O. Procksch, Jesaja I [1930] z. St.), Torczyners stärkstes Argument, ist auch nicht schlüssig, da eine סֻכָּה niemals Schutz gegen strömenden Regen bieten sollte.

Die in Lev $23_{42f.}$ vollzogene Ablösung des Laubhüttenbrauchs von seiner Naturgrundlage hat im Zusammenhang mit der Zentralisierung des Festes auf den Tempel in Jerusalem dem Fest und insbesondere der Laubhütte einen Zug gegeben, der sich im Spätjudentum immer mehr verstärkt: die Befolgung des Ritus, weil er im Gesetz geboten ist. Irgend eine bewußte Anteilnahme an einem Sinn des Wohnens in der Laubhütte ist zur Zeit der Mischna nicht mehr nötig (siehe zu II 8 b). Von hier aus erhält die eigenartige Begründung, die Josephus im Zusammenhang seiner Beschreibung des Laubhüttenfestes Ant 3, 244 (Niese) für die Laubhütte gibt, sie schütze vor der Winterkälte, neues Licht. Daß Josephus seinen nichtjüdischen Lesern auf diese Weise einen einsichtigen Grund für den Ritus angeben wollte (so Dalman, Arbeit und Sitte I_1, S. 163) zeigt, daß es über die geschichtliche Begründung in der Tora und die haggadische Erklärung b Suk 11 b (s. o.) hinaus in der damaligen Zeit einen klar angebbaren Sinn für den Ritus nicht gab.

Eine den Parallelen, die A. J. Wensinck anführt, nahestehende Anschauung von der Bedeutung des Wohnens in der Laubhütte findet sich für die talmudische Zeit in Pesiḳ 189 a (Buber). Es stellt dort ein Selbstgericht der Israeliten, ein Symbol für ein Ausziehen ins Exil, dar. Sonst wird das Wohnen in der Laubhütte meist als

hütte,] die nicht zehn Handbreiten[5] hoch ist und[6] die nicht drei

---

Dankespflicht zur Erinnerung an die Wundertaten Gottes während des Wüstenzuges aufgefaßt (Pesiḳ 188b [Buber]).. Wer diese Pflicht erfüllt, den wird Gott zum Lohn in der Endzeit in einer aus dem Fell des Leviathan hergestellten Hütte wohnen lassen (Pesiḳ 188b, ausführlicher bei Strack-Billerbeck, Kommentar zum Neuen Testament aus Talmud und Midrasch II, S. 779ff., im folgenden zitiert: Billerbeck II). Die Anschauung von der Hütte in der messianischen Endzeit zeigt sich jedoch bereits im N. T. Über das Verhältnis von סֻכָּה und σκηνή vgl. den Exkurs III.

I 1a [2]Die gewöhnlich aus sechs Handbreiten (טְפָחִים, bh Plural טְפָחוֹת Ps 39_{6}) bestehende Elle (= ca. 60 cm) ist das gebräuchlichste jüdische Längenmaß (siehe Benzinger, Archäologie[3], S. 191). Demgemäß soll eine Laubhütte nicht unter ein und nicht über zwölf Meter hoch sein. Vgl. auch die Formparallele Erub I 1 = b Suk 2b Bar.

I 1a [3]Das Gegensatzpaar כָּשֵׁר — פָּסוּל bezieht sich auf Menschen und Dinge, die an und für sich profan sind und von denen Tauglichkeit oder Untauglichkeit zu einem bestimmten, oft rituellen, aber auch andersgearteten höheren Zweck (z. B. Sanh III 1) ausgesagt werden soll. Die beiden Worte gehen im folgenden, wenn nichts anderes bemerkt ist, auf die Laubhütte als Ganzes.

I 1a [4]Rabbi Jehuḏa (ben El'ai), ein Schüler Rabbi 'Aḳiḇas aus der dritten tannaitischen Generation, kommt, wie in der Mischna überhaupt (etwa 600 Mal), so auch im Traktat Sukka am häufigsten vor. Die seiner Ansicht vorausgehende Meinung ist die der übrigen Gelehrten (חֲכָמִים), nach der die Halaḵa sich richtet. Sie folgern aus שִׁבְעַת יָמִים Dtn 16_{13}, daß die Laubhütte nur eine provisorische Wohnung sein dürfe, was auf eine Laubhütte, die höher ist als zwanzig Ellen, nicht zuträfe. Rabbi Jehuḏa hingegen, der eine Laubhütte auch noch mit 40 oder 50 Ellen für zulässig erklärt (b Suk 2b), meint, sie müsse für die sieben Tage des Festes ein fester Wohnsitz sein, daher auch verzehntet (Maas III 7) und mit einer Mezuza (b Suk 3b) versehen werden. Dieser Grundsatz läßt sich durch seine im ersten und zweiten Kapitel des Traktats enthaltenen Sätze deutlich verfolgen.

I 1a [5]Die Mindesthöhe wird von der Höhe der Bundeslade abgeleitet, die nach Ex $25_{10.25}$ neun, mit Deckel zehn Handbreiten mißt. Dieser Vergleich muß nicht als Beweis dafür gewertet werden, daß das Wohnen Gottes unter seinem Volk von jeher ein Vorbild für das

פְּסוּלָה:

סֻכָּה הַיְשָׁנָה בֵּית שַׁמַּי פּוֹסְלִין וּבֵית הִלֵּל מַכְשִׁירִין ‖ אֵי זוֹ הִיא הַיְשָׁנָה |

Wohnen des Volkes in Laubhütten gewesen ist, sondern kann lediglich das Suchen nach einer Schriftgrundlage für die geltende Halaka bezeichnen, wobei allerdings die Bezugnahme auf die Lade charakteristisch ist für die Anschauung der Zeit. Zur Breite der Laubhütte s. zu II 7.

I 1a [6]Ist eine einzige von diesen drei Grundvoraussetzungen nicht erfüllt, so ist die Laubhütte untauglich. Man könnte die Partikel וְ also auch mit „oder" wiedergeben.

I 1a [7]דֹּפֶן, Weiterbildung von דַּף (vgl. ἔδαφος „Brett"), ist ursprünglich „Bretterwand". Von den drei Wänden brauchen nur zwei die reguläre Größe von sieben Handbreiten im Quadrat zu haben, für die dritte genügt das Mindestmaß einer Wand (Definition: Ohal V 6), nämlich eine Handbreite (vgl. Tos Suk I 13). Maimonides und Bartenora (künftig = Maim. u. Bart.) z. St. leiten aus der vorliegenden Regel drei Grundformen der Laubhütte ab: a) drei reguläre Wände (Abbildung A), b) zwei aneinanderstoßende reguläre Wände und eine dritte, etwas mehr als eine Handbreit messende, in einem Abstand von weniger als drei Handbreiten von einer von ihnen entfernt (Abb. O), c) zwei einander gegenüberstehende reguläre Wände und eine dritte, etwas mehr als vier Handbreiten messende zwischen ihnen, in einem Abstand von weniger als drei Handbreiten von jeder der beiden entfernt (Abb. C). Die dritte kleine Wand wird bei diesem geringen Abstand jeweils mit der nächststehenden großen als „zusammenhängend" (כלבוד) betrachtet (b Suk 7a).

I 1a [8]חַמָּה, das in der Mischna vorherrschende Wort für „Sonne", kommt bh nur poetisch (Ps 19 7) vor, שֶׁמֶשׁ dagegen, abgesehen von der formelhaften Wendung בֵּין הַשְּׁמָשׁוֹת, in der Mischna nur fünf Mal (Zahlen hier wie später nach C. Kassovsky, Concordantiae totius Mischnae [1927]). Der hebräische Text ist hier im Deutschen nicht genau wörtlich wiederzugeben.

I 1a [9]Sonne, die durch die Wände einfällt, wird hierbei nicht berücksichtigt (Tos Suk I 2). Sind Sonne und Schatten auf dem Boden der Laubhütte einander gleich, so ist sie tauglich, da sie dann selbst mehr Schatten als Sonne hat (Maim. u. Bart. z. St.).

Wände[7] besitzt, und die mehr Sonne[8] als Schatten gewährt[9], ist untauglich.

1b Eine alte[1] Laubhütte erklärt die Schule Schammais[2] für untauglich, die Schule Hillels[2] hingegen für tauglich. || Welches[3] ist eine alte [Laubhütte]? | Jede, die man dreißig[4] Tage vor dem [Laubhütten]fest[5]

I 1b [1]Eine alte wäre etwa eine von Hirten errichtete Hütte (Tos Suk I 4).

I 1b [2]Über Hillel und Schammai sowie über die auf sie sich zurückführenden Schulen vgl. Strack, Einleitung, S. 118f.

I 1b [3]אֵי זֶה הוּא, fem. אֵי זוֹ הִיא, ist die typische, in Mischna und Tosefta häufige Definitionsfrage, mit der ein Wort des vorausgegangenen Textes wieder aufgenommen und näher bestimmt wird. Der hier und öfter im Traktat Sukka uns begegnende Fragestil zeigt deutlich die Entstehung der Mischna aus dem Lehrgespräch, zu dem das Fragen der Schüler gehörte: Ab V 7 (vgl. Billerbeck II, S. 150f. zu Luc 2_{46}).

I 1b [4]Bereits im A. T. ist die durch die Rechnung der Juden nach dem Mond (Tos Suk II 6) gegebene Größe von dreißig Tagen ein beliebtes Zeitmaß (z. B. Dtn 34_{8}), das auch in der Mischna häufig auftritt. Von einem Fest aus wird ohne Angabe eines festen Datums noch Scheḳ VII 4 und M ḳaṭ I 5 gerechnet.

I 1b [5]Das uralte Kultwort חַג ist ursprünglich „Festtanz" (vgl. חוּג „einen Kreis beschreiben" [Hi 26_{10}] und J. Wellhausen, Reste arabischen Heidentums [1897] S. 109ff.), dann „Fest" (Ex 32_{5}). חַג־יְהוָה (Ex 10_{9}) und הֶחָג (1. Kön $8_{2.65}$) bedeuten im Grunde dasselbe: das Jahresfest Jahwes. Obwohl schon in alter Zeit drei Hauptfeste bezeugt sind, die zunächst noch nicht kalendarisch festgelegt wurden, behielt doch das an der Wende des Jahres (Ex 23_{16}, 34_{22}) liegende, später auf den 15.—21. (22.) Tischri fixierte Fest den Namen „das Fest". Nach einer Zeit, in der es wie die beiden andern Hauptfeste einen Sondernamen (zunächst חַג הָאָסִיף Ex 23_{16}, 34_{22}, dann חַג הַסֻּכּוֹת Lev 23_{34}, Dtn $16_{13.16}$, 31_{10} u. ö.) hatte, kehrte man wieder zu dieser ursprünglichen Bezeichnung zurück (Lev $23_{39f.}$, Num 29_{12}, Ez 45_{25}, Neh 8_{14}). H. J. Elhorst, Die deuteronomischen Jahresfeste, in: ZAW N. F. 1 (1924) S. 136ff., hat gesehen, daß gegenüber dem Deuteronomium, das das Passah betonte, vom Priesterkodex das geschichtlich gedeutete Laubhüttenfest in den Vordergrund geschoben wurde. Der beste Beweis dafür ist der breite Raum, den in der Aufzählung der Zusatzopfer der Feste (Num 28. 29) das Laubhüttenfest

כָּל שֶׁעֲשָׂאָהּ קוֹדֶם לֶחָג שְׁלֹשִׁים יוֹם | וְאִם עֲשָׂאָהּ לְשֵׁם הֶחָג אֲפִלּוּ מִתְּחִלַּת הַשָּׁנָה כְשֵׁרָה:

---

einnimmt. Während das Passah zwar auch an den Tempel gezogen wurde, sich im übrigen jedoch hauptsächlich im Kreise der Familie abspielte, war das in voller Öffentlichkeit vor sich gehende Laubhüttenfest vom priesterlichen Standpunkt aus gesehen das Fest.

Die LXX gehen mit dem Sprachgebrauch des MT ganz parallel. Neben ἑορτὴ κυρίου Ex 10_9 finden sich für חַג הַסֻּכּוֹת je fünfmal ἑορτὴ τῶν σκηνῶν und ἑορτὴ τῆς σκηνοπηγίας. Die letztere Wendung mag in Angleichung an Riten entstanden sein, die in der Umgebung des Diasporajudentums bereits vorhanden waren. Das hat A. Deißmann, Licht vom Osten[4] (1923) S. 92f., durch den Verweis auf eine koische Sakralinschrift wahrscheinlich gemacht, in der immer wieder θυόντων καὶ σκανοπαγείσθωσαν vorkommt. Dazu tritt in LXX fünfmal ἡ ἑορτή und in Num 29_{12} für חַג לַיהוָה (ἑορτάσατε) αὐτὴν ἑορτὴν κυρίου = „das eigentliche Fest Jahwes".

Philo spricht Leg Spec II 204 von der τελευταία ἑορτὴ τῶν ἐνιαυσιῶν προσαγορευμένη σκηναί, Josephus nennt das Laubhüttenfest verschiedentlich mit Wendungen, die mit σκηνοπηγία zusammengesetzt sind, z. B. Ant 4, 209, und bezeichnet es 8, 100 als ἑορτὴ σφόδρα παρὰ τοῖς Ἑβραίοις ἁγιωτάτη καὶ μεγίστη, vgl. auch 15, 50: εἰς τὰ μάλιστα τηρουμένη.

Indessen ist aus dem N. T. zu ersehen, daß zu seiner Zeit das Passah eine wesentlich größere Bedeutung hatte als das Laubhüttenfest (siehe Exkurs I, S. 34ff.). Das ist zunächst durch die Verlegung des Jahresanfangs vom Tischri auf den Nisan bedingt, die in Angleichung an die babylonische Zeitrechnung spätestens nach der Rückkehr aus dem Exil erfolgte. Ein zweiter Grund liegt in den klimatischen Verhältnissen. Für die starke Diasporajudenschaft kam eine Wallfahrt nach Jerusalem allerhöchstens einmal im Jahre in Frage. Zum Reisen war das Frühjahr trotz Taan I 3 und Apg 18_{22} (s. auch Matth 24_{20}) besser geeignet als der Herbst. Diese von P. Volz (mündlich) geäußerte Begründung wird durch Pesiḳ 195a (Buber) gestützt, woraus hervorgeht, daß man das Reisen nach dem Laubhüttenfest für beschwerlich hielt (bei Billerbeck II, S. 812). Neben diese äußeren tritt als wichtigster ein innerer Grund. Er liegt im Zurückgehen des priesterlichen Einflusses auf die Gestaltung des religiösen Lebens des Volkes und im Aufkommen der mehr aus Laien sich zusammensetzenden Bewegung des Pharisäismus. Die Beobach-

Abbildungen von Laubhütten
aus der Mischnaausgabe von Guilelmus Surenhusius, Amsterdam 1699

gemacht hat; | aber wenn man sie ausdrücklich für das [Laubhütten]-fest[6] gemacht hat, selbst wenn [dies] seit Anfang des Jahres[7] [geschehen ist], so ist sie tauglich.

---

tung, daß das Passah das spezifisch jüdische Fest ist, während das Laubhüttenfest einen universalen Zug hat (so schon Sach $14_{16f.}$, später die Beziehung der 70 Stiere auf die 70 Völker der Welt, siehe zu V 6), macht es erklärlich, daß unter dem Einfluß des Pharisäismus die Bedeutung des Passah sich steigerte. Es wies stärker als Lev 23_{42} auf den Gott der Geschichte und das grundlegende Zeichen seiner Führung, die Erlösung aus Ägypten, hin. Vgl. auch Mowinckel, Thronbesteigungsfest, S. 204ff.

Die Mischna nimmt den ältesten und jüngsten, auch im Buch der Jubiläen 32_{27} sich findenden Sprachgebrauch des A.T. wieder auf. Nicht ein einziges Mal erscheint חַג הַסֻּכּוֹת; durchgängig ist die Bezeichnung הֶחָג, die andererseits, wo sie vorkommt, von der Tradition auf das Laubhüttenfest bezogen wird. Ein Grund für diesen Sprachgebrauch mag rein äußerlich darin liegen, daß man in der Mischna allgemein gegenüber dem A.T. die kürzeste Bezeichnung wählte, vgl. פֶּסַח, ferner עֲצֶרֶת (für חַג שָׁבֻעוֹת).

Das häufige Vorkommen des Laubhüttenfestes auch außerhalb des von ihm handelnden Traktates hängt damit zusammen, daß es wie die andern Hauptfeste im Kalender der Juden eine große Rolle spielte. Der Jude rechnet auch in der Zeit der Mischna noch lieber nach seinen Festen als nach Monatsdaten. Die zwei Hauptabschnitte des Jahres sind Passah und Laubhüttenfest (Ned VII 9, Midd III 4), noch häufiger erscheint das Jahr durch die Hauptfeste dreigeteilt, z. B. Schek III 1, Bek IX 5.

I 1b [6]Eigentlich „für den Namen des Festes". שֵׁם tritt im Späthebräischen einerseits für den Gottesnamen ein, andererseits sinkt es in den Verbindungen לְשֵׁם, כְּשֵׁם, בְּשֵׁם, עַל שֵׁם beinahe zur Partikel herab, vgl. die entsprechenden N.T.-Wendungen εἰς ὄνομα προφήτου Mat 10_{41}, ἐν ὀνόματι ὅτι (= עַל שֵׁם שֶׁ) Marc 9_{41}. Jedoch liegt dem in der Mischna häufigen לְשֵׁם meist die finale Bedeutung „zum Zweck, damit etwas wird", zugrunde, während im N.T. die mit ὄνομα verbundenen Wendungen ausschließlich kausalen Sinn haben: „weil etwas so ist".

I 1b [7]Mit מִתְּחִלַּת הַשָּׁנָה, vgl. Dtn 11_{12}, ist natürlich der Anfang des bürgerlichen Jahres, der 1. Nisan, gemeint, denn seit dem Anfang des kultischen Jahres, dem 1. Tischri, wären erst fünfzehn Tage verflossen. Über die verschiedenen Jahresanfänge s. R hasch I 1.

Exkurs I. Jesus auf dem Laubhüttenfest.

Die wichtige Rolle, die die Feste im N.T. spielen, zeigt die starke Verbundenheit des Juden mit dem Tempelkult in Jerusalem. Während das Passah allen anderen voran den ersten Platz einnimmt, fehlt es doch nicht an sprachlichen und sachlichen Erinnerungen an das zur Zeit Jesu nach ihm bedeutendste Fest der Juden, das Laubhüttenfest. Wir fragen zunächst, ob der in den rabbinischen Texten durchgehend verwendete, auf das A.T. zurückgehende Name des Laubhüttenfestes הֶחָג, „das Fest", auch den neutestamentlichen Sprachgebrauch beeinflußt hat. Ἑορτή, das Äquivalent für חָג, tritt im N.T. 27 mal auf. Außerhalb des Johannesevangeliums sind es zehn Stellen, die durch Zusätze (etwa τοῦ πάσχα Luc 2_{41}) oder durch den Zusammenhang deutlich beweisen, daß sie sämtlich das Passah im Auge haben. Nicht so einfach liegt die Sache im vierten Evangelium. Hier haben wir neben ausführlichen Bezeichnungen wie 6_4: τὸ πάσχα, ἡ ἑορτὴ τῶν Ἰουδαίων, und neben Stellen, die sich auf solche klaren Aussagen beziehen, den strittigen Punkt 5_1, wo schon die Textzeugen zwischen ἡ ἑορτή und ἑορτὴ τῶν Ἰουδαίων schwanken. Wenn auch die Frage, was für ein Fest hier gemeint ist, mit Th. Zahn (Das Evangelium des Johannes [1908] S. 270ff.) dahin entschieden werden mag, daß es sich um ein Laubhüttenfest handelt, so genügt doch 5_1 neben all den andern johanneischen Stellen, wo ἑορτή, auch wenn es das Passah meint, den bestimmten Artikel hat, nicht, um den Sprachgebrauch des A.T. und der Mischna im N.T. sicher nachzuweisen.

Dagegen ist Joh 7_2 das Laubhüttenfest deutlich genannt: ἦν δὲ ἐγγὺς ἡ ἑορτὴ τῶν Ἰουδαίων ἡ σκηνοπηγία. Damit ist für das ganze 7. Kapitel der Sinn von ἡ ἑορτή festgelegt. Ferner zeigt V. 14: ἤδη τῆς ἑορτῆς μεσούσης den Evangelisten mit den die Mitte des Festes ausmachenden Halbfeiertagen (sachlich = מוֹעֵד, Suk III 15) vertraut. Aber die Feste dienen im Johannesevangelium nicht nur als chronologisches Schema. Es ist heute keine Frage mehr, daß Joh 7 37ff. auf dem Hintergrunde des Ritus der Wasserspende verstanden werden muß, der am Laubhüttenfest in feierlicher Weise im Tempel ausgeführt wurde.

Vom Blickpunkt des Spätjudentums aus hat abgesehen von P. Billerbeck II, S. 430ff. zuletzt ausführlicher Joach. Jeremias über Joh 7 37ff. gehandelt. Auf sein „Golgotha" (1926), aus dem der Abschnitt über die genannten Verse (S. 80—84) herauswächst, sei hier nachdrücklich verwiesen. Vieles von dem dort Gesagten braucht hier nicht wiederholt zu werden. Zunächst ist mit Jeremias festzustellen, daß mit dem letzten Tag des Festes, der „der große" genannt wird, der siebte Tag gemeint ist. Der achte wird immer als ein Fest für sich betrachtet und hat nicht die Bedeutung des siebten, an dem das Laubhüttenfest seinen zweiten Höhepunkt erreicht. An diesem (7.) Tag sehen wir Jesus in der Art der alttestamentlichen Propheten, die meist auch an den großen Festen zum Volke gesprochen haben, im Tempel unter die buntbewegte Menge treten und mit lauter Stimme die Aufmerksamkeit auf sich lenken.

Wer deutlich die Notwendigkeit erkannt hat, das folgende Jesuswort von den Riten des Laubhüttenfestes samt den sich an sie anschließenden kosmischen Spekulationen her zu verstehen, der kann in Gefahr kommen, von spätjüdischen Anschauungen aus den klaren Text des N.T. zu vergewaltigen. Dieser Gefahr ist Joach. Jeremias nicht ganz entgangen. Trotz aller Argumente, die etwa Fr. Spitta (Das Johannesevangelium als Quelle der Geschichte Jesu [1910] S. 173f.) für die grammatikalische Möglichkeit anführt, den sonst hinter πινέτω stehenden Punkt erst hinter ἐμέ zu setzen, den Ruf Jesu mit diesem Wort zu schließen und αὐτοῦ auf ihn selbst, anstatt wie Luther auf den Gläubigen, zu beziehen, muß diese auch von Joach. Jeremias wieder vertretene Interpunktion scheitern. Nicht etwa deshalb, weil πινέτω unbedingt zu ἐρχέσθω gehören müßte — dagegen könnte auf Apc 22 17 verwiesen werden —, sondern einmal, weil ἐάν τις διψᾷ und ὁ πιστεύων εἰς ἐμέ einfach keinen „Chiasmus" (Fr. Spitta) ergeben, sodann weil ὁ πιστεύων εἰς ἐμέ einer der im Hebräischen häufigen vorangestellten konstruktionslosen Nominative ist, die durch ein Pronomen in einem andern Kasus wieder aufgenommen werden (Blaß-Debrunner, Grammatik des neutestamentlichen Griechisch [6] [1931]

§ 466_{4}). Diese eigentümlich johanneische Wendung steht in sechs von den sieben Fällen ihres Vorkommens (vgl. auch das viermalige πᾶς ὁ πιστεύων εἰς αὐτόν) am Anfang des Satzes und kann nie konditional gefaßt werden. Ferner müßte nach Joach. Jeremias der Evangelist bereits mit καθώς das Wort ergreifen, während er dies doch deutlich erst mit τοῦτο δὲ εἶπεν tut. Schließlich sei auch noch eine rabbinische Parallele genannt, die zur Erklärung von Joh 7_{37} m. W. bisher noch nicht herangezogen worden ist: b Taan 20b unten heißt es: „Wenn Rabbi Huna (5. Tannaitengeneration) ein Heilmittel hatte, so füllte er ein Wasserkrüglein (damit) und hängte es am Eingang des Hauses auf und sprach: כל דבעי ליתי ולשקול = „Jeder, der will, komme und nehme davon". Es folgen an derselben Stelle noch zwei ganz analog gebaute Sätze von Rabbi Huna. Gerade die Häufung der Beispiele (weitere bei A. Schlatter, Sprache und Heimat [1902] S. 90f.; derselbe, Der Evangelist Johannes [1930] S. 200) zeigt, daß der in Joh 7_{37} vorliegende Sprachgebrauch in der traditionellen Interpunktion auf palästinischem Boden fest verwurzelt ist.

Ist damit Joach. Jeremias' Ergebnis, daß Jesus der Lebenswasser spendende Fels (1. Kor 10_{4}) ist, hinfällig geworden? Keineswegs, es wird vielmehr vorausgesetzt. Aber es ist auch hier so wie an der von Jeremias selbst zitierten Stelle Joh 4_{14}, die mit der vorliegenden ganz parallel läuft: „Das Wasser, das ich ihm geben werde, wird in ihm zu einer Wasserquelle werden, die in das ewige Leben sprudelt" (vgl. auch 8_{12} und 1. Petr $2_{4.5}$). A. Schlatter zieht mit Recht Rabbi ʿAḳiḇas Auslegung von Prov $5_{15.16}$ (Sifr Dtn 48 zu 11_{22}, Sprache und Heimat, S. 91, jetzt bei G. Kittel, Sifre zu Deuteronomium, [1922] S. 123, s. ferner A. Schlatter, Der Evangelist Johannes [1930] S. 201) heran. Hier wie bei Johannes ist deutlich sichtbar, daß das Empfangene in sich keinen Sinn hat, daß es weitergegeben werden muß. Wem die Ströme, die vom Leibe des Gläubigen fließen sollen, zuviel gesagt erscheinen, der erinnere sich an ein Wort desselben Evangeliums wie 14_{12}, das übrigens ebenfalls mit ὁ πιστεύων εἰς ἐμέ eingeleitet wird.

Καθὼς εἶπεν ἡ γραφή kann nur auf „die" Schrift und nicht auf ein apokryphes Buch bezogen werden, dagegen mag die allein an dieser Stelle vorkommende Formel ein Hinweis darauf sein, daß hier die Schrift als Ganzes gemeint ist, daß wir also nicht nach einem bestimmten Schriftwort zu suchen haben. Am ehesten käme sonst Jes 58_{11} in Betracht (vgl. Zahn, a. a. O., S. 393) und zwar nach LXX: τὰ ὀστᾶ σου . . . ἔσται . . . ὡς πηγή, ἣν μὴ ἐξέλιπεν ὕδωρ. Vgl. außerdem aus der Prophetenlektion (b Meg 31 a) des ersten Feiertages des Laubhüttenfestes Sach 14 8: ὕδωρ ζῶν (s. A. W. Greenup, Sukkah, Mishna and Tosefta [1925] S. 19, Anm. 1).

Für den dunkeln Ausdruck ἐκ τῆς κοιλίας αὐτοῦ sind verschiedene Deutungen vorgeschlagen. Th. Zahn (a. a. O., S. 392) denkt an den Fleischesleib im Gegensatz zur jenseitigen Welt, H. Odeberg (The fourth gospel I [1930] S. 283) gerade umgekehrt an einen spirituellen Leib, Fr. Spitta (a. a. O., S. 174) an die Höhlung des Schiloaḥkanals, P. Volz (Neujahrsfest, S. 58, Anm. 65) an den heiligen Fels zu Jerusalem, der die Urtiefe abschließt. C. F. Burney (The Aramaic origin of the fourth gospel [1922] S. 109 f.) nimmt einen Übersetzungsfehler des Evangelisten an, der irrtümlicherweise מַעְיָן „Quelle" als מְעַיִן „Leibesinneres" verstanden habe. Wenn man die Betrachtung auf die eine Stelle Joh 7 38 beschränken würde, so könnte man sich am ehesten mit der Deutung P. Billerbecks (II, S. 492) befreunden, der κοιλία nach Analogie des rabbinischen גוף erklärt. גוף bezeichnet, wie im A. T. עֶצֶם und נֶפֶשׁ, als pars pro toto den ganzen Menschen und gewinnt von da aus (mit Suffix) die Bedeutung „selbst" (Ab IV 6). Aus dem ursprünglichen Sinn des Wortes = „Höhlung" könnte man sich das ungewöhnliche ἐκ τῆς κοιλίας αὐτοῦ entstanden denken. Aber auch diese Lösung will um ihrer Konsequenzen für die Gesamtauffassung des vierten Evangeliums willen nicht recht befriedigen, und so empfiehlt sich an diesem Punkte ebenfalls ein stärkerer Anschluß an die LXX-Version zu Jes 58 11 und damit ein Zurückkommen auf Th. Zahns Gedanken: Wie dort die ὀστᾶ, so wird hier die κοιλία des Gläubigen zu einem Quellpunkt für lebendiges Wasser.

Mit V. 39 setzt die Erläuterung der Worte Jesu durch den Evangelisten ein. Sie bewegt sich im Rahmen der mit dem Wasserschöpfen am Laubhüttenfest verbundenen Vorstellungen. Jesus hatte mit seinem Ruf an die Erwartung des Segensstromes der Endzeit (Ez 47 1 ff.) und den ganzen Kreis der mit ihm gegebenen Anschauung angeknüpft und im Gegensatz zu dem heiligen Felsen sich als den Quellpunkt dieses Stromes bezeichnet. (Vgl. Joach. Jeremias, a. a. O., besonders S. 54 ff. und 60 ff. Es ist nicht zufällig, daß gerade im Toseftatraktat Sukka III 13 ff. [vgl. auch j Scheḳ 50 a, 3 ff. und b Jom 77 b] eine weitläufige „Abweichung" über Ez 47 1 ff. auftritt, die auch für das Verständnis von 1. Kor 10 4 wichtig ist [vgl. den Kommentar zu IV 9 a]). In derselben Richtung geht, interessanterweise anscheinend ohne Joach. Jeremias' Buch und seine spätjüdischen Grundlagen zu kennen, A. Schweitzer in seiner Mystik des Apostels Paulus (1930) S. 346 ff.

mit einer genialen Kombination von Ez $47_{1\,ff.}$ mit Joh 2_{18-22}. Schweitzer ist jedoch neben den gegen die Interpunktion von Jeremias geäußerten Bedenken, die auch ihm gelten, einzuwenden, daß es sich in dem Worte vom Lebenswasser nicht um eine „Enthüllung über das Entstehen der Taufe aus dem Tode Christi" (S. 346), sondern um ein gebräuchliches Gleichnis für die Erwartung der Geistausgießung in der Endzeit handelt. Die vom Evangelisten vollzogene Verbindung zwischen Wasser und Geist ist gerade im Blick auf Stellen wie Jes 12_{3} und ihre Auslegung im Spätjudentum sowie auf alttestamentliche Vorbilder (die Belege gibt der Kommentar zu IV 10b) nichts grundlegend Neues, sie lag vielmehr am Laubhüttenfest sozusagen in der Luft. Die vollständige Erfüllung des Rufes Jesu wird im Einklang mit den übrigen Aussagen des vierten Evangeliums über den Geist (Joh $14_{15\,f.}$, 15_{26}, $16_{7\,ff.\ 13\,f.}$, 20_{22}) auf die Zukunft, d. h. auf die Zeit nach der durch Leiden und Sterben bezeichneten Verherrlichung Jesu bezogen. Im übrigen trägt dieser Zusammenhang für die Frage der Deutung der Wasserströme auf Jesus oder den Gläubigen nichts Wesentliches aus. Auch die tatsächlich vorhandene Parallelisierung Jesu mit dem ersten großen Propheten Mose, die sich in den Worten einiger Leute aus dem Volke V. 40 ausspricht und auf die Joach. Jeremias mit Recht hinweist, bleibt bei der bisher üblichen Auffassung des Textes bestehen.

Noch ein kurzes Wort zu Joh 8_{12}. So deutlich wie bei $7_{37\,ff.}$ ist hier die Bezugnahme auf einen Ritus des Laubhüttenfestes allerdings nicht, zumal die bildliche Verwendung des Wortes φῶς im Johannesevangelium erheblich mannigfaltiger ist als die des Wortes ὕδωρ. Aber Th. Zahn (a. a. O., S. 400) sagt mit Recht: „Erkennt man an, daß Jesus 7_{37} durch einen Ritus des Hüttenfestes zur Wahl des biblischen Ausdrucks sich bestimmen ließ, so sollte man sich auch nicht dagegen sträuben, die alte Vermutung gelten zu lassen, daß das neue, durch nichts im Text vorbereitete Bild in 8_{12} gleichfalls durch einen Ritus des eben abgelaufenen Festes hervorgerufen war." Mit einem bewußt gegensätzlichen ἐγώ εἰμι (vgl. Joh 6_{35}, 14_{6}, 15_{1}, sowie S. 15) bezeichnet sich Jesus im Blick auf die leuchtende Illumination des Tempels als τὸ φῶς τοῦ κόσμου. Th. Zahns Hinweis auf 11_{9} ἐάν τις περιπατῇ ἐν τῇ ἡμέρᾳ . . ., τὸ φῶς τοῦ κόσμου τούτου βλέπει läßt vermuten, daß für Jesus hier das Höchste, womit ein Vergleich möglich ist, das Licht der Sonne, als Gegensatz in der Nähe steht. Daß das mit einem Grundton des Festes in Einklang bleibt, zeigt die Zitierung von

Ez 8_{16} während der nächtlichen Lichtfeier (näheres im Kommentar zu V 4d unter [7]).

So erweist sich auch hier wie so oft der vierte Evangelist als ein mit den Vorgängen in Jerusalem vertrauter Augenzeuge (vgl. auch den Exkurs II).

הָעוֹשֶׂה סֻכָּתוֹ תַּחַת הָאִילָן כִּילּוּ עֲשָׂאָהּ בְּתוֹךְ הַבָּיִת:

סֻכָּה עַל גַּבֵּי סֻכָּה הָעֶלְיוֹנָה כְשֵׁרָה וְהַתַּחְתּוֹנָה פְּסוּלָה ‖ רַבִּי יְהוּדָה אוֹמֵר | אִם אֵין דִּיוֹרִים בָּעֶלְיוֹנָה | הַתַּחְתּוֹנָה כְשֵׁרָה:

פֵּרַס עָלֶיהָ סָדִין מִפְּנֵי הַחַמָּה אוֹ תַחְתֶּיהָ מִפְּנֵי הַנֶּשֶׁר | אוֹ שֶׁפֵּרַס עַל גַּבֵּי הַקִּינוֹף פְּסוּלָה | אֲבָל פּוֹרֵס הוּא עַל נִקְלִיטֵי הַמִּטָּה:

I 2a [1]כילו = כְּאִלּוּ (K[1] vokalisiert: כִּילּוּ) „als ob".

I 2a [2]D. h. sie ist untauglich für den Fall, daß der Baum mehr Schatten als Sonne gewährt (b Suk 9b), was bedeuten würde, daß sie zwei Dächer hätte. Vgl. aber zu II 3. 4 und Tos Suk I 3. Es ist eine der wichtigsten Bestimmungen für die Laubhütte, daß man in ihr nur durch ein dünnes Laubdach vom Himmel getrennt wohnen soll.

I 2b [1]Die untere mag allen sonstigen Anforderungen genügen, die Tatsache, daß sie zwei Dächer hat, macht sie untauglich.

I 2b [2]Die Übersetzung folgt b Suk 10a, wo betont wird, daß die Worte אֵין דִּיוֹרִים nicht das Nichtvorhandensein von Bewohnern (so j Suk 52b, 33 ff.), sondern die Nichtbewohnbarkeit ausdrücken sollen.

I 2b [3]Die Halaka folgt Rabbi Jehuda nicht.

I 3 [1]D. h. über der סֻכָּה in ihrer besonderen Bedeutung als „Laubdach".

I 3 [2]סָדִין, bh nur Ri $14_{12.\,13}$, Jes 3_{23}, Prov 31_{24}, hat zwar mit σινδών sprachlich kaum etwas zu tun, wird aber an den angeführten Stellen wegen der Ähnlichkeit der Radikale von den LXX mit σινδών wiedergegeben. Die bei Billerbeck II, S. 50 f. genannte allgemeine Bedeutung „ein aus Leinwand hergestelltes Kleidungsstück" (so Marc 14_{51}: περιβεβλημένος σινδόνα) ist erst die abgeleitete. Weit häufiger als sie begegnet in der Mischna סָדִין als einfaches „Leintuch", so hier, in Schab XX 5 zusammen mit כַּר „Kissen"; Kel XXIV 3 werden die verschiedenen Verwendungsarten aufgezählt. Auch diese letzte Bedeutung kennt das N. T., vgl. Mat 27_{59}: ἐνετύλιξεν αὐτὸ σινδόνι καθαρᾷ.

2. Die Laubhütte unter einem Baum; zwei Laubhütten übereinander (I 2).

2a Macht man seine Laubhütte unter einem Baum, so ist es genau so, als ob[1] man sie im Hause machte[2].

2b [Errichtet man] eine Laubhütte auf einer [anderen] Laubhütte, so ist die obere tauglich und die untere untauglich[1]. || Rabbi Jehuda sagt: | „Wenn man in der oberen nicht wohnen kann[2], | so ist die untere tauglich“[3].

3. Tücherspannen über und unter dem Laubdach (I 3).

3 Hat man über ihr[1] wegen der Sonne oder unter ihr[1] wegen des Blätterfalls ein Tuch[2] ausgespannt, | oder hat man [ein solches] über das Mückennetz[3][-gestell] ausgespannt[4], so ist sie untauglich, | [wohl] aber darf man[5] [eines] über die [zwei] Bettstangen[6] ausspannen.

I 3 [3]קִינוֹף = κωνωπεῖον „Mückennetz“ (vgl. κώνωφ Mat 23_{24}), siehe auch Krauß, Lehnwörter II, S. 532. Das Wort bezeichnet das mit einem Mückennetz versehene Himmelbett oder, wie hier, das Gerüst der vier Stangen (קינופות b Suk 10a), die man an den vier Enden des Bettes anbringt, um zum Schutz gegen Mücken ein feines Netz über sie zu ziehen. Ein Mückennetz begegnet uns in Palästina erstmalig Jud 10_{21}. Weiteres siehe bei Dalman, Arbeit und Sitte I 1, S. 267f.

I 3 [4]Würde man ein Leintuch über das Laubdach ausspannen, so müßte es als Deckungsmaterial angesehen werden. Dazu ist es jedoch nicht tauglich, da es als Gewebe für Unreinheit empfänglich ist (vgl. I 4). Auch unter der Laubdecke darf es nicht ausgespannt werden, weil sonst eine Trennung zwischen ihr und dem Bewohner entstünde. Dies bildet den Berührungspunkt zwischen I 2 und 3. Zur Verschönerung darf man jedoch jederzeit ein Leintuch in der Laubhütte ausbreiten (b Suk 10a). Vgl. auch Tos Suk I 9.

I 3 [5]Der Gebrauch des Pronomens der 3. Pers. Sing. im Traktat Sukka wie in der Mischna überhaupt geht über seine biblische Verwendung hinaus. Im Biblisch-Hebräischen kann ein substantivisches Subjekt durch ein entsprechendes pronomen separatum noch vor Beifügung des Prädikats wieder aufgenommen und dadurch hervorgehoben werden, so Gen 3_{12}, auch Suk V 7c. 8a (vgl. Gesenius-Kautzsch, Hebräische Grammatik[28] [1909] § 135[c]). Darüber hinaus ist es möglich, in einem durch ְו copulativum mit dem vorhergehenden verbundenen Satz ein früheres Substantiv durch das Pronomen von neuem

הִדְלָה עָלֶיהָ אֶת הַגֶּפֶן וְאֶת הַדְּלַעַת וְאֶת הַקִּסּוֹס וְסִכֵּךְ עַל גַּבָּה פְּסוּלָה ׀
אִם הָיָה סִכּוּךְ הַרְבֵּה מֵהֶן אוֹ שֶׁקְּצָצָן כְּשֵׁרָה ‖ זֶה הַכְּלָל דָּבָר שֶׁהוּא
מְקַבֵּל טֻמְאָה אִם אֵין גִּדּוּלָיו מִן הָאָרֶץ אֵין מְסַכְּכִין בּוֹ׃

---

einzuführen (III 8c). Ganz regelmäßig findet ein solches Wiederaufnehmen nach einem Partizipium statt, das am Anfang eines mit אֲבָל eingeleiteten Adversativsatzes steht (I 3, IV 8b). Dazu kommt die Möglichkeit, das Subjekt des Nebensatzes im Hauptsatz durch הוא zu wiederholen (IV 4a), auch umgekehrt, besonders häufig in שֶׁהוּא (I 4a u. ö.). Schließlich steht V 7d das Pronomen zur Hervorhebung vor dem Substantiv, auf das es sich bezieht.

I 3 [6]נַקְלִיטִין = ἀνάκλιτα (vgl. ἀνακλίνειν Luc 2 7, sonst im N.T. nur vom Liegen beim Mahl), s. Krauß, Lehnwörter II, S. 367, ist „Ruhebett", „Lehne", dann „Bettstangen an den Lehnen". Zwei solche am Kopf- und Fußende befindliche Stangen werden durch eine Querstange verbunden und über letztere ein Tuch ausgespannt. So entsteht kein flaches, sondern ein schiefes Dach, das die Wirkung der Laubhütte nicht beeinträchtigt. Doch dürfen die Stangen nicht höher als zehn Handbreiten sein (Abb. D). Zum Bett zur Zeit der Mischna vgl. Krauß, Archäologie I, S. 62 ff. Siehe auch zu II 1.

I 4a [1]Über Wein und Weinbau bei den Juden vgl. Löw, Flora I 1, S. 48—189.

I 4a [2]דְּלַעַת (vgl. den Ortsnamen דִּלְעָן Jos 15 38) „Kürbis", sachlich = קִיקָיוֹן Jon 4 6f., siehe auch Löw, Flora I 2, S. 542 ff.

I 4a [3]קִסּוֹס = κισσός „Efeu". Die Beschreibung, die Plutarch, Quaest conv IV 6, 671 D ff. von den Laubhütten gibt: ὑπὸ σκηναῖς καὶ καλιάσιν ἐκ κλημάτων καὶ κιττοῦ διαπεπλεγμέναις zeigt, daß sein Gewährsmann eine deutliche Vorstellung von einer Laubhütte hatte. Tacitus hingegen berichtet von den Israeliten Hist V 5: hedera vinciebantur. Hierbei handelt es sich vermutlich um eine aus griechischen Analogien eingetragene Vorstellung. Wir begegnen einer solchen bereits im Buch der Jubiläen, das aus dem ersten vorchristlichen Jahrhundert stammt. Im Zusammenhang mit der Schilderung der ersten Feier des Laubhüttenfestes durch Abraham heißt es 16 30: „Das Fest ist ewig über Israel angeordnet, daß sie es begehen und in Hütten wohnen und daß sie Kränze auf ihr Haupt legen und Laubzweige

4. Taugliches und untaugliches Material für das Laubdach (I 4—8).

a) Bodengewächse (I 4).

4a Hat man über sie einen Weinstock[1] oder einen Kürbis[2] oder Efeu[3] hingezogen und [nur etwas Laub] über sie[4] gedeckt[5], so ist sie untauglich[6]. | Wenn [jedoch] die [taugliche Laub]decke mehr ausmacht als sie[7], oder wenn[8] man sie abgeschnitten hat[9], so ist sie tauglich. ||

---

und Weiden vom Bache nehmen" (Übersetzung nach E. Littmann in: E. Kautzsch, Die Apokryphen und Pseudepigraphen des Alten Testaments II [1900] S. 69f.). V. 31 werden außerdem „grüne Palmenzweige" und „schöne Baumfrüchte" genannt. Die Erwähnung der Kränze neben den vier Pflanzenarten, die Suk III 1ff. für den Feststrauß als erforderlich bezeichnet, macht die Vermutung wahrscheinlich, daß sie auf einen hellenistischen Bearbeiter des Buches zurückzuführen sind. Beispiele für die Verwendung des Efeus als Schmuck bei Festen, hauptsächlich des Dionysos, siehe Pauly-Wissowa, Realenzyklopädie des klassischen Altertums V (1905) Sp. 2835ff., ferner 2. Mak 6_7, 3. Mak 2_{29}. Zum Laubhüttenfest bei Plutarch und Tacitus vgl. A. Büchler, La fête des cabânes chez Plutarche et Tacitus, in: REJ 37 (1898) S. 181ff.

I 4a [4]K bezog „über sie" ursprünglich auf die Laubhütte, nach einer Rasur geht es auf die genannten Gewächse.

I 4a [5]סָכַךְ, bh Ex 37_9, „schirmend bedecken" wird im Neuhebräischen im Piʿel zum terminus technicus für das „Decken" der Laubhütte, von dem dann סִכּוּךְ „Laubdecke" abgeleitet wird.

I 4a [6]Die Begründung ist den Worten תַּעֲשֶׂה לְךָ (Dtn 16_{13}) entnommen. Aus ihnen folgert man ולא מן העשוי. Diese Regel, die j Suk 52c, 17, b Suk 11b Bar u. ö. zitiert wird, besagt, daß man sich zur Erfüllung eines religiösen Gebotes nicht eines bereits vorhandenen Gegenstandes bedienen darf, sondern verpflichtet ist, das Gebotene direkt herzustellen.

I 4a [7]So genügt sie allein; die mit dem Erdboden noch verbundenen Pflanzen werden dann gar nicht berücksichtigt. Der Grundsatz, daß mindestens die Hälfte der Laubdecke aus tauglichen Stoffen bestehen muß, läßt sich auch im folgenden beobachten.

I 4a [8]שֶׁ zur Weiterführung, besonders nach אוֹ und vor לֹא, vgl. Albrecht, Grammatik, § 16d.

I 4a [9]Beträgt die taugliche Laubdecke weniger als die Hälfte und schneidet man die Pflanzen ab, so muß man sie außerdem noch durch-

חֲבִילֵי קַשׁ וַחֲבִילֵי עֵצִים וַחֲבִילֵי זְרָדִים אֵין מְסַכְּכִין בָּהֶן ‖ אִם הִתִּירָן כְּשֵׁרוֹת | וְכֻלָּם כְּשֵׁרוֹת לְדְפָנוֹת:

מְסַכְּכִים בִּנְסָרִים דִּבְרֵי רַבִּי יְהוּדָה | רַבִּי מֵאִיר אוֹסֵר ‖ נָתַן עָלֶיהָ נֶסֶר שֶׁהוּא רָחָב אַרְבָּעָה טְפָחִים כְּשֵׁרָה | וּבִלְבַד שֶׁלֹּא יִשַׁן תַּחְתָּיו:

---

einander schütteln, da sonst der aus Dtn 16 13 abgeleiteten Regel nicht Genüge geleistet wird, vgl. Maim. H. S. V 2.

I 4b [1]Mit זֶה הַכְּלָל (vgl. Bacher, Terminologie I, S. 80 ff.), einer Wendung, die in der Mischna etwa 75 mal vorkommt, wird eine allgemeine Regel eingeführt. Die Formel steht meist nach einer Reihe von Beispielen und gibt für sie die abschließende, für ähnliche Fälle die umschließende Norm.

I 4b [2]Der Ausdruck מְקַבֵּל טֻמְאָה beherrscht die sechste Ordnung der Mischna. Das Partizipium kann hier (vgl. zu I 2b, Anm. [2]) nicht nur die Wirklichkeit, sondern auch die Möglichkeit bezeichnen.

I 4b [3]Die Wendung וְגִדּוּלָיו מִן הָאָרֶץ erscheint noch viermal in der Mischna, z. B. Ber VI 3. Maim. H. S. V 1 fügt hinzu: „Was einen schlechten Geruch hat, was abfällt und was fortdauernd welkt".

I 4b [4]E. Baneth, Mischnajot II [2] (1927) z. St., bemerkt, daß diese Regel streng genommen nicht hierher gehöre, da man nach I 4a erwarten sollte, daß alles in der Erde Wurzelnde ausgeschlossen werde. Die Regel spricht jedoch nach unserer Übersetzung, die den Text der ältesten Zeugen wiedergibt, klar von pflanzlichen Deckungsstoffen und ist aus dem Zusammenhang verständlich. Was im folgenden an tauglichen Deckungsstoffen genannt wird, erfüllt allerdings immer die beiden Bedingungen, von denen Maim. H. S. V 1, der mit B וְאֵין liest, das Tauglichsein abhängig macht: a) Unempfänglichkeit für Unreinheit, b) Gewachsensein aus der Erde.

I 4b [5]Die Editiones principes der beiden Talmude fügen die positive Wendung hinzu: „Und mit allem, was nicht für Unreinheit emp-

I 4b Das [gilt als] die [allgemeine] Regel[1]: Mit etwas, was für Unreinheit empfänglich ist[2], wenn es sein Wachstum nicht [mehr] aus der Erde zieht[3], darf man nicht decken[4, 5].

b) Bündel verschiedener Art (I 5).

I 5 Mit [ganzen] Strohbündeln und Holzbündeln und Reisigbündeln[1] darf man nicht decken[2]. || [Aber] wenn man sie auflöst[3], sind sie [dazu] tauglich, | und sie alle[4] sind tauglich zu Wänden[5].

c) Bretter (I 6).

I 6 „Man darf mit Brettern[1] decken" — Worte Rabbi Jehuḏas, | Rabbi Me'ir[2] verbietet es. || Hat man über sie ein Brett gelegt, das vier Handbreiten breit ist, so ist sie tauglich, | aber nur [unter der Bedingung], daß man nicht [gerade] darunter schläft[3].

---

fänglich ist und sein Wachstum aus der Erde zieht, darf man decken". Zu dem entstehenden Parallelsatz vgl. formal Mat $6_{14.15}$.

I 5 [1]Dieselbe Zusammenstellung s. Schab XVIII 2. Diese Bündel werden sonst zur Feuerung verwendet.

I 5 [2]Stroh, Holz und Reisig fielen an und für sich nicht unter die vorausgegangene Regel. Das hier gegebene Verbot wird b Suk 12a mit dem Argument des „Speichers" begründet, d. h., wenn es erlaubt wäre, mit diesen Bündeln zu decken, so würde man sie wie auf einen Speicher auf die Laubhütte zum Trocknen legen und so der aus Dtn 16_{13} abgeleiteten Regel (siehe zu I 4a) zuwiderhandeln.

I 5 [3]Die Übersetzung von A. W. Greenup, Sukkah, Mishna and Tosefta (with introduction, translation and short notes) London (1925) ist im allgemeinen richtig. Hier muß es jedoch statt „in Bündeln" heißen „wenn man sie auflöst", III 12 statt „in den Tempel getragen" — „im Tempel genommen". I 11a und II 6 ist der Tradent nicht R. El'azar, sondern R. Eli'ezer. Der letztere, aber auch R. Ṣaḏoḳ (II 5) fehlt in der Liste der im Traktat genannten Rabbinen S. 4f. Einige grobe Mißverständnisse finden sich erst in der Übersetzung der Tosefta, vgl. meine später erscheinende Ausgabe dieses Traktates.

I 5 [4]Das bezieht sich zunächst auf die drei genannten Arten von Bündeln, nach Bart. z. St. auf alles, was bisher als zum Decken untauglich aufgeführt wurde.

I 5 [5]Als Wand soll sogar ein Mensch dienen können (Tos Suk I 8).

I 6 [1]Ein Brett ist als flaches hölzernes Gerät nicht verunreinigungsfähig, andererseits aus einem „Erdengewächs" entstanden, daher taug-

תִּקְרָא שֶׁאֵין עָלֶיהָ מַעֲזִיבָה | רַבִּי יְהוּדָה מִשֵּׁם בֵּית הִלֵּל אוֹמֵר | מְפַקְפֵּק וְנוֹטֵל אַחַת מִבֵּינָתַיִם || רַבִּי מֵאִיר אָמַר | נוֹטֵל אַחַת מִבֵּינָתַיִם וְאֵינוֹ צָרִיךְ לְפַקְפֵּק׃

הַמְקָרֶא סֻכָּתוֹ בְּשַׁפּוּדִים אוֹ בַאֲרוּכוֹת הַמִּטָּה | אִם יֵשׁ רֶוַח בֵּינֵיהֶן כְּמוֹתָן כְּשֵׁרָה׃

---

lich. Die Tauglichkeit erstreckt sich allerdings nur auf Bretter von weniger als vier Handbreiten Breite (b Suk 14 a). Darüber hinaus erklären sie alle für untauglich, da man sonst in einem Haus zu wohnen meint. Irgendwelche Stangen sind indessen unerläßlich, damit die Laubdecke einen Halt hat.

I 6 [2]Rabbi Me'ir (um 130—160 n. Chr.) ist ein Zeitgenosse Rabbi Jehudas, zu dem er oft, in unserem Traktat I 6. 7, in Gegensatz stand (über ihn vgl. Strack, Einleitung, S. 128 f.). In der Tos Suk I 7 wörtlich gleich überlieferten Kontroverse erscheinen anstelle Rabbi Me'irs die חֲכָמִים, was A. Spanier, Die Toseftaperiode in der tannaitischen Literatur (1922) S. 123, so auslegt, daß die Meinung Rabbi Me'irs inzwischen zur Halaka geworden sei. Die Tradition jedoch läßt die Halaka Rabbi Jehuda folgen (Bart. z. St.). Tos Suk I 7 stellt fest, daß Rabbi Jehudas Meinung nur dann gilt, wenn zwischen einem und dem ihm zunächstliegenden Brett ein Zwischenraum von der Größe seiner eigenen Ausdehnung liegt (vgl. I 8), der mit tauglicher Laubdecke ausgefüllt wird.

I 6 [3]Diese Ausnahme findet dann statt, wenn man das vier Handbreiten breite Brett an den Rand der Laubhütte legt, sodaß es zusammen mit der anstoßenden Wand als דֹּפֶן עֲקוּמָה „gekrümmte Wand" (b Suk 6 b) betrachtet werden kann. Die Lehre von der „gekrümmten Wand" ist eine הלכה למשה מסני = „eine Mose (von Gott) vom Sinai aus (gegebene) Satzung". Näheres über diesen Terminus zu IV 6 b unter [4].

I 7 [1]תִּקְרָא (vgl. קָרָה in I 9) bezeichnet den aus Balken und Brettern erstellten Rohbau eines Hauses. Ohne Änderung genügt er der aus Dtn 16 13 abgeleiteten Regel (vgl. zu I 4 a) nicht, weil er nicht in der Absicht, ihn als Laubhütte zu verwenden, errichtet wurde. Die

d) Ein Gebälk (I 7).

7 [Was] ein Gebälk[1] [angeht], auf dem sich kein Estrich[2] befindet, | so sagt Rabbi Jehuda im Namen[3] der Schule Hillels: | „Man macht [die einzelnen Bohlen] lose[4] und nimmt [immer] eine zwischen je zweien weg“ [5]. || Rabbi Me'ir sagte: | „Man nimmt [immer] eine zwischen je zweien weg und braucht[6] [die übrigen] nicht lose zu machen“ [7].

e) Zwei Ausnahmefälle (I 8).

8a Wölbt[1] man seine Laubhütte mit Bratspießen[2] oder mit Langseiten eines Bettes[3], | so ist sie, wenn zwischen ihnen ein Zwischenraum [so groß] wie sie [selbst] vorhanden ist, tauglich[4].

---

aramaisierende Orthographie אָ für הָ ist bei K häufig, vgl. Segal, Grammar, § 38.

I 7 [2] מַעֲזִיבָה (vgl. עָזַב Neh 3 8) ist der Estrich, der über das Gebälk gelegt wird. Er besteht meist aus Lehm oder Kalk und ist zum Decken untauglich. Siehe auch Midd IV 6 und Krauß, Archäologie I, S. 31 f.

I 7 [3] מִשֵּׁם, um שֵׁם, den (Gottes-)„Namen“, zu vermeiden, häufig מִשּׁוּם, ist die übliche Formel zur Tradierung von Lehrmeinungen „im Namen“ eines Rabbinen, noch häufiger zur Einführung einer Schriftbegründung in der Wendung מִשּׁוּם שֶׁנֶּאֱמַר Bik I 2 u. ö.

I 7 [4] פִּקְפֵּק, Pilpel von פוק (vgl. aram. נְפַק), ist eigentlich „auseinandergehen lassen“. Die Nägel sollen herausgezogen und die Bohlen etwas geschüttelt werden (vgl. Bart. z. St.).

I 7 [5] An ihre Stelle müssen taugliche Deckungsmaterialien treten.

I 7 [6] Zu dem negierten צָרִיךְ vgl. οὐ χρείαν εἶχεν Joh 2 25 und dazu Schlatter, Sprache und Heimat S. 38, auch 1. Thess 1 8.

I 7 [7] Der Text des ersten Teiles der vorliegenden Halaka ist verschieden überliefert. Die von K gebotene kurze Form hat nur noch N, im Sinn jedoch ebenfalls von K abweichend. Die übrigen Zeugen fügen einen längeren Zusatz ein, den ein Vokalisator auf den Rand von K geschrieben hat (vgl. den textkritischen Anhang). Durch diesen Zusatz wird die bisher von Rabbi Jehuda im Namen der Schule Hillels vertretene Ansicht zur Lehrmeinung der Schule Schammais gestempelt, während er selbst im Namen der Schule Hillels die erleichternde Regel einführt, daß man entweder die einzelnen Bohlen lose machen oder immer eine zwischen je zweien wegnehmen müsse. Nach den beiden Bablizeugen nimmt Rabbi Jehuda selbst gar nicht mehr Stellung in der Auseinandersetzung zwischen den beiden Schulen,

הַחוֹטֵט בַּגָּדִישׁ לַעֲשׂוֹת לוֹ סֻכָּה אֵינָהּ סֻכָּה:

[1]˹הַמְשַׁלְשֵׁל˺[1] דְּפָנוֹת מִלְּמַעְלָן לְמַטָּן | אִם גְּבוֹהָה מִן הָאָרֶץ שְׁלֹשָׁה טְפָחִים
פְּסוּלָה | מִלְּמַטָּן לְמַעְלָן אִם גְּבוֹהָה מִן הָאָרֶץ עֲשָׂרָה טְפָחִים [2]˹כְּשֵׁרָה:

רַבִּי יוֹסֵי אוֹמֵר כְּשֵׁם שֶׁמִּלְּמַטָּן לְמַעְלָן עֲשָׂרָה טְפָחִים | כָּךְ מִלְּמַעְלָן
לְמַטָּן עֲשָׂרָה טְפָחִים˺[2]:

[1] K: המשלש — [2]˹.....˺[2] fehlt bei K.

---

sondern erscheint nur noch als Tradent ihrer Kontroverse. Die Halaka entscheidet sich gegen Rabbi Me'ir für Rabbi Jehuda und zwar in dem, was er im Namen der Schule Hillels lehrt (Bart. z. St.).

I 8a [1]קָרָה (bh Neh 2_8), im Pi'el eigentlich „mit Balken belegen".

I 8a [2]שַׁפּוּד (wohl nicht = gr. σποδός, vgl. aber Krauß, Lehnwörter II, S. 582), der metallene Bratspieß, ist an und für sich als Deckungsmaterial untauglich, weil er nicht aus einem „Gewächs des Bodens" entstanden ist (Bart. z. St.).

I 8a [3]אֲרוּכָה (Gegensatz קְצָרָה Kel XVIII 5. 6) ist das lange Seitenbrett eines Bettes. Als dessen Bestandteil ist es für Unreinheit empfänglich und daher an und für sich als Deckungsmaterial untauglich.

I 8a [4]Auch hier muß der Zwischenraum mit tauglichen Stoffen ausgefüllt werden. Vgl. noch b Erub 15b.

I 8b [1]גָּדִישׁ (bh Ex 22_5) als Laubhütte widerstreitet deutlich der aus Dtn 16_{13} abgeleiteten Regel. Besteht jedoch schon eine zum Zweck einer Laubhütte hergestellte Höhlung, wenn auch nur in der Höhe von einer und im Ausmaß von sieben Handbreiten im Quadrat, so darf man sie auf die erforderliche Mindesthöhe von zehn Handbreiten vervollständigen, worauf sie als Laubhütte tauglich ist (b Suk 16a).

I 9a [1]Die einzige Halaka, die sich speziell mit den Wänden befaßt!

I 9a [2]Die Formen auf ָן sind im Spätheebräischen gebräuchlicher als die biblischen auf ָה (Dtn 28_{13}); vgl. ἀπ' ἄνωθεν ἕως κάτω (Marc 15_{38}).

I 9a [3]שִׁלְשֵׁל ist eine Pilpelform, die mit dem bh שׁוּל (Jes 6_1) „Saum", „Schleppe" zusammenhängt, und bedeutet hier „herunterlassen", „herabhängen lassen". Die Lesart המשלש der Mischnahand-

8b Stellt man in einem Garbenhaufen[1] eine Höhlung her, um sich [aus ihm] eine Laubhütte zu machen, so ist das keine [taugliche] Laubhütte.

5. Die Wände der Laubhütte (I 9a. b).

9a [1]Läßt man die Wände von oben nach unten[2] herab[hängen][3], | so ist sie, wenn [ihr Abstand] von der Erde drei Handbreiten[4] hoch ist, untauglich[5], | [zieht man sie] von unten nach oben [hinauf], so ist sie, wenn sie von der Erde aus zehn Handbreiten hoch ist[6], tauglich[7].

9b Rabbi Jose[1] sagt: „Wie von unten nach oben [eine Wandhöhe von] zehn Handbreiten, | so[2] [genügt auch] von oben nach unten [eine Wandhöhe von] zehn Handbreiten[3].“

---

schrift Kaufmann ist nicht als Pi'el von שָׁלַשׁ (bh Dtn 19₃), sondern, da am Ende der Zeile, als Schreibfehler zu beurteilen. Im N.T. entspricht dem Wort χαλάω (Marc 2₄, Apg 9₂₅). Raschi z. St. verdeutlicht שִׁלְשֵׁל durch אָרַג, von oben nach unten „flechten“ (vgl. Abb. E).

I 9a [4]Weniger als drei Handbreiten gehören immer zur Wand. Daher wird sogar eine Matte von etwas mehr als vier Handbreiten, die man in einer zehn Handbreiten hohen Laubhütte zwischen Erdboden und Laubdach aufhängt, als taugliche Wand betrachtet (b Suk 16b).

I 9a [5]Weil dann Ziegen in die Laubhütte eindringen könnten, b Schab 97a.

I 9a [6]Zehn Handbreiten sind das Mindestmaß der Laubhütte (s. I 1). Darüber hinaus ist hier gemeint — M: גבוהות drückt das deutlicher aus —, daß die Laubhütte auch dann tauglich ist, wenn die zehn Handbreiten hohen Wände das Laubdach nicht erreichen, nur müßte ihre senkrechte Verlängerung nach oben es noch treffen.

I 9a [7]An und für sich würde die Einfügung von כְּשֵׁרָה genügen, um aus K einen klaren Sinn zu erhalten. Aber da der Satz Rabbi Joses nur in K fehlt und auch alte Genizafragmente ihn bieten, empfiehlt es sich, ihn in den Text aufzunehmen.

I 9b [1]Rabbi Jose ben Ḥalafta (um 130—160 n. Chr.) war einer der Schüler Rabbi 'Aḳiḇas (vgl. Strack, Einleitung, S. 129). Zum Namen als Kurzform für יוֹסֵף s. Rengstorf, Jebamot, S. 61.

I 9b [2]Zu כָּךְ ... כְּשֵׁם vgl. καθώς ... οὕτως, etwa Joh 15₄.

I 9b [3]Ohne Rücksicht auf ihre Entfernung vom Boden. Die Halaḵa richtet sich nicht nach Rabbi Jose (Maim. z. St.).

הִרְחִיק אֶת הַסִּכּוּךְ מִן הַדְּפָנוֹת שְׁלֹשָׁה טְפָחִים פְּסוּלָה:

בַּיִת שֶׁנִּפְחַת וְסִכֵּךְ עַל גַּבָּיו | אִם יֵשׁ בֵּין הַכֹּתֶל לַסִּכּוּךְ אַרְבַּע אַמּוֹת פְּסוּלָה | וְכֵן בְּחָצֵר שֶׁהִיא מֻקֶּפֶת אַכְסַדְרָא:

סֻכָּה גְדוֹלָה שֶׁהִקִּיפוּהָ בְּדָבָר שֶׁאֵין מְסַכְּכִים בּוֹ | אִם יֵשׁ תַּחְתָּיו אַרְבַּע אַמּוֹת פְּסוּלָה:

הָעוֹשֶׂה סֻכָּתוֹ ⌜כְּמִין⌝ צָרִיף אוֹ שֶׁסְּמָכָהּ לַכֹּתֶל | רַבִּי אֱלִיעֶזֶר פּוֹסֵל מִפְּנֵי שֶׁאֵין לָהּ גַּג | וַחֲכָמִים מַתִּירִים:

⌜...⌝ K: כמן.

I 9c [1]Freier Raum macht bereits bei drei Handbreiten, untaugliche Deckungsstoffe machen erst bei vier Ellen (I 10) die Laubhütte untauglich. Die beiden Zeugen des Babli nehmen mit Recht I 9c mit I 10 zusammen. In allen vier Fällen kommt die Regel der „gekrümmten Wand“ (vgl. zu I 6) zur Anwendung, d. h. immer werden bis zu einer bestimmten Grenze freier Raum oder untaugliche Deckungsstoffe noch zur anstoßenden Wand gerechnet.

I 10 [1]פָּחַת „aushöhlen“ (bh פַּחַת „Grube“ 2. Sam 17$_9$), hier in seiner ursprünglichen Bedeutung, V 5 übertragen (= „verringern“) gebraucht.

I 10 [2]Was hier, und mehr noch, was II 8 gemeint ist, zeigt Marc 2$_4$ anschaulich: ἀπεστέγασαν τὴν στέγην . . . καὶ ἐξορύξαντες χαλῶσι τὸν κράβατον. Vgl. dazu S. Krauß in ZNW 25 (1926) S. 307 ff.

I 10 [3]אַכְסַדְרָא, syr. ܐܟܣܕܪܐ, griech. ἐξέδρα (s. Krauß, Lehnwörter II, S. 44; derselbe, Archäologie I, S. 45 f.), bezeichnet hier einen überdachten Säulengang in einem stattlichen Gehöft. Der Hof ist auf drei Seiten von Häusern umgeben, vor denen der Säulengang entlang läuft. Ist sein Dach keine vier Ellen (= ca. 2,40 m) breit, so wird es noch zur Wand gerechnet, und man kann den Hof dadurch, daß man lange Stangen über ihn legt und darauf taugliches Deckungs-

6. Das Verhältnis des Laubdaches zu den Wänden (I 9c—11a).

a) Bei einer gewöhnlichen Laubhütte (I 9c).

9c Entfernt man die Laubdecke drei Handbreiten von den Wänden, so ist sie untauglich[1].

b) Drei Ausnahmefälle (I 10).

10 Ist [das Dach] ein[es] Haus[es in der Mitte] durchgebrochen[1. 2] und hat man darüber eine [taugliche] Laubdecke gelegt, | so ist sie, wenn der Abstand zwischen der Mauer und der Laubdecke vier Ellen beträgt, untauglich. | Und ebenso [ist es mit] ein[em] Hof, der von einem Säulengang[3] umgeben ist[4. 5].

Eine große[6] Laubhütte, die man [den Wänden entlang] mit etwas umgeben hat, womit man nicht decken darf, | ist, wenn darunter [an einer Stelle] sich vier Ellen [untaugliche Stoffe] befinden, untauglich.

c) Zwei Laubhütten ohne Dach (I 11a).

11a Macht man seine Laubhütte nach Art eines [oben spitz zulaufenden] Binsenzeltes[1] oder lehnt man sie an eine Mauer, | so erklärt sie Rabbi Eli'ezer[2] für untauglich, weil sie kein Dach hat[3], | die [übrigen] Gelehrten hingegen halten sie für erlaubt[4].

---

material ausbreitet, zu einer Laubhütte umgestalten (so nach E. Baneth z. St.). Vgl. Tos Suk I 8.

I 10 [4]Dieselbe Wendung findet sich Ohal XIV 4 in anderem Zusammenhang.

I 10 [5]Hierher stellt Maim. H. S. IV 10 noch einige andere Möglichkeiten: Eine über einem Brunnen errichtete, am Sabbat benutzbare Laubhütte (Abb. X), ferner eine, die wie ein „Durchgang" aussieht und als dritte Wand einen Balken in ihrer Mitte hat (Abb. ρ), vgl. b Suk 7b. Eine ganze Anzahl weiterer Abbildungen bezieht sich auf die Diskussionen über die Laubhütte in den beiden Talmuden.

I 10 [6]Als „groß" wird eine Laubhütte bezeichnet, wenn nach Entfernung untauglicher Deckungsmaterialien noch 7×7 Handbreiten taugliches Laubdach zurückbleiben. Die „kleine" Laubhütte hat ein Dach von nur 7×7 Handbreiten; wenn von diesen drei Handbreiten untauglich sind, so ist sie nicht brauchbar (b Suk 17b). Vom Unterschied der großen und der kleinen Laubhütte spricht b Suk 17a—18a ausführlich.

I 11a [1]Diese Art von Zelt, der wir neben der סֻכָּה in Ohal XVIII 10 begegnen, wird hauptsächlich von Jägern im Feld benutzt; Dach und

מַחְצֶלֶת קָנִים מַחְצֶלֶת גְּדוֹלָה עֲשָׂאָהּ לַשְׁכִיבָה מְקַבֶּלֶת טֻמְאָה וְאֵין
מְסַכְּכִים בָּהּ | וְלַסִּכּוּךְ מְסַכְּכִים בָּהּ וְאֵינָהּ מְקַבֶּלֶת טֻמְאָה ‖ רַבִּי לָעָזָר
אוֹמֵר אַחַת. גְּדוֹלָה וְאַחַת קְטַנָּה עֲשָׂאָהּ לַשְׁכִיבָה מְקַבֶּלֶת טֻמְאָה וְאֵין
מְסַכְּכִים ⌜בָּהּ⌝ | וְלַסִּכּוּךְ מְסַכְּכִים בָּהּ וְאֵינָהּ מְקַבֶּלֶת טֻמְאָה:

⌜...⌝ fehlt bei K.

Wände sind nicht zu unterscheiden, vgl. Raschi zu b Suk 7b und Abb. H.

I 11a [2]Rabbi Eliʿezer (ben Hyrḳanos, um 90—130 n. Chr.), der Schwager Rabban Gamli'els II., hatte sein Lehrhaus in Lydda (vgl. Strack, Einleitung, S. 123).

I 11a [3]Auch hier zeigt sich wieder, daß das wagrechte Dach der Hauptbestandteil der Laubhütte ist; vgl. zu I 3.

I 11a [4]Wir haben hier den seltenen Fall, daß ein einzelner gegenüber der Gesamtheit mit seiner Meinung durchdringt, während sonst der Grundsatz regiert: הלכה כדברי המרבים (Tos Beṣ II 12). Es ist wohl möglich, daß dies der Grund für die Sonderlesart von K: מַתִּירִים ist. Den Ausgleich der beiden Meinungen gibt Tos Suk I 10 (vgl. j Suk 52c, 38, b Suk 19b Bar). Hier werden die beiden in der Mischna angeführten Fälle ohne Namensnennung für untauglich erklärt. Dann wird hinzugefügt, daß Rabbi Eliʿezer damit einverstanden ist (מודה), daß, wenn im ersten Fall ein Dach von auch nur einer Handbreite vorhanden ist (Abb. B) und wenn im zweiten Fall die in die Laubdecke übergehende schiefe Wand am unteren Ende auch nur eine Handbreit senkrecht verläuft (Abb. F), beide als Laubhütten tauglich sind.

I 11b [1]Sachlich besteht hier ein gewisser Sprung, vgl. die Einleitung S. 17.

I 11b [2]מַחְצֶלֶת ist eine grobe Matte, die bei armen Leuten wohl, auch wenn sie aus Rohr bestand, als Lager benutzt wurde.

7. Nachtrag: Matten als Material für das Laubdach (I 11b).

11b [1][Was] eine Rohrmatte[2] [angeht, so ist] eine große Matte, wenn man sie zum [darauf] Liegen hergestellt hat, für Unreinheit empfänglich[3], und man darf nicht mit ihr decken; | [hat man sie] hingegen zum Decken [hergestellt], so darf man mit ihr decken, und sie ist für Unreinheit nicht empfänglich. || Rabbi Elʿazar[5] sagt: „Sei sie groß oder klein[6, 7], wenn sie zum [darauf] Liegen hergestellt ist, so ist sie für Unreinheit empfänglich, und man darf nicht mit ihr decken; | [hat man sie] hingegen zum Decken [hergestellt], so darf man mit ihr decken, und sie ist für Unreinheit nicht empfänglich."

I 11b [3]Die Matte wird analog Kel XXIV 8, vgl. XX 7, nach Lev 15 4 f. für מִדְרָס-„Unreinheit" empfänglich, die dadurch entsteht, daß ein Unreiner auf sie tritt. Doch schaltet eine von vornherein erfolgte ausdrückliche Bestimmung zu einem anderen Zweck diese Verunreinigungsmöglichkeit aus (vgl. b Schab 59a).

I 11b [4]Über eine kleine Matte besteht kein Zweifel, weil sie immer zum Lager und nie zum Decken bestimmt ist (Bart. z. St.). Über Matten, deren Zweck unbestimmt ist, sprechen ausführlich die Gemaren (j Suk 52c, 41 ff., b Suk 20a).

I 11b [5]KLPa haben לעזר, später vokalisiert (K) לְעָזָר, die andern Zeugen אליעזר. Über den häufigen Wechsel dieser beiden Namen vgl. Rengstorf, Jebamot, S. 33. Hier wird Elʿazar das Ursprüngliche sein, das oben (I 11a) stehende Eliʿezer hat heruntergewirkt. In Rabbi Elʿazar haben wir den Sohn Schammuaʿs, eines Priesters, einen Schüler ʿAḳiḇas, aus der dritten Tannaitengeneration (um 130—160 n. Chr.) vor uns (vgl. Strack, Einleitung, S. 129 f.).

I 11b [6]Während der erste, anonyme Autor der Ansicht ist, daß eine große Matte immer zum Decken, eine kleine immer zum Lager bestimmt ist, stellt Rabbi Elʿazar beide gleich. Die Halaḵa hat sich seine Meinung jedoch nicht zu eigen gemacht (vgl. Maim. u. Bart. z. St.).

I 11b [7]Zu אַחַת . . . וְאַחַת im Disjunktivsatz ohne einleitendes שֶׁ vgl. Albrecht, Grammatik, § 22.

פֶּרֶק ב.

הַיָּשֵׁן תַּחַת הַמִּטָּה לֹא יָצָא יְדֵי חוֹבָתוֹ | אָמַר רַבִּי יְהוּדָה | נוֹהֲגִין הָיִינוּ יְשֵׁנִים תַּחַת הַמִּטּוֹת לִפְנֵי הַזְּקֵנִים:

II 1a [1]Wir beginnen hier, dem Aufbau des Toseftatraktats Sukka folgend, den zweiten Abschnitt unserer Einteilung noch nicht, da II 2 bis 4a Stoffe enthalten, die sich noch auf die Beschaffenheit der Laubhütte beziehen. Im Mischnatraktat ist hier abgeteilt, weil zum ersten Mal der Gedanke der „Pflicht“ auftritt, der für das zweite Kapitel charakteristisch ist.

II 1a [2]Der Zeuge *B*, der oft durch kleine Zusätze den Text zu verdeutlichen sucht, fügt hier das aus dem Zusammenhang sich ergebende בַּסֻּכָּה ein.

II 1a [3]לֹא יָצָא יְדֵי חוֹבָתוֹ ist eine oft gebrauchte Formel der Gesetzesethik, wörtlich: „er entgeht dem Zugriff (eigentlich: den Händen) seiner Verpflichtung nicht“. חוֹבָה wird hier beinahe zu einer personifizierten Größe, die den Juden bedrängt. Die Übersetzung versucht der Bewegung des Ausdrucks gerecht zu werden. — Im Gegensatz zu I 3, wo man im Himmelbett schläft, handelt es sich hier um ein Schlafen unter dem Bett, was nicht angängig ist, sobald das Bett über zehn Handbreiten hoch ist (b Suk 20b, vgl. j Suk 52d, 23f.).

II 1a [4]Nach נָהַג (s. zu III 11a) steht Partizipium oder שֶׁ, vgl. Pea II 4c, Schab I 9. Zum Ausfall des Hilfsverbums הָיָה s. Segal, Grammar, § 328. Hier treffen zwei Partizipien zusammen, eine Härte, die die Zeugen des Babli abschleifen wollen.

II 1a [5]לִפְנֵי oder בִּפְנֵי entspricht dem neutestamentlichen ἐνώπιον (Luc 15_{10} u. ö.). Vgl. G. Dalman, Die Worte Jesu I (1898) S. 25.

II 1a [6]זָקֵן bezeichnet zunächst den Greis (II 7). Das Greisenalter, זִקְנוּת, ist nach Lev 27_{3} mit 60 Jahren erreicht (vgl. Ab V 21). Was vorher liegt, ist nach der ursprünglichsten Einteilung der Lebensalter die Jugend, יַלְדוּת, Tos Suk IV 2. Daneben finden wir das Wort in dem Terminus זָקֵן מַמְרֵא (Sanh XI 1) als synonym mit חָכָם „Gelehrter“, eine Gleichung, die j Ḳid 62c 55f. ausdrücklich vollzogen wird. Hieraus könnte man schließen, daß זִקְנֵי בֵּית הִלֵּל II 6 die Gesamtheit der zur Schule Hillels gehörenden Gelehrten, die זְקֵנִים an unsrer Stelle alle Gelehrten der damaligen Zeit bezeichneten. Aber wenn Rabban Gamli'el, der oft mit ihnen genannt wird, zusammen mit ihnen eine

Kapitel II.

8. Das Schlafen unter dem Bett in der Laubhütte (II 1).

II 1a [1]Schläft man [in der Laubhütte[2]] unter dem Bett, so ist man seiner Pflicht nicht nachgekommen[3]. | Rabbi Jehuda sagte: | „Wir schliefen gewöhnlich[4] unter den Augen[5] der Ältesten[6] unter den Betten“[7].

Reise zu Schiff unternimmt (Tos Suk III 11), so können nicht alle Rabbinen jener Zeit dabei sein, sondern nur die führenden Männer, unter denen Rabban Gamli'el als primus inter pares erscheint.

Ebenso sind nur die führenden Männer in der dritten Bedeutung des Wortes זָקֵן gemeint, die aus der biblischen Größe der 70 Ältesten Num 11$_{24}$ (s. die 70 Ältesten in Alexandria j Suk 55b, 2 sowie die זִקְנֵי עִיר Dtn 19$_{12}$, Taan III 6) sich herleitet. In diesem Sinne gibt es Älteste der Priesterschaft (Jom I 5), des großen Gerichtshofes (Jom I 3), der Tagesabteilung einer Priesterwache (Tam I 1), ja von Jerusalem (Soṭ IX 5) und Israel (Par III 7). Welche Funktionen die Ältesten in diesen sehr verschiedenartigen Fällen zu erfüllen haben, kann hier nicht näher untersucht werden. Alters- und Würdebezeichnung werden sich in ihnen jeweils paaren (so Joach. Jeremias, Jerusalem II B 1, S. 92, Anm. 12); vgl. unser deutsches, auf πρεσβύτερος (= זָקֵן) zurückgehendes „Ältester“ in „Kirchenältester“ u. a.

Für das N. T. ist dieser Tatbestand insofern von Bedeutung, als wir dort einen ähnlichen Sprachgebrauch vorfinden. Es kennt die Altersgrenze von 60 Jahren (1. Tim 5$_{9}$) und auch πρεσβύτεροι in dem eigentümlichen Doppelsinn, den wir bei זָקֵן festgestellt haben. In Jerusalem erscheinen sie zwar, wenn auch Lukas von einem πρεσβυτέριον als der obersten Behörde in Jerusalem spricht (Luc 22$_{66}$), nur als eine Gruppe neben andern (Mat 16$_{21}$), in der J. Jeremias, Jerusalem II B 1, S. 88ff. den alten Laienadel sieht. Aber als Führung der Einzelgemeinde ist die Einrichtung der πρεσβύτεροι, die Luc 7$_{3}$ noch im Judentum erscheint, in das junge Christentum übernommen worden (Apg 14$_{23}$, 15$_{2}$, Tit 1$_{5}$; 1. Tim 4$_{14}$, vgl. die 24 πρεσβύτεροι der Apokalypse, 4$_{4}$ u. ö.). Siehe jetzt auch die ausführliche Erörterung bei A. Meyer, Das Rätsel des Jacobusbriefes (1930) S. 163—167 zu Jak 5$_{14}$.

II 1a [7]*BJ*M haben hier den Zusatz וְלֹא אָמְרוּ לָנוּ דָּבָר, der den Einspruch gegen eine Handlungsweise von seiten der maßgebenden Instanz der Schriftgelehrten bezeichnet, vgl. Joh 7$_{26}$: καὶ οὐδὲν αὐτῷ λέγουσιν und dazu Schlatter, Sprache und Heimat, S. 88 u. 196.

אָמַר רַבִּי שִׁמְעוֹן | מַעֲשֶׂה בְטָבִי עַבְדּוֹ שֶׁל רַבָּן גַּמְלִיאֵל שֶׁהָיָה יָשֵׁן תַּחַת הַמִּטָּה | אָמַר רַבָּן גַּמְלִיאֵל לַזְּקֵנִים | רְאִיתֶם טָבִי עַבְדִּי שֶׁהוּא תַלְמִיד חֲכָמִים וְיוֹדֵעַ שֶׁעֲבָדִים פְּטוּרִים מִן הַסֻּכָּה | וְיָשֵׁן לוֹ תַחַת הַמִּטָּה:

לְפִי דַרְכֵּנוּ לָמַדְנוּ | שֶׁהַיָּשֵׁן תַּחַת הַמִּטָּה לֹא יָצָא יְדֵי חוֹבָתוֹ:

II 1b [1]Rabbi Schimʿon ben Joḥai (um 130—160 n. Chr.), in der Mischna immer Rabbi Schimʿon genannt, ist meist der Gegner Rabbi Jehudas in Fragen der Halaka (vgl. Strack, Einleitung, S. 129).

II 1b [2]Mit מַעֲשֶׂה „Geschehnis", „Vorkommnis" werden Erzählungen eingeführt, aus denen in der Mischna direkt oder indirekt halakische Sätze abgeleitet oder die als Beweis für solche Sätze herangezogen werden, und zwar finden sich nebeneinander מַעֲשֶׂה mit folgendem בְּ (so hier), שֶׁ (II 6) oder וְ (Babli-Zeugen zu II 6). Parallel steht פַּעַם אַחַת „einmal", vgl. IV 9d mit Tos Suk III 16b.

II 1b [3]Daß טָבִי = Τωβίας (nach Levy II, Sp. 134a, eigentlich „Knappe", „puer") in der Familie Rabban Gamli'els der Eigenname aller Sklaven war, läßt sich aus j Nid 49b, 42 erschließen. Dort ruft man Sklaven und Sklavinnen mit אַבָּא טָבִי bzw. אִמָּא טָבִיתָא (vgl. Ταβ(ε)ιθα Apg 9_{36}). Indessen tritt in der rabbinischen Literatur wie hier häufig ein bestimmter Ṭabi als Hauptbeispiel dafür auf, daß Sklaven in jüdischen Häusern gut behandelt wurden, vgl. Ber II 7 und für alles Weitere den reichhaltigen Exkurs über das jüdische Sklavenwesen bei Billerbeck IV, S. 698ff.

II 1b [4]Gemeint ist Rabban Gamli'el II. (um 90—130 n. Chr.), Enkel des in Apg 5_{34} genannten gleichnamigen Lehrers des Paulus und Nachfolger Joḥanan ben Zakkais als Haupt des Lehrhauses zu Jabne (vgl. Strack, Einleitung, S. 122f.). — Über שֶׁל und seine Schreibung siehe Rengstorf, Jebamot, S. 102f.

II 1b [5]תַּלְמִיד חָכָם oder auch תַּלְמִיד חֲכָמִים (Definition: b Schab 114a) bezeichnet den Angehörigen einer bestimmten Gruppe innerhalb des jüdischen Lehrstandes (vgl. οἱ μαθηταὶ τῶν Φαρισαίων parallel zu οἱ Φαρισαῖοι: Marc 2_{18}), nach Billerbeck I, S. 496 (vgl. II, S. 155) den nichtordinierten Gelehrten, d. h. jeden, der den halakischen Stoff beherrscht, aber das zur Ordination erforderliche Alter von 40 Jahren

II 1b Rabbi Schim'on[1] sagte: | „Es geschah einmal[2], daß Ṭabi[3], der Sklave Rabban Gamli'els[4], unter dem Bett schlief. | Da sagte Rabban Gamli'el zu den Ältesten: | „Seht ihr, daß mein Sklave Ṭabi ein Gelehrtenschüler[5] ist[6], der weiß[7], daß Sklaven[8] von der [Verpflichtung zum Wohnen in der] Laubhütte frei sind, | und der[9] deshalb unter dem Bett schläft?“ [10]

II 1c Nebenbei[1] lernten wir [daraus] |, daß, wer [in der Laubhütte] unter dem Bett schläft, seiner Pflicht nicht nachgekommen ist[2]“.

---

noch nicht erreicht hat. Billerbecks These erfährt von unserer Stelle aus insofern Unterstützung, als hier von einem Talmid Ḥakam vorausgesetzt ist, daß er mit den Fragen der Halaka vertraut ist. Doch ist der Ausdruck nur scherzweise gebraucht, da man einen Sklaven nie unter die Rabbinen aufgenommen hätte; vgl. auch die sieben Söhne der zum Judentum übergetretenen Königin Helena, die ebenfalls als תַּלְמִידֵי חֲכָמִים bezeichnet werden (Tos Suk I 1, j Suk 51 d, 24 f.). Weiteres Material über den Talmid Ḥakam siehe bei J. Goldberger, MGWJ 68 (1924) S. 211 ff., 291 ff.

II 1b [6]Zum Herausnehmen des Subjekts aus dem Nominalsatz mit שֶׁ vgl. Albrecht, Grammatik, § 16 a. Dieselbe Konstruktion mit ἰδεῖν im N.T. Joh 11 31 u. ö., vgl. Apc 17 8.

II 1b [7]Eigentlich „ein Gelehrtenschüler und (als solcher) einer, der weiß“. Dieselbe Konstruktion Neg XII 5.

II 1b [8]Vgl. zu II 8.

II 1b [9]לוֹ ist sog. Dativus ethicus.

II 1b [10]Nach j Suk 52 d, 32 ff. sollte Ṭabi die Gelehrten nicht stören, wollte aber doch ihre Worte hören.

II 1c [1]לְפִי דַרְכֵּנוּ wird man nicht von der übertragenen Bedeutung „Weise“ (vgl. etwa דֶּרֶךְ בְּנֵי אָדָם Ṭoh V 2 und das neutestamentliche ὁδός Mat 21 32) ableiten. Hier wie Edu II 3 ist es analog Schebi VII 4 zu fassen, wo die wörtliche Bedeutung „unterwegs“, „so nebenbei“ klar heraustritt, vgl. ἐν παρόδῳ 1. Kor 16 7 und Billerbeck III, S. 484 z. St. Indessen zeigt Suk II 1 deutlich, wie sich am konkreten Fall die Regel bildet.

II 1c [2]Wir haben hier ein Schulbeispiel für die Behandlung halakischer Fragen: Halakasatz, Anfechtung dieses Satzes, Gegenbeweis aus einem konkreten Fall, der gefestigte Halakasatz. Entfernte formale Ähnlichkeit zeigt Matth 7 16—20.

⌈הַסּוֹמֵךְ⌉ סֻכָּתוֹ לְכַרְעֵי הַמִּטָּה כְּשֵׁרָה:

רַבִּי יְהוּדָה אוֹמֵר | אִם אֵינָהּ יְכוֹלָה לַעֲמוֹד בִּפְנֵי עַצְמָהּ פְּסוּלָה:

סֻכָּה הַמְדֻבְלֶלֶת וְשֶׁצִּלָּתָהּ מְרֻבָּה מֵחַמָּתָהּ כְּשֵׁרָה | וְהַמְעֻבָּה כְּמִין בַּיִת אַף
עַל פִּי שֶׁאֵין הַכּוֹכָבִים נִרְאִים מִתּוֹכָהּ כְּשֵׁרָה:

⌈...⌉ K: הסוכך.

הָעוֹשֶׂה סֻכָּתוֹ בְּרֹאשׁ הָעֲגָלָה אוֹ בְרֹאשׁ הַסְּפִינָה כְּשֵׁרָה וְעוֹלִים לָהּ בְּיוֹם
טוֹב | בְּרֹאשׁ הָאִילָן אוֹ עַל גַּבֵּי הַגָּמָל כְּשֵׁרָה וְאֵין עוֹלִין לָהּ בְּיוֹם טוֹב:

II 2a [1]Die Verbindung mit dem vorhergehenden bildet das Stichwort מִטָּה.

II 2a [2]Da לְכַרְעֵי von den alten Texten eindeutig bezeugt ist, ist unter Berücksichtigung des folgenden Satzes הַסּוֹמֵךְ zu lesen und הַסּוֹכֵךְ (KP) als eine durch die häufige Verwendung des Wortes סָכַךְ veranlaßte Verschreibung zu beurteilen.

II 2a [3]כְּרָעַיִם (Dual) sind „Schenkel", so bh Lev 1 9, vgl. Tam IV 2, כְּרָעִים (Plural) die „Füße" des Bettes, so auch Kel XVIII 7.

II 2a [4]Der Schreiber der Cambridger Mischnahandschrift, der die einander ähnlichen Wortbilder כשרה und בשדה verwechselte, war nur ein Abschreiber, vgl. auch den textkrit. Anhang zu V 7a.

II 2a [5]In der gebräuchlichen Formel בִּפְנֵי עַצְמָהּ hat sich der ursprüngliche Sinn von עֶצֶם „Knochen" vollständig verflüchtigt. Ansätze dazu bereits im A.T., vgl. עֶצֶם הַיּוֹם הַזֶּה (Ez 24 2 u. ö.).

II 2a [6]Wörtlich dieselbe Begründung in anderem Zusammenhang Kel XVIII 2. — Die Laubhütte ist untauglich entweder, weil sie so keine feste Wohnung darstellt (s. Rabbi Jehuda's Grundsatz!), oder weil man sie mit einem für Unreinheit empfänglichen Gegenstand aufrecht erhält (b Suk 21 b). Die Halaka hat sich Rabbi Jehudas Ansicht nicht zu eigen gemacht (Maim. z. St.).

II 2b [1]Wie in I 3 könnte man סֻכָּה hier mit „Laubdach" wiedergeben.

9. Besondere Arten von Laubhütten (II 2—4a).

a) Zwei schwache Laubhütten (II 2).

II 2a [1]Lehnt[2] man seine Laubhütte an die Füße[3] eines Bettes, so ist sie tauglich[4].

Rabbi Jehuda sagt: | „Wenn sie nicht von selber[5] stehen kann, so ist sie untauglich".

II 2b Eine Laubhütte[1] ist, wenn sie unordentlich gedeckt[2] ist, aber mehr Schatten als Sonne gewährt, tauglich. | Und wenn sie dicht [gedeckt] ist nach Art eines Hauses, so ist sie, selbst wenn aus ihr[3] die Sterne[4] nicht sichtbar sind, tauglich[5].

b) Laubhütten an ungewöhnlichen Orten (II 3. 4a).

II 3a [1]Macht man seine Laubhütte auf[2] einem Wagen oder auf[2] einem Schiff[3], so ist sie tauglich und man darf an einem Feiertag[4] zu ihr hinaufsteigen. | [Macht man sie jedoch] auf[2] einem Baum oder auf[2] einem Kamel, so ist sie [zwar] tauglich, aber man darf an einem Feiertag nicht zu ihr hinaufsteigen.

II 2b [2]Zu der Pu'alform מְדֻבְלֶלֶת: Über die Meinungsverschiedenheit zwischen Rab († 247), der sie von דַּל „dürftig" mit eingeschobenem ב, und Schmu'el († 254), der sie von בָּלַל „durcheinanderwerfen" mit vorgesetztem ד ableitet (b Suk 22a), siehe ausführlich E. Baneth z. St. Wir schließen uns Schmu'el an und ziehen den mit וְשֶׁצִּלָּתָהּ beginnenden Satz wegen des ursprünglichen ן nicht erläuternd zu מְדֻבְלֶלֶת, sondern fassen ihn als neue Aussage (vgl. I 1a).

II 2b [3]Der Hebräer denkt hier anders als der Deutsche (noch deutlicher j Jom 40d, 24); wir sagen „in ihr".

II 2b [4]j Suk 52d, 41f. und b Suk 22b fügen die כּוֹכְבֵי חַמָּה „Sonnenstrahlen" hinzu. Sind sie nicht sichtbar, so hält die Schule Schammais die Laubhütte für untauglich, die Schule Hillels für tauglich.

II 2b [5]Statt פְּסוּלָה hat M אסורה, sinngemäß; denn was „untauglich" ist, das ist auch „verboten".

II 3a [1]Mit der Frage der Benutzbarkeit neuer Laubhüttenarten an den Hauptfeiertagen steht II 3 zwischen dem ersten und dem zweiten Abschnitt unserer Einteilung.

II 3a [2]Der Hebräer behält anschauliche Formeln selbst da bei, wo sie ihren konkreten Hintergrund verlieren. Sinngemäß wird das בְּרֹאשׁ jedoch beim Kamel durch עַל גַּבֵּי ersetzt. Im übrigen ist eine Laubhütte auf einem Kamel (Abb. 4) eine fragwürdige Größe! In der Ausdehnung der Regel auch auf Fälle, die die nüchterne Wirk-

שְׁתַּיִם בִּידֵי אָדָם וְאַחַת בָּאִילָן אוֹ שְׁתַּיִם בָּאִילָן וְאַחַת בִּידֵי אָדָם כְּשֵׁרָה וְאֵין עוֹלִים לָהּ בְּיוֹם טוֹב | שָׁלֹשׁ בִּידֵי אָדָם וְאַחַת בָּאִילָן כְּשֵׁרָה וְעוֹלִים לָהּ בְּיוֹם טוֹב:

זֶה הַכְּלָל | כָּל שֶׁיִּנָּטֵל הָאִילָן וְהִיא יְכוֹלָה לַעֲמוֹד | עוֹלִים לָהּ בְּיוֹם טוֹב:

הָעוֹשֶׂה סֻכָּתוֹ בֵּין הָאִילָנוֹת וְהָאִילָנוֹת דָּפְנוֹת כְּשֵׁרָה:

---

lichkeit hinter sich lassen, überspitzt sich hier bereits in früher Zeit das Bestreben der Kasuistik, jede denkbare Lebenslage zu erfassen.

II 3a [3]Selbst auf der Reise soll die Möglichkeit bestehen, das Laubhüttenfest rituell zu feiern (Abb. Z), sogar zu Schiff. Die Laubhütte ist damit vom Tempel, ja sogar von Palästina gelöst (vgl. b Suk 23a, ferner Tos Suk II 11, j Erub 21c, 19ff.). Die Bedeutung dieses und ähnlicher Vorgänge für die weitere Entwicklung des Judentums kann kaum hoch genug angeschlagen werden, vgl. Schlatter, Geschichte Israels, S. 290ff., bes. 294.

II 3a [4]יום טוב (bh 1. Sam 25₈, ferner namentlich in Esther) ist „Feiertag". Diese Bezeichnung tragen im besonderen sechs ausgezeichnete Tage: Je der erste und letzte Feiertag des Passah und des Laubhüttenfestes, sowie das Pfingstfest und der Neujahrstag. Von dem, was an diesen Feiertagen erlaubt und verboten ist, handelt der sechste Traktat der zweiten Ordnung, der nach seinem Hauptinhalt Jom Ṭob, nach seinem Anfangswort Beṣa heißt. Für unseren Zusammenhang ist vor allem der Beṣ V 2 ausgesprochene Grundsatz wesentlich: „Wodurch man wegen (Verletzung des Gebotes der) Sabbatruhe am Sabbat schuldig wird, dadurch wird man auch am Feiertag schuldig". Damit gelten die rabbanitischen Verbote bestimmter Tätigkeiten מִשּׁוּם שְׁבוּת auch für den Feiertag. Zu diesen Verboten, in denen sich das Bestreben kundgibt, einen „Zaun" um die Tora zu machen (Ab I 1), gehört auch, daß man nicht auf einen Baum steigen und nicht reiten darf. Im ersten Fall könnte man einen Zweig abreißen, im zweiten eine Gerte für das Reittier pflücken, beides Handlungen, die am Sabbat und am Feiertag verboten sind (vgl. Bart. z. St.).

II 3b [1]בִּידֵי אָדָם, „durch (Wirkung von) Menschenhand" steht in der Mischna meist im Gegensatz zu בִּידֵי שָׁמַיִם, wobei שָׁמַיִם nur eine Deck-

I 3b [Macht man] zwei [Seitenwände] durch Menschenhände[1] und [bildet] eine durch einen Baum, oder zwei durch einen Baum und eine durch Menschenhände, so ist sie tauglich, aber man darf an einem Feiertag nicht zu ihr hinaufsteigen. | [Macht man dagegen] drei durch Menschenhände und [bildet nur] eine durch einen Baum, so ist sie tauglich, und man darf an einem Feiertag zu ihr hinaufsteigen[2].

I 3c Das [gilt als] die [allgemeine] Regel[1]: | Zu jeder [Laubhütte], die, wenn der Baum weggenommen würde, [noch von selber] stehen könnte, | darf man an einem Feiertag hinaufsteigen.

I 4a Macht man seine Laubhütte zwischen Bäumen und [bilden] die Bäume [Seiten]wände [für sie], so ist sie tauglich[1].

---

bezeichnung für den Gottesnamen ist. Die Formel בִּידֵי שָׁמַיִם kann den gewaltsamen Eingriff des Herrn der Geschichte (vgl. die Tötung des Lügenpropheten Sanh XI 5) wie sein Wirken als Schöpfer bezeichnen (vgl. die „von Natur" gestreiften Felle Neg XI 3). Der Gegensatz ist hier derselbe, statt בָּאִילָן könnte ebensogut בִּידֵי שָׁמַיִם stehen, was denn auch in Maimonides' הלכות סוכה verschiedentlich auftritt. Genau so wäre es möglich, daß Mat 19 12 als Gegensatz zu ὑπὸ τῶν ἀνθρώπων für ἐκ κοιλίας μητρός auch ἐξ οὐρανοῦ (vgl. Mat 21 25) gebraucht würde. Im übrigen entspricht בִּידֵי אָדָם dem neutestamentlichen χειροποίητος (Marc 14 58, Hebr 9 11). Zu diesem das Merkmal des Ungenügenden, lediglich Vorübergehenden tragenden Wort gehört als Gegensatz im N.T. das im Profangriechischen nicht belegbare ἀχειροποίητος (= לֹא בִידֵי אָדָם) 2. Kor 5 1, vgl. den Exkurs III, sowie Jos Bell 7, 294: χειροποιήτως — φύσει.

II 3b [2] Wie wir uns diese Laubhütten vorzustellen haben, darüber schweigen sich beide Talmude und ebenso Maimonides aus. Auch Bartenoras Erklärung z. St. und Abb. M machen es nicht ganz deutlich. Eine Laubhütte der ersten Art wird Tos Suk I 13b von einem Tannaiten der vierten Generation im Gegensatz zur Mischna für am Feiertag benutzbar erklärt. Vgl. auch j Suk 53a, 3f. Bar = j Erub 21a, 12f., b Schab 154b.

II 3c [1] Vgl. I 4b, Anm. [1].

II 4a [1] Während in den vorhergehenden Sätzen die Laubhütte sich nur an einen Baum anlehnt, steht sie hier mitten zwischen den Bäumen. Der Mischnasatz setzt voraus, daß die Bäume so stark sind, daß sie vom Wind nicht hin- und hergeschüttelt werden können und daß die Laubdecke, die man zwischen die Zweige legt, nicht heruntergeweht wird (vgl. Maim. H. S. IV 5, siehe auch b Erub 15a).

שְׁלוּחֵי מִצְוָה פְּטוּרִים מִן הַסֻּכָּה:

חוֹלִים וּמְשַׁמְּשֵׁיהֶם פְּטוּרִים מִן הַסֻּכָּה:

II 4b [1]Zunächst handelt es sich darum, in welchen Fällen der erwachsene israelitische Mann von der Verpflichtung zum Wohnen in der Laubhütte befreit ist, erst in zweiter Linie ist an Frauen, Sklaven und Kinder gedacht. Daher die für unsere Begriffe auffallende Trennung der sprachlich einander so nahe stehenden Sätze II 4b. c und 8a.

II 4b [2]שְׁלוּחֵי מִצְוָה kommt in dieser Zusammensetzung in der Mischna nur hier vor. שָׁלִיחַ bezeichnet jeden Beauftragten, Bevollmächtigten, Stellvertreter (so Tos Suk II 10). Billerbeck III, S. 2ff. stellt zusammen, wer als solcher bezeichnet werden kann. Dem in der rabbinischen Literatur oft (z. B. Ber V 5) zitierten Satz שְׁלוּחוֹ שֶׁל אָדָם כְּמוֹתוֹ „Der Beauftragte eines Menschen ist wie er selbst" entspricht der neutestamentliche Gebrauch von ἀποστέλλω, ἀπόστολος und verwandter Worte weithin, sowohl im Verhältnis Jesu zu Gott (Mat 10_{40}, Joh 12_{44} u. ö.) als auch besonders im Verhältnis Jesu zu seinen Jüngern (Mat 10_{40}, Luc 10_{16}, Joh 13_{16}, 20_{21} u. ö.; vgl. 2. Kor 5_{20}).

Hier jedoch ist der Sinn nicht der der Stellvertretung. Es ist ähnlich wie bei dem deutschen Wort „Gesandter", das ebenfalls einen selbständigen Sinn erhalten hat, nur daß eine sendende Instanz bei שְׁלוּחֵי nicht sofort sichtbar ist. Sie ist in der מִצְוָה zu suchen, die hier wie חוֹבָה (II 1) beinahe zu einer personifizierten Größe geworden ist, hinter der letztlich Gott steht. מִצְוָה entspricht im allgemeinen im Unterschied von תּוֹרָה (= νόμος) dem neutestamentlichen ἐντολή (Mat 22_{36}). Hier ist es jedoch nicht wie in der Matthäusstelle oder etwa in מִצְוַת סֻכָּה II 7 = „Einzelgebot", sondern wird von den Amoräern auf die Ausübung von מַעֲשִׂים טוֹבִים bezogen, vgl. b Ḥul 7b, b B bat 8a. Das zeigt sich in der Weise, wie der auch b Soṭ 44b ausgesprochene Grundsatz העוסק במצוה פטור מן המצוה „Wer sich mit einem Gebot beschäftigt, ist von einem anderen Gebot frei" (b Suk 25b) in b Suk 26b Bar angewendet wird: „Schreiber von Torarollen, Tefillin und Mezuzot, sie selbst und alle andern, die sich mit מלאכות השמים be-

II. Das Wohnen in der Laubhütte (II 4b—9).

1. Befreiungsmöglichkeiten für erwachsene Israeliten (II 4b. c).

I 4b [1]Zur Ausführung eines [andern] Gebotes Abgesandte[2] sind von der [Verpflichtung zum Wohnen in der] Laubhütte befreit[3].

I 4c Kranke[1] und die sie bedienen[2] sind von der [Verpflichtung zum Wohnen in der] Laubhütte befreit[3].

---

fassen, sind vom Rezitieren des Schma', von den Tefillin und von allen in der Tora genannten Geboten (!) befreit" (vgl. Mat 15_{8}). Bart. z. St. nennt als hier in Frage kommende מִצְוֹת das Auslösen von Gefangenen (vgl. Billerbeck IV, S. 572f.) und das Besuchen des Lehrers. Ansätze zum Widerspruch gegen diese Umgehung der Gebote finden sich allerdings auch, vgl. Tos Suk II 1. Bedeutsam ist die Begründung unseres Satzes in Num r 16 zu 13_{2}: „Denn vor Gott ist dir nichts so beliebt wie ein Beauftragter, der zur Ausführung eines Gebotes gesandt ist und sein Leben aufs Spiel setzt (vgl. Joh $10_{11\text{ff.}}$, 1. Joh 3_{16}), damit er mit seinem Sendungsauftrag glücklich zum Ziel kommt". Vgl. zum Ganzen jetzt K. H. Rengstorfs Artikel ἀπόστολος in Theol. Wörterbuch zum N.T. (1932) S. 397—448, bes. 413ff.

II 4b [3]Dem Terminus פָּטוּר, eigentlich „(aus der Gewalt der Verpflichtung) entlassen", liegt sprachlich derselbe Vorstellungskreis zugrunde wie der Wendung יָצָא יְדֵי חוֹבָתוֹ (II 1), vgl. Billerbeck IV, S. 14.

II 4c [1]Nicht nur lebensgefährlich Kranke, sondern auch solche, die nur Kopfweh oder Augenschmerzen haben, sind gemeint (Tos Suk II 2, b Suk 26a), nach Maim. H. S. VI 2 selbst, wer wegen des Luftzugs, wegen Fliegen und Flöhen oder wegen schlechten Geruchs nicht in der Laubhütte schlafen kann.

II 4c [2]Die Tätigkeit des Sklaven ist שִׁמֵּשׁ, bedienen (davon שַׁמָּשׁ „Diener"), was sich wie διακονεῖν (Luc 17_{8} u. ö.) auf die Bedeutung „zu Tisch aufwarten" (II 9) spezialisiert. Eine Sachparallele bietet Mat 25_{44}: πότε σε εἴδομεν . . . ἀσθενῆ . . . καὶ οὐ διηκονήσαμέν σοι. Vgl. noch Schlatter, Sprache und Heimat S. 115f., 119f.

II 4c [3]Eine Hochzeitsgesellschaft ist befreit, weil man „nicht zwei Freuden miteinander mischen soll", dagegen ein Trauernder nicht (j Suk 53a, 17f., b Suk 25b, b M ḳaṭ 8b).

אוֹכְלִים וְשׁוֹתִים עֲרַי חוּץ לַסֻּכָּה:

מַעֲשֶׂה שֶׁהֵבִיאוּ לִפְנֵי רַבָּן יוֹחָנָן בֶּן זַכַּי לִטְעוֹם אֶת הַתַּבְשִׁיל וּלְרַבָּן גַּמְלִיאֵל שְׁתֵּי כוֹתָבוֹת וּדְלִי שֶׁל מַיִם | אָמְרוּ הַעֲלוּם לַסֻּכָּה:

וּכְשֶׁנָּתְנוּ לוֹ לְרַבִּי צָדוֹק אֹכֶל פָּחוֹת מִכְּבֵיצָה | נְטָלוֹ בְּמַפָּא וַאֲכָלוֹ חוּץ לַסֻּכָּה וְלֹא בֵרַךְ אַחֲרָיו:

II 4d [1]עֲרַאי oder עֲרַי (vgl. Segal, Grammar, § 57) bezeichnet etwas Zufälliges, Nebensächliches, Geringfügiges oder (von der Zeit) Gelegentliches. Der Gegensatz ist קֶבַע „fest", „bestimmt", hier die festen Mahlzeiten, von denen II 6 redet, vgl. Billerbeck IV 2, S. 611. Ein kleiner Imbiß, wie er hier gemeint ist, wird b Suk 26a auf zwei bis drei Eier (oder „Bissen" [?], so L. Goldschmidt, Der babylonische Talmud neu übertragen 3 [1930] S. 329) geschätzt. Da die drei Hauptpunkte, die man in der Laubhütte zu erfüllen hat, Essen, Trinken und Schlafen sind (s. Tos I 8), so wird b Suk 26b auch die Frage erörtert, ob ein Schläfchen שינת עראי außerhalb der Laubhütte zulässig sei. Sie wird verneint, da man dabei fest einschlafen könnte. Vgl. auch II 9a.

II 5a [1]Über Rabbi Joḥanan ben Zakkai siehe zu III 12.

II 5a [2]Gemeint ist wie schon II 1 Rabban Gamli'el II.

II 5a [3]דְּלִי, bh „Eimer" Jes 40_{15}, hier, wo es sich um kleine Mengen handelt, besser „Schöpfgefäß" (so Billerbeck II, S. 777).

II 5a [4]Das Hif'il von עָלָה zeigt, wie schon II 3 das Ḳal dieses Verbums, daß die Laubhütten sich meist auf den Dächern befanden (vgl. Neh 8_{16}), doch darf der Ausdruck nicht gepreßt werden. Immerhin hat man auch sonst gelegentlich auf den Dächern gegessen, z. B. beim Passahmahl (Tos Pes VI 11), vgl. auch Billerbeck I, S. 952 zu Matth 24_{17}.

II 5a [5]Dieses Vorkommnis belegt nicht eine Ausnahme, sondern eine Erschwerung des in der vorhergehenden Mischna vertretenen Grundsatzes, vgl. b Jom 79a. Solche Erschwerungen aus eigenem Entschluß sind häufig (vgl. II 8, j Šuk 53b, 18f.); sie zeigen den perfektionistischen Zug in der rabbinischen Ethik deutlich auf.

2. Das Essen in der Laubhütte (II 4d—7).

a) Der Grundsatz (II 4d).

I 4d Etwas Geringfügiges[1] darf man außerhalb der Laubhütte essen und trinken.

b) Erschwerende Beispiele (II 5).

I 5a Es geschah einst, daß man vor Rabban Joḥanan ben Zakkai[1] [etwas von] ein[em] Gericht zum Kosten und [vor] Rabban Gamli'el[2] zwei Feigen und ein Schöpfgefäß[3] mit Wasser brachte. | Sie sagten [jedoch]: „Bringt sie in die Laubhütte hinauf“[4, 5].

I 5b Und als man Rabbi Ṣadoḳ[1] eine Speise von weniger als Eigröße[2] reichte, | nahm er sie mit einem Tuch[3] und aß sie außerhalb der Laubhütte und sprach nachher keinen Lobspruch[4, 5].

II 5b [1]Der Priester Rabbi צָדוֹק (K) oder צָדּוֹק (P, nicht an unsrer Stelle, vgl. Σαδδουκαῖοι, Mat 3 7 u. ö.) ist ein Zeitgenosse Rabban Gamli'els II. (um 90—130 n. Chr.; vgl. Strack, Einleitung, S. 121).

II 5b [2]בֵּיצָה „Ei“, bildet für den in Speisevorschriften sehr peinlichen Rabbi ein beliebtes Größenmaß (vgl. III 5). כְּבֵיצָה findet sich in der Mischna 33 mal. Daneben steht als kleineres Maß die ebenfalls aus dem täglichen Gebrauch stammende Olive (Ber VII 1), weniger häufig die Feige (hier, vgl. Beṣ I 1), nur einmal die Nuß (III 5).

II 5b [3]מַפָּה (= lat. mappa), ein Wort punischen Ursprungs, bezeichnet das Tuch, mit dem man nach dem Abspülen der Hände (נְטִילַת יָדַיִם) vor der Mahlzeit (vgl. Billerbeck I, S. 698f. zu Mat 15 2) sich abtrocknete und das man dann zum Bedecken des Tisches oder des Speisesofas verwendete (siehe Krauß, Archäologie III, S. 47). Wenn die Priester, ohne die Hände abgespült zu haben, die Hebe verzehren wollten, so war es ihnen gestattet, sich dazu eines Tuches zu bedienen (b Ḥul 107b). Dieser Brauch hat sich nach Levy II, Sp. 402b in dem Ausdruck כרך ריפתא „eine Mahlzeit halten“ (vgl. Matth 15 2), eigentlich „(die Hände beim Essen von) Brot (mit einem Tuch) umwickeln“ sprachlich niedergeschlagen (b Taan 23a). Anders Billerbeck II, S. 6f. R. Ṣadoḳ wäre indes nie verpflichtet gewesen, die Vorsichtsmaßnahmen für Priesterhebe auch auf gewöhnliche Lebensmittel zu übertragen. Ansätze zu einem Kampf gegen die Übertreibung der Reinheitsvorschriften (siehe Marc 7 2) kennen auch die Rabbinen: „Wer zum Essen von Früchten die Hände abspült, gehört zu den Hochmütigen“ (b Ḥag 18b).

II 5b [4]Zum Tischgebet vgl. Ber XIII. Ein Lobspruch vorher ist

רַבִּי אֱלִיעֶזֶר אוֹמֵר | אַרְבַּע עֶשְׂרֵה סְעֻדּוֹת חַיָּב אָדָם לֶאֱכֹל בַּסֻּכָּה | אַחַת בַּיּוֹם וְאַחַת בַּלַּיְלָה:

וַחֲכָמִים אוֹמְרִים | אֵין לַדָּבָר קִצְבָּה חוּץ מִלֵּילֵי יוֹם טוֹב הָרִאשׁוֹן בִּלְבָד:

וְעוֹד אָמַר רַבִּי אֱלִיעֶזֶר | מִי שֶׁלֹּא אָכַל בְּלֵילֵי יוֹם טוֹב הָרִאשׁוֹן | יַשְׁלִים בְּלֵילֵי יוֹם טוֹב הָאַחֲרוֹן | וַחֲכָמִים אוֹמְרִים | אֵין לַדָּבָר תַּשְׁלוּמִין ‖ עַל זֶה נֶאֱמַר | מְעֻוָּת לֹא יוּכַל לִתְקֹן וְחֶסְרוֹן לֹא יוּכַל לְהִמָּנוֹת:

---

für jedes Quantum erforderlich, ein Lobspruch nachher nur, wenn man satt ist, was aus וְאָכַלְתָּ וְשָׂבָעְתָּ (Dtn 6 11) erschlossen wird.

II 5 b [5]Das Beispiel Rabbi Ṣaḏoḳs stimmt einerseits mit der II 4 d gegebenen Regel überein, insofern als er tatsächlich etwas außerhalb der Laubhütte zu sich nimmt, belegt aber andererseits ebenso wie die beiden vorhergehenden die übertriebene Genauigkeit des Rabbi, da er erst bei einem Quantum (Hebe!) von der Größe eines Eies zum Essen in der Laubhütte (b Jom 79 a/b) oder zum Händeabspülen und zu der statt dessen angewandten Vorsichtsmaßregel verpflichtet gewesen wäre (b Ḥul 107 a). Ein weiteres Beispiel für einen Rabbinen, der gewöhnliche Lebensmittel in levitischer Reinheit aß, gibt Tos Suk II 7. Vgl. ferner Ḥag II 7 und Joach. Jeremias, Jerusalem II B, S. 128 ff., 138.

II 6 a [1]סעדת קבע ist der Gegensatz zu אכילת עראי (b Suk 26 a). סְעֻדָּה (vgl. bh וְסַעֲדוּ לִבְּכֶם Gen 18 5) bezeichnet neben מָזוֹן, der gewöhnlichen Mahlzeit, das Festmahl, im besonderen das Mahl, das Gott in der Ewigkeit den Gerechten bereiten wird (Ab III 17), vgl. den ganzen Bereich des Wortes δεῖπνον, besonders Luc 14 16. 17.

II 6 a [2]Wir würden sagen „am Abend“, der Hebräer meint „nach Einbruch der Dunkelheit“. Rabbi Eliʿezer faßt בַּסֻּכֹּת תֵּשְׁבוּ (Lev 23 42) als תדורו „wohnen“ und fordert deshalb täglich zwei Mahlzeiten in der Laubhütte (j Suk 53 a, 39 f., b Suk 27 a, vgl. auch Sifr Lev 23 42 (417 a [Malbim]), bei Billerbeck II, S. 777).

II 6 a [3]לֵילֵי, status constr. des bh לֵילוֹת, vgl. לֵיל שִׁמֻּרִים (Ex 12 42), ist analog עַרְבֵי (Edu V 2) und מוֹצָאֵי (Suk V 2) gebildet. Es ist hier schwerlich nur die jährlich wiederkehrende Nacht gemeint wie etwa b Taan 23 a לילי שבתות „jeweils in den Nächten des Sabbats“. Nach

c) *Pflichtmahlzeiten in der Laubhütte* (II 6).

II 6a Rabbi Eli'ezer sagt: | „Vierzehn Mahlzeiten[1] ist man in der Laubhütte zu essen verpflichtet, | [je] eine am Tage und [je] eine bei Nacht"[2. 3].

Die [übrigen] Gelehrten jedoch sagen: | „Es gibt dafür keine [bestimmte] Festsetzung, ausgenommen allein die Nacht[3] des ersten Feiertags"[4].

II 6b Und ferner sagte[1] Rabbi Eli'ezer: | „Wer nicht in der Nacht des ersten Feiertages [die festgesetzte Mahlzeit] gegessen hat, | soll [sie] in der Nacht des letzten Feiertages nachholen"[2]; | die [übrigen] Gelehrten jedoch sagen: | „Es gibt dafür keinen Ersatz"[3]. || In bezug auf diesen[4] heißt es[5] (Koh 1 15): | „Verkrümmtes kann nicht gerade und Mangel[ndes] kann nicht [zu]gezählt werden"[6].

C. Petuchowski, Mischnajot III (1912ff.) S. 225 zu Ned VIII 6 bezeichnet das Wort die „jeweiligen Vorabende" des betreffenden Tages. Die zwei „Nächte", wie man eigentlich übersetzen müßte, entsprächen demnach den in der Wendung בֵּין הָעַרְבַּיִם (zu ihr siehe III 9) vorausgesetzten beiden Abenden des Tages.

II 6a [4]Das Laubhüttenfest hat sich nach der Meinung der Mehrzahl der Gelehrten nach dem Passah zu richten, was sie durch Analogieschluß (גְּזֵירָה שָׁוָה, vgl. Strack, Einleitung, S. 97) aus der in Lev 23 6 und 23 34 vorkommenden Zahl 15 herauslesen. Wie man am Passah nur am Abend des 15. Nisan verpflichtet ist, Ungesäuertes zu essen (Ex 12 18), von da an jedoch freie Hand hat, so soll es entsprechend auch am Laubhüttenfest sein (j Suk 52d, 42ff., b Suk 27a). Wer eine feste Mahlzeit einnehmen will, muß das in der Laubhütte tun; man kann aber auch fasten (vgl. Bart. z. St.).

II 6b [1]Zu וְעוֹד אָמַר vgl. καὶ πάλιν ... λέγει Röm 15 12, auch Joh 19 37, s. ferner b Erub 23a.

II 6b [2]Rabbi Eli'ezers neuer Satz setzt voraus, daß er von seiner ersten Ansicht abgekommen ist, was b Suk 27a festgestellt wird. Mit dem letzten Feiertag ist der achte Tag des Festes gemeint (Bart. z. St.), an dem man an und für sich nicht mehr in der Laubhütte ißt (IV 8).

II 6b [3]תַּשְׁלוּמִים „Ersatz" ist ein juristischer Terminus, der in der vierten Ordnung der Mischna eine große Rolle spielt. Er entspricht dem neutestamentlichen ἀντάλλαγμα Mat 16 26, vgl. A. Schlatter, Der Evangelist Matthäus (1929) S. 523.

II 6b [4]D. h. auf den Juden, von dem in dieser Halaka die Rede ist.

מִי שֶׁהָיָה רֹאשׁוֹ וְרֻבּוֹ בַּסֻּכָּה וְשֻׁלְחָנוֹ בְּתוֹךְ הַבַּיִת | בֵּית שַׁמַּי פּוֹסְלִין וּבֵית הִלֵּל מַכְשִׁירִין:

אָמְרוּ בֵית הִלֵּל לְבֵית שַׁמַּי | מַעֲשֶׂה שֶׁהָלְכוּ זִקְנֵי בֵית שַׁמַּי וְזִקְנֵי בֵית הִלֵּל לְבַקֵּר אֶת יוֹחָנָן בֶּן הַחוֹרוֹנִי וּמְצָאוּהוּ רֹאשׁוֹ וְרֻבּוֹ בַּסֻּכָּה וְשֻׁלְחָנוֹ בְתוֹךְ הַבַּיִת ‖ אָמְרוּ לָהֶם בֵּית שַׁמַּי | מִשָּׁם רְאָיָה | אַף הֵן אָמְרוּ לוֹ | אִם כָּךְ הָיִיתָה ⌈..⌉ נוֹהֵג לֹא קִיַּמְתָּה מִצְוַת סֻכָּה מִיָּמֶיךָ: ⌈..⌉ K: + לו.

II 6b [5]Einführungsformel für ein Schriftwort, die noch deutlicher als die geläufigere שֶׁנֶּאֱמַר den folgenden Vers auf einen bestimmten vorher genannten Tatbestand bezieht.

II 6b [6]Ḳoh 1 15 wird mit derselben Einführungsformel Ḥag I 6 in bezug auf die während des Festes darzubringenden Festopfer zitiert und im Anschluß daran midraschisch behandelt (vgl. auch b Ber 26 a). Gerade ein Vers so allgemeinen Inhalts wie der genannte wurde gerne für die verschiedensten Tatbestände als Beleg verwendet. Siehe dazu Ch. Albeck, Untersuchungen zur Redaktion der Mischna (1923) S. 37.

II 7a [1]Das verbindende Stichwort ist שֻׁלְחָן.

II 7a [2]Sind der Kopf und der größere Teil des Körpers in der Laubhütte, so ist der Mensch, mag er auch z. B. seine Füße noch draußen haben, in der Laubhütte. Die Wendung רֹאשׁוֹ וְרֻבּוֹ wird in Reinheitsfragen oft gebraucht, z. B. Neg XIII 8, Par XI 3.

II 7a [3]Das ist bei der morgenländischen Art zu speisen möglich (vgl. Krauß, Archäologie III, S. 43).

II 7a [4]Die gegebene Übersetzung trifft zu für den Fall, daß es sich um eine „kleine" Laubhütte handelt, die die drei genannten Stücke nicht faßt (doch siehe Tos Suk II 2 g. E.). Das in der Mischna nicht ausdrücklich angegebene Mindestmaß für die Breite einer Laubhütte schimmert hier durch. Es beträgt nach Tos Suk II 2, b Suk 2 b 4 × 4 Handbreiten. Nach oben hin unterliegt das Breitenmaß keiner Beschränkung (vgl. Maim. H. S. IV 1). Ist hier eine große Laubhütte gemeint und hat ihr Bewohner sich an ihrer „Türe" niedergelassen, so wird nicht die Laubhütte für untauglich, sondern sein Ver-

d) Die Körperhaltung während des Essens in der Laubhütte (II 7).

I 7a [1]Wenn jemand mit seinem Kopf und dem größeren Teil seines Körpers[2] sich in der Laubhütte befindet, seinen Tisch aber im Hause [stehen] hat[3], | so erklärt die Schule Schammais [seine Laubhütte] für untauglich, die Schule Hillels hingegen für tauglich[4].

I 7b Die Schule[1] Hillels sagte zu der Schule Schammais: | „Es geschah [doch] einmal, daß die Ältesten[1] der Schule Schammais und die Ältesten der Schule Hillels hingingen, um Joḥanan ben Haḥoroni[2] zu besuchen[3], und daß sie ihn mit seinem Kopf und mit dem größeren Teil seines Körpers in der Laubhütte fanden[4], während er seinen Tisch im Hause [stehen] hatte“[5]? || Die Schule Schammais sagte [darauf] zu ihnen: | ‘[Ist] daraus ein Beweis [möglich][6]? | Sie sagten ja zu ihm: | „Wenn du [es immer] so gewohnt gewesen bist, so hast du das Gebot [,in] der Laubhütte [zu wohnen,] dein Leben lang[7] nicht erfüllt“'[8, 9].

---

halten für „gesetzwidrig“ erklärt. Man befürchtet in diesem Fall, daß er allmählich, seinem Tisch nach, aus der Laubhütte hinausrückt (Bart. z. St.). Die Halaka richtet sich, was selten vorkommt, nach der strengeren Auffassung der Schule Schammais.

II 7b [1]Man beachte den Unterschied zwischen בֵּית und זִקְנֵי! Offenbar werden die Schammaiten an etwas Vergangenes erinnert, was sie längst vergessen hatten, nur daß sich dann das Gegenteil herausstellt (Hinweis von K. H. Rengstorf).

II 7b [2]Ein weniger bekannter „Schüler“ Schammais aus der ersten Tannaitengeneration, der bereits zur Zeit der „Notjahre“ unter Kaligula (37—41 n. Chr.) lehrte; vgl. Tos Suk II 3 = Tos Edu II 2, b Jeb 15b und A. Schlatter, Die Tage Trajans und Hadrians (1897) S. 80f. Sein Name ist verschieden überliefert. Der Titel Rabbi fehlt in den Zeugen des Babli, sowie in der Wiener Toseftahandschrift zu Suk II 3d, בֶּן auch in älteren Mischnahandschriften. בֶּן הַחוֹרוֹנִי oder בֶּן הַחוֹרוֹנִית (so BM, daneben aber auch die Erfurter Toseftahandschrift zu Suk II 3d) bezeichnet seine bzw. seines Vaters oder seiner Mutter Herkunft. Wie die Heimat des Sanballat הַחֹרֹנִי Neh 2_{19} (vgl. dazu A. Schlatter, Zur Topographie und Geschichte Palästinas [1893] S. 52f.), so ist auch die des Rabbinen umstritten. בֵּית חוֹרוֹן, im A.T. Name für zwei dicht nebeneinanderliegende ephraimitische Städte (1. Chron 7_{24}), erscheint nach A. Neubauer, La Géographie du Talmud (1868) S. 154, mehrfach als Geburtsort von Rabbinen (z. B. אַבָּא יוֹסֵף הַחוֹרוֹנִי Tos Miḳ III 14) und wird bei Josephus sowie bei den Kirchenvätern oft genannt. Joach. Jeremias, Jerusalem II B, S. 103 liest הַחוֹרוֹנִית,

נָשִׁים וַעֲבָדִים וּקְטַנִּים פְּטוּרִים מִן הַסֻּכָּה:

stellt Joḥanan mit אַבָּא שָׁאוּל בֶּן בָּטְנִית zusammen und denkt bei beiden an Nachkommen von fremdstämmigen Proselytinnen. Der „Sohn der Ḥauranitin" stammt dann aus dem Ḥaurangebirge im Ostjordanland.

II 7b [3]Wir werden an Schab I 4 erinnert, wo die Schule Schammais und die Schule Hillels Ḥananja ben Ḥizḳia ben Garon auf seinem Söller besuchen und dort 18 „Streitpunkte" besprechen. Bei derartigen Begegnungen an drittem Ort (vgl. b Men 41b) scheint sich die Auseinandersetzung zwischen den beiden Lehrhäusern vorzugsweise vollzogen zu haben, siehe auch S. Krauß, Die Versammlungsstätten der Talmudgelehrten, in: Festschrift zu Israel Lewy's 70. Geburtstag (1911) S. 27f. בִּקֵּר bezeichnet gewöhnlich (vgl. z. B. Tos Suk II 10c) den Krankenbesuch; daß es sich hier um einen solchen handelt, ist nicht wahrscheinlich (vgl. II 4c).

II 7b [4]Der verdeutlichende Zusatz שֶׁהָיָה יוֹשֵׁב (*BM*) erinnert an Luc 8_{35} u. ä. (εὑρίσκειν).

II 7b [5]Die von *BM* (wie II 1) hinzugefügten Worte „und sie sagten ihm nichts" ergeben sich aus dem Zusammenhang.

II 7b [6]Der juristische Terminus מִשָּׁם רְאָיָה fragt nach einem sichtbaren Beweis, auf Grund dessen eine Rechtsfrage entschieden werden kann (s. Bacher, Terminologie, 178f.).

II 7b [7]Die Wendung לֹא ... מִיָּמֶיךָ ist schon biblisch, vgl. 1. Sam 25_{28}.

II 7b [8]Über קִיֵּם im Sinne von „erfüllen" vgl. Rengstorf, Jebamot, S. 68. Dem dort Gesagten ist noch hinzuzufügen, daß dieser Sprachgebrauch bereits im A. T. vorliegt, vgl. יָקִים Dtn 27_{26}. Neutestamentlich kommt unsrer Stelle die Lesart D zu Marc 7_{9} am nächsten: ἵνα τὴν παράδοσιν ὑμῶν στήσητε (vgl. noch Bacher, Terminologie, S. 171, Anm. 1 und zum ganzen letzten Satz Abot d. R. Nathan 12, ed. S. Schechter, S. 58).

II 7b [9]Für die aus diesem Vorkommnis ersichtliche Tatsache, daß der Schammait Joḥanan ben Haḥoroni nach der Weise der Schule Hillels handelte, gibt Tos Suk II 3 g. E. ein weiteres Beispiel (vgl. dazu die Parallelen j Suk I 53a 55ff., b Ber 11a, b Erub 13b und ihre Auswertung). Die Hilleliten erhielten also schon früh entscheidenden Einfluß auf die Gestaltung der Halaḵa.

II 8a [1]Die Frau ist in der tannaitischen Periode von allen von

3. Befreiung der Frauen, Sklaven und Minderjährigen (II 8).

I 8a Frauen[1], Sklaven[2] und Minderjährige[3. 4] sind von der [Pflicht, in der] Laubhütte [zu wohnen,] frei.

---

einer bestimmten Zeit abhängigen Geboten frei (כָּל מִצְוֹת עֲשֵׂה שֶׁהַזְּמַן גְּרָמָא Ḳid I 7, b Suk 28 b), jedes Verbot ist sie nach Num 5$_{6}$ (אִישׁ אוֹ־אִשָּׁה) zu halten verpflichtet, vgl. M. Zuckermandel in: Festschrift zu Israel Lewy's 70. Geburtstag (1911) S. 145—172. Unter die Gebote fallen Laubhütte und Feststrauß (Tos Ḳid I 10), für die Zeit, in der der Tempel noch stand, auch das Erscheinen zu den drei Wallfahrtsfesten überhaupt (Ḥag I 1). Nichtsdestoweniger finden wir die Frauen bei den Festen (Tos Suk IV 1, Tos Ned V 1, b R hasch 6 b, Luc 2$_{41}$). Daher wird j Ḥag 75 d, 32 f. zwischen ראית קרבן, dem Erscheinen zum Opfer, und ראית פנים, dem Erscheinen zum Zusehen, geschieden und Frauen und Kinder auf Grund von Dtn 31$_{21}$ zu letzterem verpflichtet (vgl. Billerbeck II, S. 141 f.). In alledem (vgl. auch Anm. [4]) spiegelt sich die religiöse Minderwertigkeit der Frau, die in Tos Ber VII 18 zu einem starken Ausdruck kommt; siehe auch A. Schlatter, Die Theologie des Judentums nach dem Bericht des Josefus (1932) S. 148 f. Ganz anders klingt 1. Kor 11$_{3}$ und erst recht Gal 3$_{28}$. Vgl. H. Preisker, Christentum und Ehe in den ersten drei Jahrhunderten (1927) S. 137 ff.

II 8a [2]Nur die durch Tauchbad und Beschneidung zu Gliedern der jüdischen Gemeinde gewordenen Sklaven sind hier gemeint. Die Teilnahme anderer Sklaven stünde gar nicht zur Diskussion. Kein Fremder noch irgend einer, der nicht beschnitten ist, feiert mit Abraham das Laubhüttenfest (Jub 16$_{25}$). Den Frauen stehen die Sklaven insofern gleich, als sie wie jene außer Gott noch einen Herrn über sich haben.

II 8a [3]קָטָן (Gegensatz hier אִישׁ, III 10 גָּדוֹל) entspricht dem neutestamentlichen νήπιος Gal 4$_{1}$, wo eine ähnliche Gleichstellung mit dem δοῦλος vollzogen ist wie hier mit dem עֶבֶד. Das Wort bezeichnet alle Stufen des Kindes, besonders des Knaben bis zur religionsgesetzlichen und bürgerlichen Volljährigkeit (vgl. Rengstorf, Jebamot, S. 95 u. 261). Das ist der Grund, weshalb der Begriff קָטָן jeweils (vgl. z. B. III 15, Ḥag I 1) für den speziellen Fall näher definiert werden muß.

II 8a [4]Die Zusammenstellung נָשִׁים וַעֲבָדִים וּקְטַנִּים findet sich mehrmals. Die wichtigsten Mischnastellen bei Billerbeck III, S. 562 f., vgl. Suk III 10. Ihnen gegenüber läßt sich oft die Aneinanderreihung

וְכָל ⁵קָטָן⁶ שֶׁאֵינוֹ צָרִיךְ לְאִמּוֹ חַיָּב בַּסֻּכָּה:

מַעֲשֶׂה שֶׁיָּלְדָה כַלָּתוֹ שֶׁל שַׁמַּי הַזָּקֵן | וּפִחֵת אֶת הַמַּעֲזִיבָה וְסִכֵּךְ עַל גַּבֵּי הַמִּטָּה בִּשְׁבִיל הַקָּטָן:

⁵...⁶ K: הקטן.

כָּל שִׁבְעַת הַיָּמִים עוֹשֶׂה אָדָם אֶת סֻכָּתוֹ קֶבַע אֶת בֵּיתוֹ עֲרַאי:

---

von לְוִיִּם וְיִשְׂרְאֵלִים גֵּרִים וַעֲבָדִים מְשֻׁחְרָרִים „Leviten und [andere] Israeliten, Fremdlinge (= Proselyten) und freigelassene Sklaven" beobachten (Schek I 3). Noch häufiger begegnet חֵרֵשׁ שׁוֹטֶה וְקָטָן „der Taube, der Irrsinnige und der Minderjährige" (Ḥag I 1). All diese formelhaften Zusammenstellungen sind von der kasuistischen Ethik geschaffen.

II 8a [5]D. h. wenn er nachts beim Aufwachen nicht mehr „Mutter!" ruft, so bSuk 28b. Wahrscheinlich ist das jedoch erst spätere Auslegung.

II 8a [6]Die volle Verpflichtung tritt erst mit dreizehn Jahren und einem Tag (Nid V 6) ein, doch kann der Knabe auch schon vorher חַיָּב genannt werden, allerdings nur כְּדִבְרֵי סוֹפְרִים „nach den Worten der Schriftgelehrten", nach denen ein Vater verpflichtet ist, seinen Sohn an die Gebote zu „gewöhnen". Da die Zeit zwischen zwölf und dreizehn Jahren der äußerste Termin für die Erfüllung dieser Pflicht des Vaters ist, sehen wir den zwölfjährigen Jesus in Übereinstimmung mit den rabbinischen Vorschriften Luc 2_{41} mit seinen Eltern am Passahfest teilnehmen (vgl. Billerbeck II, S. 144f.).

II 8a [7]Außer den hier und II 4 Genannten (vgl. auch Ḥag I 1 und einige Tos Suk II 3 aufgeführte spezielle Fälle) ist jedermann zur Teilnahme am Laubhüttenfest verpflichtet, was Jos Bell 2, 515 bestätigt.

II 8b [1]= νύμφη Mat 10_{35}, Luc 12_{53}, vgl. Mi 7_{6}. Die Profangräzität kennt νύμφη = Schwiegertochter nicht!

II 8b [2]Es ist der Lehrer, auf den sich die „Schule Schammais" zurückführt. Er hat um 30 v. Chr. gelebt und wird in der Mischna zwölfmal genannt (vgl. Strack, Einleitung, S. 119). זָקֵן geht in diesem Falle wohl kaum auf das Alter über 60 Jahren (vgl. dazu das zu II 1 Gesagte), sondern bezeichnet als Beiname ihn im Verhältnis zu

Aber jeder minderjährige [Knabe], der seine Mutter nicht mehr nötig hat[5], ist zu[m Wohnen in de]r Laubhütte verpflichtet[6. 7].

II 8b Es geschah einmal, daß die Schwiegertochter[1] Schammais des Alten[2] [an einem Laubhüttenfest einen Knaben] gebar. | Da brach er den Estrich [über ihrem Lager] ein[3] und legte um des Kindes willen eine Laubdecke über das Bett[4].

4. Benutzung von Haus und Laubhütte zur Zeit des Festes (II 9).

II 9a Die ganzen sieben [Fest]tage [hindurch] macht man seine Laubhütte zum feststehenden, sein Haus zum gelegentlichen [Aufenthaltsort][1. 2].

---

den späteren Tannaitengeschlechtern als „den Alten", so wie wir etwa von einem „alten" Kirchenvater sprechen. In ähnlichem Sinne wird Rabban Gamli'el durch Beifügung von הַזָּקֵן von seinem gleichnamigen Enkel unterschieden (R hasch II 5 u. ö.).

II 8b [3]Zu פְּחַת vgl. I 10, Anm. [1].

II 8b [4]Die Aufnahme dieses Vorkommnisses in die Mischna bedeutet wie II 5 nicht eine Widerlegung, sondern eine Verschärfung der II 8a festgestellten Norm. Der Ahnherr der strengeren rabbinischen Schule will seinen Enkel bereits vom ersten Tage seines Lebens ab an das Festgebot gewöhnen. Wie sehr dieses hier zur toten Formel geworden ist, die ohne innere Anteilnahme erfüllt werden kann, darauf ist schon zu I 1a hingewiesen worden.

II 9a [1]Der durch die ganzen zwei ersten Kapitel sich hindurchziehende Grundsatz Rabbi Jehudas unterscheidet sich von der hier ausgesprochenen Regel dadurch, daß er die Laubhütte selbst so fest wie ein Haus zu bauen gestattet, während hier es sich darum handelt, daß man in der im übrigen primitiv gebauten Laubhütte so wohnt, wie man sonst in seinem Hause wohnt, und deshalb alles dazu Notwendige (vgl. כֵּלִים IV 8) dahin bringt (b Suk 28b/29a), ja sogar sie mit allerhand Verzierungen ausschmückt (Tos Suk I 7, b Suk 10a).

II 9a [2]Wie über jede מִצְוָה, so spricht man auch über die Laubhütte einen Lobspruch. Er ist uns in drei Versionen überliefert (Tos Ber VII 9. 10a, j Suk 52b, 22f., b Suk 46a), die etwas von einander abweichen, vgl. darüber M. Zuckermandel, Tosifta, Mischna und Boraitha I (1908) S. 1—10. Wir geben hier die babylonische Version: ברוך שהחיינו וקיימנו והגיענו לזמן הזה „Gepriesen (sei Gott), der uns am Leben erhalten und uns bestehen und uns diese Zeit hat erreichen lassen". Diesen Lobspruch, der nach seinem Hauptwort auch einfach

יָרְדוּ גְשָׁמִים מֵאֵימָתַי ⌐מֻתָּר¬ לְפַנּוֹת | מִשֶּׁתִּסְרַח הַמִּקְפָּה:

מוֹשְׁלִים אוֹתוֹ מָשָׁל | לְמָה הַדָּבָר דּוֹמֶה | לְעֶבֶד שֶׁבָּא לִמְזוֹג לְקוֹנָיו וְשָׁפַךְ הַקִּיתוֹן עַל פָּנָיו:

⌐..¬ K: + ו.

זְמַן genannt wird (vgl. zu V 6), spricht man, wenn man die Laubhütte gemacht hat. Nimmt man sie am Abend des ersten Feiertages in Gebrauch, so spricht man „(Gepriesen sei Gott), der uns geheiligt hat durch seine Gebote und uns geheißen hat, in der Laubhütte zu wohnen“ אשר קדשנו במצותיו וציונו לישב בסכה. Wie man nur am ersten Abend verpflichtet ist, eine feste Mahlzeit in der Laubhütte einzunehmen, so braucht man auch diesen Lobspruch während des Festes nicht mehr zu wiederholen (vgl. auch den Lobspruch über den Feststrauß, zu III 9c).

II 9b [1]In den neutestamentlichen Wendungen Mat 7₂₅: κατέβη ἡ βροχή und Luc 12₅₄: ὄμβρος ἔρχεται ist die hebräische Grundgestalt nicht mehr zu erkennen, dagegen in Jos Ant 2, 343: ὄμβροι.

II 9b [2]Zur Frageform vgl. zu I 1b, Anm. [3].

II 9b [3]מֻתָּר ist das passive Gegenstück zu רַשַּׁי (III 11b) „berechtigt“; beiden entspricht das neutestamentliche ἔξεστιν (Mat 12₂ u. ö.). — K hat hier, wie öfter, ein überflüssiges ו, vgl. IV 5a.

II 9b [4]„räumen“ läßt die Doppelmöglichkeit offen: Man geht selbst oder man bringt auch die Gefäße ins Haus. Nach dem Zusatz, den M zum Text macht, ist das letztere gemeint.

II 9b [5]Nach Tos Suk II 4 ist man, wenn der Regen aufgehört hat, nicht verpflichtet, wieder in die Laubhütte zurückzukehren; aber j Suk 53b, 18f. bringt Beispiele dafür, daß es Rabbinen gab, die unter Erschwerung des in Mischna und Tosefta Geforderten dies dennoch taten. Vgl. II 5a unter [5].

II 9c [1]Eine so ausführliche Einleitungsformel für ein Gleichnis tritt in der Mischna nur hier auf (vgl. aber Tos Ber I 12). Dreimal steht לְמָה הַדָּבָר דּוֹמֶה allein (Erub IV 6, Zeb XIII 8, Nid IX 5), daneben andere Formeln, vgl. die Zusammenstellung bei Billerbeck II, S. 7ff.). מָשְׁלוּ מָשָׁל לְ lehnt sich an einen Ez 17₂, 24₃ vorfindlichen Sprachgebrauch an und steht in der Mischna noch Nid II 5, V 7. Die Gleichnisdichtung, die eng mit der Ḥoḵmaliteratur zusammenhängt, hatte im Spätjudentum eine derartige Bedeutung, daß es verständlich ist, wenn in Soṭ IX 15 als eine Gruppe unter anderen die מוֹשְׁלֵי מְשָׁלִים erscheinen. Indessen sind in der Mischna im Vergleich zur übrigen

I 9b Gehen Regengüsse[1] nieder, von wann an[2] ist es erlaubt[3], [die Laubhütte] zu räumen?[4] | Von [dem Augenblick an,] wo der Brei verdirbt[5].

I 9c Man trägt über ihn ein Gleichnis vor: | Womit ist das vergleichbar[1]? | Mit einem Sklaven, der seinem Herrn[2] eben [einen Becher] einschenken[3] will[4], da gießt [dies]er ihm den [Wasser]krug[5] ins Gesicht[6].

---

rabbinischen Literatur die Gleichnisse seltener, was mit ihrem Bestreben zusammenhängt, eine kurze Regel für das Leben des Juden zu bieten. Das N.T. enthält keine Formel, die mit der hier gegebenen ohne weiteres zusammenzustellen wäre. Gegenüber dem unpersönlichen מְשָׁלוֹ מָשָׁל herrscht in den Gleichnissen Jesu der allerdings auch im tannaitischen Schrifttum belegbare Jch-Stil vor. Die Verbindung von παραβολή (= מָשָׁל) und ὅμοιος (= דּוֹמֶה) findet sich bei Matthäus, besonders $13_{24.31.33}$, bei Lukas nicht. Eine breite Einleitungsformel hat auch Marc 4_{30}. Vgl. P. Fiebig, Die Gleichnisreden Jesu im Lichte der rabbinischen Gleichnisse (1912). — Der Anschluß des gutbezeugten אוֹתוֹ (vgl. dazu auch Bacher, Terminologie II, S. 121) ist hart. Da es nicht neutrisch gefaßt werden kann, beziehen wir es auf den in מֻתָּר vorausgesetzten Bewohner der Laubhütte.

II 9c [2]Das Partizipium Ḳal von קָנָה „erwerben“ ist bereits bh häufig, vgl. Dtn 28_{68}; Jes 1_{3} „Besitzer“. Einige Zeugen haben קוֹנָיו durch das deutlichere רַבּוֹ ersetzt.

II 9c [3]מָזַג (vgl. bh מֶזֶג „gemischter Wein“ und gr. μίσγω HL 7_{3}) entspricht dem neutestamentlichen κεράννυμι (Apc 14_{10}, 18_{6}), das mit ποτήριον (= כּוֹס) verbunden ist. Die Übersetzung „einschenken“ ist dadurch gerechtfertigt, daß der Wein nicht vorher, sondern erst beim Einschenken des einzelnen Bechers gemischt wird, vgl. Pes VII 13.

II 9c [4]בָּא לִמְזוֹג: parallel steht im N.T. ἐλθεῖν oft mit Infinitiv, z. B. Mat 2_{2}: ἤλθομεν προσκυνῆσαι.

II 9c [5]קִיתוֹן ist mit A. Schlatter, Verkanntes Griechisch (1900) S. 70f., gegen Krauß, Lehnwörter II, S. 40 (κώθων), mit gr. κύαθος gleichzusetzen. Das Wort bezeichnet ein großes, nicht zum Trinken bestimmtes Gefäß (Schab IV 2, Tos Schab XVI 11, Jom IV 5), hier nach M den Wasserkrug, den der Sklave beim Mischen des Weines zur Hand hat.

II 9c [6]Der Zusatz, den b Suk 29a Bar zu diesem Gleichnis macht, kann uns seinen Sinn verdeutlichen. Er lautet: אי אפשר בשימושך „ich verzichte auf deine Bedienung!“ Daß am Laubhüttenfest bereits Regen fällt und nicht erst nachher, ist ein סימן קללה, ein „Zeichen des Fluches“ (vgl. Raschi z. St. und Taan I 1). Ob wir allerdings das Gleichnis

פֶּרֶק ג.

לוּלָב הַגָּזוּל וְהַיָּבֵשׁ פָּסוּל:

als Allegorie auffassen und das Einschenken des Bechers auf die Wasserspende beziehen dürfen, ist nicht sicher, wenn auch der ursprüngliche Sinn der Wasserspende eine Regenbitte ist (siehe zu IV 6, ferner b Taan 19 b).

Eine Bestätigung für diesen Sinn des Gleichnisses bieten Tos Suk II 5. 6, ausführlicher noch b Suk 29 a/b Bar. In der Tosefta werden in einer umfangreichen haggadischen „Abweichung" die Handlungen aufgezählt und besprochen, die eine Verfinsterung der Himmelskörper bewirken. Letztere wird ausdrücklich als ein סִימָן רַע bezeichnet. Diese Abweichung steht hinter dem in M Suk II 9 b Gesagten, M Suk II 9 c fehlt in Tos Suk. Doch bildet gerade das Gleichnis das geistige Band zwischen Regen und Sonnenfinsternis. Beide drücken den Unwillen des Herrn aus, der seinem Sklaven den Wasserkrug ins Gesicht schüttet.

III 1 a [1] Neben der Laubhütte steht als nächstwichtiger, alle männlichen Israeliten verpflichtender und vom Tempel in Jerusalem unabhängiger Ritus des Herbstfestes der Feststrauß. Er trägt seinen Namen a parte potiori vom Palmzweig = לולב. Dieses Wort ist aus einem von der Pilpel-Form לִבְלֵב abgeleiteten לַבְלַב entstanden. Die Analogie von כּוֹכָב „Stern", das wie לולב aus einem ursprünglichen כַּבְכַּב [kawkab-kokab] sich entwickelt hat (weitere Belege bei C. Brockelmann, Grundriß der vergleichenden Grammatik der semitischen Sprachen I [1908] S. 246 ff.), zeigt deutlich, daß G. Dalmans Vokalisation לוֹלָב (Aramäisch-neuhebräisches Wörterbuch zu Targum, Talmud und Midrasch [2] [1922] Sp. 215 b) richtig ist. Trotzdem kann ich mich nicht entschließen, deswegen einen Strich durch die gesamte Tradition zu machen, von der aus das Wort auch ins Judendeutsch übergegangen ist, und schreibe mit allen Textzeugen weiter לוּלָב. Wie im Arabischen „lablâb" eine Rankenpflanze bezeichnet (Hinweis von Prof. E. Littmann), hat auch לוּלָב zunächst die Bedeutung „Sproß", „Trieb", so etwa Orl I 7, Ukṣ III 4 (vgl. Bart. z. letzten Stelle). Wegen seiner Frische nennt man ferner den Palmzweig so, von ihm aus schließlich

Kapitel III.

III. Der Feststrauß.

1. Die vier Bestandteile des Feststraußes (im weiteren Sinn).

(III 1—8 a).

a) Der Palmzweig (III 1).

III 1a [1]Ein geraubter[2] oder ein vertrockneter[3] Palmzweig ist untauglich.

---

den Feststrauß, und zwar umschließt diese Bezeichnung im engeren Sinne die drei im folgenden genannten Zweige (vgl. III 8 a), im weiteren Sinne auch den Etrog (z. B. IV 1), alles Pflanzen, die für den Feststrauß in frischem Zustand sein müssen.

Im A. T. ist vom Feststrauß direkt noch nicht die Rede. Die Stelle, aus der die Rabbinen die meisten Bestimmungen über ihn ableiten, ist Lev 23_{40}: וּלְקַחְתֶּם לָכֶם בַּיּוֹם הָרִאשׁוֹן פְּרִי עֵץ הָדָר כַּפֹּת תְּמָרִים וַעֲנַף עֵץ־עָבֹת וְעַרְבֵי־נָחַל וּשְׂמַחְתֶּם לִפְנֵי יְהוָה אֱלֹהֵיכֶם שִׁבְעַת יָמִים „Und ihr sollt euch am ersten Tage prächtige Baumfrüchte, Palmenzweige, Zweige von dichtbelaubten Bäumen und Bachweiden nehmen und euch vor Jahwe, eurem Gott, sieben Tage lang freuen“. In jedem der vier Glieder sieht das Spätjudentum eine der vier „Arten“ des Feststraußes, vgl. Targ Jer I zu Lev 23_{40}: פֵּירֵי אִילָנָא אֶתְרוֹגִין וְלוּלְבִין וַהֲדַסִּין וְעַרְבִּין דְּנַחַל. Die Definition für den Lulab bzw. die כַּפֹּת תְּמָרִים gibt Maim. H. L. VII 1: „Palmzweige, von denen im Gesetz die Rede ist, das sind Zweige der Dattelpalme, wie sie gesproßt sind, bevor ihre Blätter sich nach hierhin und dahin auseinandergespreizt haben, sondern wo sie noch wie ein Stab sind; und (nur) das heißt Lulab“. Die Abbildungen, die uns erhalten sind, stimmen damit überein (vgl. die Einleitung S. 7 ff. sowie Löw, Flora II, S. 302—362).

Auf Neh 8_{15} wird in diesem Zusammenhang in der spätjüdischen Literatur kaum zurückgegriffen. Zur Zeit Nehemias scheint man die Lev 23_{40} genannten „Arten“ auf das Material für die Laubhütte bezogen zu haben. So dachten wenigstens später die Sadduzäer, deren Ansicht sich bis heute bei den Karaiten und Samaritanern erhalten hat, vgl. A. W. Greenup, Sukkah, Mishna and Tosefta (1925) S. 14. Zu Ps 118_{27b} s. das zu IV 5 b[2] Gesagte.

Die Sitte des Feststraußes begegnet uns zum ersten Mal wahrscheinlich 2. Mak 10_{7}, wo von der Feier des Tempelweihfestes die Rede ist, die zugleich als Ersatz für das unter feindlichem Druck nur sehr kümmerlich gehaltene Laubhüttenfest begangen wird. Was dort unter

שֶׁל אֲשֵׁרָה וְשֶׁל עִיר הַנִּדַּחַת פָּסוּל | נִקְטַם רֹאשׁוֹ נִפְרְצוּ עָלָיו פָּסוּל | וְנִפְרְדוּ עָלָיו כָּשֵׁר | רַבִּי יְהוּדָה אוֹמֵר יוֹגְדֶנּוּ מִלְמַעְלָן | וְצִנֵּי הַר הַבַּרְזֶל כְּשֵׁרוֹת:

θύρσοι, κλάδοι ὡραῖοι und φοίνικες im einzelnen gemeint ist, läßt sich zwar nicht mehr feststellen, aber eines sehen wir deutlich: Gegenüber dem von griechischen Analogien in ihrer Wiedergabe von Lev 23 40 und Neh 8 16 noch unbeeinflußten Sprachgebrauch der LXX ist hier zum ersten Male ein jüdischer Festbrauch durch den griechischen θύρσος veranschaulicht, einen mit Weinranken und Efeu umwundenen Stab, der von den Festteilnehmern bei den Bacchanalien getragen wurde.

Mit Sicherheit können wir die vier „Arten", die sich auf Münzen von Simon Makkabäus (141—135 v. Chr.) bereits bildlich belegen lassen, literarisch Jub 16 30. 31 bei der Feier des Laubhüttenfestes durch Abraham feststellen. Auch bei Josephus Ant 3, 245 sind sie vorhanden. Dort entsprechen dem ganzen Feststrauß die εἰρεσιώνη, der Myrthe μυρσίνη, der Weide ἰτέα, dem Palmzweig κράδη φοίνικος, dem Etrog μῆλον τῆς Περσέας. Während auch er den Lulab an anderem Ort (Ant 13, 372) seinen griechischen Lesern durch den θύρσος verdeutlicht, führt er mit der εἰρεσιώνη einen weiteren griechischen Terminus ein, die Erntefestgarbe, die man an den griechischen Festen Πυανέψια und Θαργήλια trug (vgl. W. Mannhardt, Antike Wald- und Feldkulte [1877] S. 212—263, auch Pauly-Wissowa, Realenzyklopädie des klassischen Altertums V [1905] S. 2135 ff.). Solche Bestrebungen, den jüdischen Kult durch griechische Analogien sprachlich zu erklären, haben sicherlich dazu beigetragen, daß Plutarch (vgl. zu I 4a) im Laubhüttenfest ein Dionysosfest mit θυρσοφορία und κραδηφορία zu sehen und damit — neben anderen Punkten — die Gleichartigkeit der jüdischen mit allen anderen Religionen nachweisen zu können glaubte, vgl. A. Schlatter, Geschichte Israels, S. 43. Dagegen spricht Philo in der ausführlichen Beschreibung und vor allem Auslegung, die er dem Laubhüttenfest Spec Leg II, 204—213 widmet, vom Feststrauß mit keinem Wort.

III 1a [2] Ein geraubter Palmzweig würde nach j Suk 53c, 8f., b Suk 30a der Bestimmung וּלְקַחְתֶּם לָכֶם (Lev 23 40) widersprechen: „ihr sollt euch (d. h. von dem Eurigen) nehmen" (vgl. III 13). Ferner dürfte

[Einer, der] von einem Götzenbaum[4] oder von einer zum Götzendienst verführten Stadt[5] [stammt,] ist untauglich. | Ist seine Spitze abgebrochen, sind seine Blätter abgerissen[6], so ist er untauglich; | sind jedoch seine Blätter [nur] auseinandergefaltet[7], so ist er tauglich. | Rabbi Jehuḏa[8] sagt: „Man binde ihn [in letzterem Falle nach] oben zusammen[9]." | Auch die Steinpalmen[zweige][10] des Eisenberges[11] sind tauglich.

---

eine Gebotserfüllung nicht durch Übertretung eines anderen Gebotes (in diesem Falle: du sollst nicht stehlen) zustandekommen: b Suk 29b. Billerbeck II, S. 784 bietet ein Gleichnis für den geraubten Feststrauß aus Pesiḳ 182a (Buber).

III 1a [3]Er erfüllt nicht die auf alle vier Teile sich erstreckende Bedingung הָדָר (Lev 23 40) „schön zu sein". Tos Suk II 9 läßt allerdings verwelkte, Rabbi Jehuḏa (ebenda) sogar vertrocknete Palmzweige gelten, was er damit begründet, daß man sie in den Städten zur Zeit der hadrianischen Verfolgung seinen Kindern vererbte. Doch wird dieser Ausnahmefall nicht als Beweis gegen die Regel angesehen. Vgl. auch Exkurs II.

III 1a [4]Eine „Aschera" (Dtn 16 21) ist also nicht nur als Stumpf, sondern auch blättertragend möglich (vgl. LXX ἄλσος sowie die Definition und die drei Arten von Ascherot, Ab Zara III 7).

III 1a [5]Die zum Götzendienst verführte Stadt (Dtn 13 13ff.) muß samt allem, was in ihr ist, ebenso wie die Aschera, verbrannt werden. Die mischnischen Bestimmungen über sie s. Sanh X 4—6.

III 1a [6]Und zwar so, daß sie nur künstlich durch ein Band wieder mit der Mittelrippe des Palmzweigs verbunden werden können (Raschi). Anders E. Baneth nach Maim. z. St.: „gespalten", sodaß jedes Doppelblatt in der Mitte aufgetrennt ist.

III 1a [7]Bei einem Palmzweig, wie man ihn auf den Abbildungen in den Katakomben (vgl. Einleitung, S. 9f.) und in der Hand der Juden heute noch am Laubhüttenfest sehen kann, stehen immer je zwei Fiedern einander gegenüber und liegen alle Blätter je einer Seite eng aneinander. Aber selbst wenn sie einzeln auseinandergefaltet sind (Abb. 2), ist er noch tauglich.

III 1a [8]Rabbi Jehuḏas Meinung, daß man einen solchen nach oben zu — der Jude denkt sprachlich „von oben her" — zusammenbindet, damit er wieder das Aussehen eines gewöhnlichen Palmzweiges erhält, wurde nicht zur Halaḵa (vgl. Bart. z. St.).

III 1a [9]יוֹגְדֶנּוּ von אגד „zusammenbinden", vgl. Albrecht, Grammatik, § 110c.

לוּלָב שֶׁיֵּשׁ בּוֹ שְׁלֹשָׁה טְפָחִים כְּדֵי לְנַעְנֵעַ בּוֹ כָּשֵׁר:

הֲדַס הַגָּזוּל וְהַיָּבֵשׁ פָּסוּל | [1]⌜שֶׁל אֲשֵׁרָה⌝ וְשֶׁל עִיר הַנִּדַּחַת פָּסוּל | נִקְטַם
רֹאשׁוֹ נִפְרְצוּ עָלָיו אוֹ שֶׁהָיוּ עֲנָבָיו מְרֻבּוֹת מֵעָלָיו פָּסוּל | אִם מִעֲטָן כָּשֵׁר
אֵין [2]⌜מְמַעֲטִין⌝ בְּיוֹם טוֹב:

⌜...⌝[1] K: של שרה. — ⌜...⌝[2] K: ממעיטין.

III 1a [10]Die Form des eben für tauglich erklärten Palmzweigs führt auf eine andere, ihr ähnliche. Die צִנִּים (vgl. Prov 22₅ „Dornen“) haben sehr kurze Blätter, sind aber tauglich, wenn die Spitze des einen Blattes die Höhe des Blattstandes des über ihm sitzenden noch erreicht (vgl. Bart. z. St. und Abb. 3).

III 1a [11]Der הַר הַבַּרְזֶל findet sich bei Jos Ant 4, 454: τὸ Σιδηροῦν καλούμενον ὄρος. Gemeint ist ein Höhenzug jenseits des Toten Meeres östlich des Arnon im Gebiet des heutigen *el Kura*, wo der Basalt eisenhaltig ist (vgl. Löw, Flora II, S. 312f.). Der Mischnasatz zeigt deutlich, wie schwierig es war, jedes Jahr die erforderliche Menge von Palmzweigen zu beschaffen. Da die Dattelpalme im palästinischen Bergland nicht gedeiht und nur in wenigen Tälern anzutreffen ist, mußte man zu einem Ersatz greifen und diesen erst noch von weither sich verschaffen. Die Lokalisierung des Eisenberges bzw. der Steinpalmen in der nächsten Nähe von Jerusalem (b Suk 32b, b Erub 19a) entspricht nicht den Tatsachen, sondern dem Bedürfnis, die unangenehme Abhängigkeit von der weiten Entfernung zu beseitigen. Vgl. auch den Exkurs II.

III 1b [1]b Suk 32b hat hier וּכְדֵי und alle Kommentatoren eignen sich diese Auslegung an. Der Palmzweig muß also an sich drei Handbreiten lang sein und darüber hinaus noch soviel (meist eine Handbreite, so Tos II 8, was M in den Mischnatext einträgt), daß man ihn fassen und mit ihm die Zeremonie des Schüttelns ausführen kann. Vgl. noch b Men 42a.

III 1b [2]נַעְנֵעַ (vgl. bh נוּעַ Ex 20$_{18}$), — außer hier in der Mischna

II 1b Ein Palmzweig, der drei Handbreiten lang ist, sodaß[1] man ihn schütteln[2] kann, ist tauglich.

b) Die Myrthe (III 2).

II 2 Eine geraubte oder eine vertrocknete Myrthe[1] ist untauglich, | [eine, die] von einem Götzenbaum oder von einer zum Götzendienst verführten Stadt [stammt,] ist untauglich. | Ist ihre Spitze abgebrochen[2], sind ihre Blätter abgerissen[3] oder sind ihre Beeren[4] zahlreicher als ihre Blätter, so ist sie untauglich. | Wenn man sie vermindert hat, so ist sie tauglich, [aber] an einem Feiertag darf man sie nicht vermindern[5].

---

noch Schab XX 5, Beṣ I 3, — ist „heftig bewegen“, „schütteln“. Die Beschreibung dieser Zeremonie siehe bei III 8b unter [2].

III 2 [1]Die zweite für den Feststrauß erforderliche „Art“ (= מִין) ist die dem עֲנַף עֵץ־עָבֹת (Lev 23 $_{40}$) entsprechende Myrthe. Neh 8 $_{15}$ tritt allerdings עֲלֵי הֲדַס neben עֲלֵי עֵץ־עָבֹת auf, aber die jerusalemische Gemara weiß sich zu helfen, indem sie den ersten Ausdruck auf die Laubhütte, den zweiten auf den Feststrauß bezieht (j Suk 53d, 4f.). Der Myrthe eignet eine starke Symbolik, vgl. Sach 1 $_{8}$, auch den jüdischen Namen der Esther הֲדַסָּה (Est 2 $_{7}$). Als Brautschmuck wird sie b Ket 17a wohl deswegen verwandt, weil sie zugleich apotropäisch und Symbol der Fruchtbarkeit ist, vgl. A. Marmorstein, The old rabbinical doctrine of merits (1920) S. 18. Das erklärt auch ihr Auftreten im Feststrauß.

III 2 [2]Vgl. jedoch auch die Ansicht R. Ṭarfons III 4, nach der die Halaka sich richtet (Bart. z. St.).

III 2 [3]Die Variante נִפְרְטוּ des Zeugen L (vgl. פֶּרֶט Lev 19 $_{10}$ „abgerissene Beeren“) stellt fest, daß פָּרַץ hier mit „abreißen“ wiederzugeben ist.

III 2 [4]Schwarze (j Suk 53c, 45, b Suk 33b) und rote Beeren sind gemeint, grüne „gehören“ zur Myrthe (vgl. Bart. z. St.). Auch hierin zeigt sich, daß es beim Feststrauß wesentlich auf die grüne Farbe als Farbe der Frische ankommt. Sein Schütteln drückt letztlich den Wunsch nach Regen aus (s. zu III 8. 15), daher kommen nur Pflanzen in Betracht, die auf den Regen abzielen, also nicht bereits reife Beeren oder vertrocknete Zweige.

III 2 [5]Ein solches „Zurechtmachen“ wäre eine Arbeit, die am Feiertag ebensowenig erlaubt ist wie am Sabbat (vgl. Beṣ V 2).

עֲרָבָה גְזוּלָה וִיבֵשָׁה פְּסוּלָה | שֶׁל אֲשֵׁרָה וְשֶׁל עִיר הַנִּדַּחַת פְּסוּלָה | נִקְטַם רֹאשָׁהּ נִפְרְצוּ עָלֶיהָ ˹וְהַצַּפְצֶפֶת˺ פְּסוּלָה:

˹...˺ K: הצפצפת.

כְּמֵישָׁה וְשֶׁנָּשְׁרוּ מִקְצַת עָלֶיהָ וְשֶׁל בַּעַל כְּשֵׁרָה:

רַבִּי יִשְׁמָעֵאל אוֹמֵר שְׁלֹשָׁה הֲדַסִּים וּשְׁתֵּי עֲרָבוֹת לוּלָב אֶחָד וְאֶתְרוֹג אֶחָד | אֲפִלּוּ שְׁנַיִם קְטוּמִים וְאֶחָד שֶׁאֵינוֹ קָטוּם | רַבִּי טַרְפוֹן אוֹמֵר אֲפִלּוּ שְׁלָשְׁתָּן קְטוּמִים ‖ רַבִּי עֲקִיבָה אוֹמֵר כְּשֵׁם שֶׁלּוּלָב אֶחָד וְאֶתְרוֹג אֶחָד כָּךְ הֲדַס אֶחָד וַעֲרָבָה אֶחָת:

III 3 [1]עֲרָבָה ist die einzige der vier „Arten", die bereits Lev 23 40, und zwar in עַרְבֵי־נָחַל (vgl. auch Sir 50 12 [hebr]), ausdrücklich vorkommt. Das Wort bezeichnet einen am Wasser wachsenden Baum, und zwar nach Löw, Flora III, S. 322—340 die Euphratpappel (populus Euphratica), die in den Flußwäldern der Steppengebiete auftritt. In der Mischna ist עֲרָבָה dann zum Terminus für die (Bach)weide geworden (vgl. noch Bik III 8 und Meïl III 7).

III 3 [2]צַפְצָפָה (die ältesten Mischnatexte haben צַפְצֶפֶת) erscheint bh nur Ez 17 5. Diese Stelle wird b Suk 34 a zur Auslegung herangezogen. E. Baneth übersetzt „Bergweide", wir lassen den Terminus stehen, da wir zu wenig über sie wissen. Vgl. auch *Ras eṣ Ṣafṣafeh*, Name eines der Gipfel des Sinaigebirges. Während die Tosefta auf die vier „Arten" des Feststraußes nur ganz kurz eingeht und im wesentlichen Material bringt, das den Stoff der Mischna ergänzt, erscheinen in II 7 zwei, in der Wiener Handschrift sogar drei die Bachweide angehende Definitionen. Danach hat die צַפְצָפָה Blätter mit gezähntem, die untaugliche עֲרָבָה solche mit rundem (glattem) Rand und weiße Stengel, die taugliche עֲרָבָה längliche Blätter und rote Stengel.

III 3 [3]Der Ausdruck „Bachweiden" (Lev 23 40) könnte den Eindruck erwecken, als ob nur solche Weiden tauglich wären, die direkt

c) Die Bachweide (III 3).

II 3 Eine geraubte oder eine vertrocknete Bachweide[1] ist untauglich. | [Eine, die] von einem Götzenbaum oder von einer zum Götzendienst verführten Stadt [stammt,] ist untauglich. | Ist ihre Spitze abgebrochen, sind ihre Blätter abgerissen oder [handelt es sich um] eine Ṣafṣafa[2], so ist sie untauglich.

Ist sie verwelkt, oder ist [nur] ein Teil ihrer Blätter abgefallen, oder [stammt sie von einem nur] vom Regen [bewässerten Feld][3], so ist sie tauglich.

d) Die Anzahl der einzelnen Zweige (III 4).

II 4 [1]Rabbi Jischmaʿel[2] sagt: „[Zu einem Feststrauß gehören] drei[3] Myrthen- und zwei Bachweidenzweige, ein Palmzweig und ein Etrog. | Auch wenn zwei [von den Myrthenzweigen oben] abgebrochen sind und [nur] einer nicht abgebrochen ist [,ist der Feststrauß tauglich]“. | Rabbi Ṭarfon[4] sagt: „Auch wenn sie alle drei [oben] abgebrochen sind [,ist er tauglich]“ [5]. ‖ Rabbi ʿAḳiḇa[6] sagt: „Wie [nur] ein Palmzweig und ein Etrog, so [ist auch nur] ein Myrthen- und ein Bachweidenzweig [erforderlich]“ [7].

---

am Wasser gewachsen sind. Das wird jedoch durch שֶׁל בַּעַל sowie durch den Zusatz von M וְשֶׁל הָרִים (vgl. Tos Suk II 7) widerlegt, von Maim. H. L. VII 3 ausdrücklich verneint. Das Wort בַּעַל, bh Jes 1_8 „Herr“, erscheint in der Bedeutung „Regen“ erst sehr spät und ist mit mythologischem Inhalt getränkt. Es muß ihm die b Taan 6b u. ö. auftretende Anschauung zugrundeliegen, daß das Verhältnis von Himmel und Erde dem geschlechtlichen Verhältnis von Mann und Weib entspricht, daß der Himmel bzw. der vom Himmel (שָׁ־מַיִם, vgl. Bauer-Leander, Historische Grammatik der hebräischen Sprache des Alten Testaments I [1922] S. 622) herabkommende Regen das erzeugende, die Erde das empfangende Element ist. בַּעַל bedeutet bh vorzugsweise den Eheherrn als Erzeuger, der Baʿal ist der Gott der natürlichen wie der menschlichen Fruchtbarkeit. (Weitere Belege bei Dalman, Arbeit und Sitte I 1, S. 121 ff.). In unserem Falle ist שֶׁל בַּעַל als Abkürzung aus שְׂדֵה שֶׁל בַּעַל (שֶׁל) zu verstehen. Diese Wendung bezeichnet gegenüber בֵּית הַשְּׁלָחִים (M kaṭ I 1) ein Feld, das nicht künstlich bewässert wird, sondern mit der vom Himmel gespendeten Regenmenge auskommt. Vgl. auch Hebr 6_7 sowie. J. Epstein in ZAW 33 (1913) S. 82f.

III 4 [1]Nachdem die drei in der rechten Hand zum Feststrauß (im

אֶתְרוֹג הַגָּזוּל וְהַיָּבֵשׁ פָּסוּל | שֶׁל אֲשֵׁרָה וְשֶׁל עִיר ⌜¹הַנִּדַּחַת⌝¹ פָּסוּל | ⌜²שֶׁל
עָרְלָה פָּסוּל⌝² וְשֶׁל תְּרוּמָה טְמֵאָה פָּסוּל | וְשֶׁל טְהוֹרָה לֹא יִטּוֹל וְאִם נָטַל
כָּשֵׁר:

⌜...⌝¹ K: נדחת. — ⌜...⌝² fehlt bei K.

---

engeren Sinne) zu vereinigenden „Arten" beschrieben sind, wird ihre Zahl festgestellt, wobei der erst III 5 ff. auftretende Etrog, den man mit der Linken nimmt (b Suk 37 a), auch bereits hereinspielt.

III 4 [2]Rabbi Jischma'el ben Elischa', gewöhnlich wie hier einfach Rabbi Jischma'el, stammte aus priesterlichem Geschlecht und lehrte im Süden. Über ihn vgl. Strack, Einleitung, S. 124, über die dreizehn ihm zugeschriebenen Auslegungsregeln ebenda, S. 99 f. Die III 4 genannten Rabbinen gehören sämtlich der zweiten Tannaitengeneration (um 90—130 n. Chr.) an.

III 4 [3]Wegen der drei Lev 23₄₀ für die Myrthe gebrauchten Worte עֲנַף עֵץ־עָבֹת. Entsprechend sind es nur zwei Bachweidenzweige (עַרְבֵי נָחַל). Zur Schriftbegründung vgl. Sifr Lev 23 40 (416 a [Malbim]) und Lev r 30 zu 23 40, bei Billerbeck II, S. 780 f. Nach Maim. H. L. VI 7 darf man von der Myrthe beliebig viele Zweige nehmen.

III 4 [4]Der reiche Rabbi Ṭarfon stammt ebenfalls aus priesterlichem Geschlecht und wird oft zusammen mit dem armen Rabbi 'Aḳiba genannt (vgl. Strack, Einleitung, S. 125). Zu seinem Namen (= Τρύφων) s. G. Dalman, Jesus-Jeschua (1922) S. 2 f.

III 4 [5]Denn das Wort הָדָר steht nicht bei עֲנַף עֵץ־עָבֹת (Lev 23 40). Die Halaka richtet sich nach Rabbi Ṭarfon; danach ist III 2 zu berichtigen. In der Zahl der Zweige folgt sie Rabbi Jischma'el (Maim. z. St.).

III 4 [6]Rabbi 'Aḳiba (ben Josef) hat durch die Kühnheit seiner allegorischen Exegese die rabbinische Lehrweise nachhaltig beeinflußt. Er erlitt während des Aufstandes des Barkokba, den er als Messias begrüßte, den Märtyrertod und wird deshalb in der rabbinischen Literatur sehr gefeiert (vgl. Strack, Einleitung, S. 125). Im vorliegenden Falle richtet sich die Halaka nicht nach ihm (Bart. z. St.).

III 4 [7]Men III 6 wird im Rahmen einer Aufzählung erwähnt, daß die vier Arten des Feststraußes einander „verhindern", d. h. wenn eine fehlt, so kann man das Gebot des Feststraußes nicht ausführen.

e) Der Etrog (III 5—7).

II 5 Ein geraubter oder ein vertrockneter Etrog[1] ist untauglich. | [Einer, der] von einem Götzenbaum oder von einer zum Götzendienst verführten Stadt [stammt,] ist untauglich. | [Stammt er] von ʿOrla[2], so ist er untauglich, oder von unreiner Hebe[3], so ist er [ebenfalls] untauglich. | [Stammt er] jedoch von reiner [Hebe], so soll man ihn nicht nehmen, aber wenn man ihn [einmal] genommen hat, so ist er tauglich[4].

III 5a [1]אֶתְרוֹג, aram. אַתְרוּגָא, auch אַתְרוּנְגָּא (vgl. b Ber 57a sowie A. Schlatter, Die hebräischen Namen bei Josephus [1913] S. 115), ist eine „zitzenwarzige Frucht mit sehr dicker, runzeliger, sehr warzig-höckeriger Fruchtschale" (vgl. Löw, Flora III, S. 278—317, auch die in der Einleitung S. 10 genannten Abbildungen). Sie stammt aus Ostasien und ist vielleicht erst von den Juden aus dem babylonischen Exil nach Palästina gebracht worden, worauf Jos Ant 3, 245: μῆλον τῆς Περσέας hinweisen könnte. Im Deutschen wird das Wort mit „Meerapfel" (so J. J. Rabe, Mischnah [1760] z. St.) oder nach Gen r 15 zu 3 $_6$ mit „Paradiesapfel" wiedergegeben. Wir lassen den hebräischen, als Fremdwort auch ins Judendeutsch übergegangenen Ausdruck stehen. In Lev 23 $_{40}$ entspricht der Etrog den Worten פְּרִי עֵץ הָדָר. Da er unter seinem mischnischen Namen im A. T. noch nicht vorkommt, wird er als eine „dem Mose von Gott vom Sinai aus gegebene Satzung" bezeichnet. Seine Verwendung im Rahmen des Laubhüttenfestes war nie strittig, er ist durch Münzen von Simon Makkabäus bereits für das zweite vorchristliche Jahrhundert sicher bezeugt. In späterer Zeit hat man mit vieler Mühe versucht, ihm auch eine Schriftbegründung zu geben. Sie schließt sich meist an das Wort הָדָר an, das u. a. bald als „der überwinternde" (von דור „wohnen", „bleiben") verstanden, bald mit הִידּוֹר (= ὕδωρ) gleichgesetzt wird (j Suk 53d, 22, b Suk 35a). Letzteres ist insofern bedeutsam, als hier der Zusammenhang mit der Regenbitte aufleuchtet, vgl. zu III 15.

III 5a [2]Die erste der drei vom Etrog handelnden Halakot bespricht, wovon man ihn nehmen und wovon man ihn nicht nehmen darf. עָרְלָה (von עָרַל „beschneiden") ist bereits im A. T. terminus technicus für die Früchte, die Obstbäume und Weinberge in ihren drei ersten Jahren tragen (Lev 19 $_{23}$). Sie sind ungeweiht, müssen daher hängen bleiben, ohne vom Eigentümer verwendet zu werden. Der Etrog unterliegt nach Bik II 6 dieser Bestimmung (vgl. den

שֶׁל דְּמַי בֵּית שַׁמַּי פּוֹסְלִין וּבֵית הִלֵּל מַכְשִׁירִין | שֶׁל מַעֲשֵׂר שֵׁנִי בִּירוּשָׁלַם לֹא יִטּוֹל וְאִם נָטַל כָּשֵׁר:

עָלַת חֲזָזִית עַל רֻבּוֹ נִטְּלָה פִּטְמָתוֹ נִקַּב וְנִקְלַף וְנִסְדַּק חָסֵר כָּל שֶׁהוּא פָּסוּל | עָלַת חֲזָזִית עַל מִעוּטוֹ נִטַּל עֻקְצוֹ וְנִקַּב וְלֹא חָסֵר כָּל שֶׁהוּא כָּשֵׁר:

---

gleichnamigen zehnten Traktat der ersten Ordnung, sowie Billerbeck IV, S. 674 ff.). Bei K fehlt das Verbot von ʿOrla.

III 5 [3] Zu תְּרוּמָה „Priesterhebe" vgl. Num 18 11 ff., Bik II 6 und den sechsten Traktat der ersten Ordnung, auch Billerbeck IV, S. 646 ff. Ist sie nach ihrer Absonderung von dem übrigen Ertrag der Baumfrüchte unrein geworden, so ist sie sowohl für den Priester, der sie nicht essen, als auch für den früheren Besitzer, der sie nicht zurücknehmen darf, untauglich. In solchem Zustand entspricht sie ebensowenig wie ʿOrla der Vorschrift וּלְקַחְתֶּם לָכֶם (Lev 23 40), vgl. zu III 1a unter [2].

III 5 [4] Stammt der Etrog von der reinen Hebe, so ist er für den Priester tauglich, wird jedoch, sobald eine von den sieben Flüssigkeiten (Maksch VI 4) auf ihn fällt, untauglich. Um dies zu verhüten, verbietet man ihn unter Vorbehalt. Wir sehen hier eine der elastischen Stellen, die jede kasuistische Ethik braucht, um im Leben einigermaßen durchführbar zu sein (vgl. den Schluß dieser Mischna und b R hasch 28 a). Hierher gehört der ganze Komplex der בדיעבד (= „wenn etwas bereits geschehen ist") -Vorschriften, vgl. A. Guttmann, Das redaktionelle und sachliche Verhältnis zwischen Mišna und Tosephta (1928) S. 112.

III 5 [5] Demai (s. Billerbeck IV, S. 654 ff. und den gleichnamigen 3. Traktat der ersten Ordnung) sind Früchte, von denen zweifelhaft ist, ob sie ordnungsgemäß verzehntet sind.

III 5 [6] An und für sich ist es dem streng rituell lebenden Juden nicht gestattet, Demai zu essen, also auch nicht, einen Etrog von Demai zu verwenden. Aber die Schule Hillels weiß einen Ausweg. Man kann auf sein Vermögen verzichten und ein „Armer" werden. Als solcher darf man dann Demai essen (s. Dem III 1). Damit ist auch ein Etrog von Demai erlaubt (b Suk 35 b).

[Stammt er] von Demai[5], so erklärt ihn die Schule Schammais für untauglich, die Schule Hillels hingegen für tauglich[6]. | [Stammt er] vom zweiten Zehnt[7], so soll man ihn [selbst] in Jerusalem nicht nehmen, aber wenn man ihn [einmal] genommen hat, so ist er tauglich.

II 6a [1]Hat sich eine Flechte[2] über seinen größeren Teil gezogen[3], ist sein Köpfchen[4] entfernt, ist er durchlöchert[5] oder ist er abgeschält[6] oder ist er gespalten[7], [und] fehlt [bei alledem] etwas, wie wenig es auch sei[8], so ist er untauglich. | Hat sich eine Flechte [nur] über seinen kleineren Teil gezogen, ist sein Stiel entfernt oder ist er durchlöchert, ohne daß etwas fehlt, wie wenig es auch sei, so ist er tauglich.

III 5 [7]Der zweite Zehnt (s. Billerbeck IV, S. 668ff.) ist nach Absonderung der Priesterhebe und des ersten Zehnten (Maas I 4) vom Eigentümer abzuheben, mit nach Jerusalem zu nehmen und dort zu verzehren (Lev 27$_{30.31}$, Dtn 14$_{22ff.}$). Außerhalb von Jerusalem darf er also auf keinen Fall zum Festbrauch verwendet werden, aber auch in Jerusalem soll man ihn eigentlich nicht nehmen, weil er zum Verzehren bestimmt ist und (so E. Baneth) beim Gebrauch unansehnlich wird (vgl. Bart. z. St.).

III 6a [1]Nach der Herkunft wird das Aussehen des Etrog bestimmt. Grundsatz ist פְּרִי עֵץ הָדָר Lev 23$_{40}$.

III 6a [2]חֲזָזִית bezeichnet eine Flechte mit kleinen Pisteln bei Pflanzen und Tieren (Bek VI 12).

III 6a [3]עֲלָת ist die sonst nur mit Suffixen vorkommende ältere Form für עֲלָתָה.

III 6a [4]פִּטְמָה oder פְּטוּמָה ist „Köpfchen", „Warze" und befindet sich auf dem dem Stiel entgegengesetzten Ende der Frucht (vgl. Uḳṣ II 3). Das Köpfchen darf von der Flechte nicht angegriffen werden (b Suk 35b).

III 6a [5]Geht das Loch von der einen Seite bis auf die andere durch, so ist er auf alle Fälle untauglich; ist dies nicht der Fall, so ist er tauglich, wenn es auf der Oberfläche nicht den Raum eines Aß (= kleine Münze) einnimmt (b Suk 36a).

III 6a [6]Von der dicken Schale darf nur die dünne äußere Schicht entfernt werden und das Weiße nicht zum Vorschein kommen, denn die Farbe muß grün (= frisch!) bleiben (vgl. Bart. z. St.).

III 6a [7]Er hat Risse bekommen (ähnlich bei einem Ofen: Kel V 11).

III 6a [8]כָּל שֶׁהוּא ist eine beliebte Wendung für das kleinste, aber

אֶתְרוֹג הַכּוּשִׁי פָּסוּל | וְהַיָּרוֹק כְּכָרָתָן רַבִּי מֵאִיר מַכְשִׁיר וְרַבִּי יְהוּדָה פּוֹסֵל:

שִׁעוּר אֶתְרוֹג קָטָן רַבִּי מֵאִיר אוֹמֵר כֶּאֱגוֹז וְרַבִּי יוּדָה כְּבֵיצָה | וּבַגָּדוֹל כְּדֵי שֶׁיֶּאֱחוֹז אֶת שְׁנֵיהֶם בְּיָדוֹ אַחַת ⌈דִּבְרֵי⌉ רַבִּי יְהוּדָה | רַבִּי יוֹסֵי אוֹמֵר אֲפִלּוּ בִשְׁתֵּי יָדָיו:

⌈...⌉ fehlt bei K.

אֵין אוֹגְדִים אֶת הַלּוּלָב אֶלָּא מִמִּינוֹ דִּבְרֵי רַבִּי יְהוּדָה | רַבִּי מֵאִיר אוֹמֵר אֲפִלּוּ בִמְשִׁיחָה | אָמַר רַבִּי מֵאִיר מַעֲשֶׂה בְאַנְשֵׁי יְרוּשָׁלַם שֶׁהָיוּ אוֹגְדִים אֶת לוּלְבֵיהֶם בְּגִימוֹנוֹת שֶׁל זָהָב:

---

auch für das größte Maß (Erub II 2), je nach dem Verbum, mit dem es verbunden ist.

III 6b [1] כּוּשִׁי bezeichnet zunächst den Äthiopen (2. Sam 18 21 f.), dann einen Menschen mit schwarzer Hautfarbe, schließlich wird es beinahe ein Adjektiv zur Bezeichnung „schwarz“ (vgl. Bek VII 6).

III 6b [2] Das trifft nur auf Palästina, wo er selten ist, zu, in Babylonien ist er tauglich (b Suk 36a).

III 6b [3] Die Textvariante des Zeugen a וַחֲכָמ׳ פּוֹסְלִין deutet an, daß die Meinung Rabbi Jehudas zur Halaka geworden ist (so Maim. u. Bart. z. St.).

III 6b [4] b Suk 36a nennt als untauglich außerdem den aufgedunsenen, faulen, eingelegten, gesottenen, weißen, scheckigen, kugelrunden und künstlich geformten Etrog. Kontroversen bestehen über den unreifen (בּוֹסֶר, bei M im Mischnatext) und über den Zwillingsetrog.

III 6b [5] Alles bisher über den Etrog Gesagte bezieht sich nach j Suk 53d, 27 f., b Suk 36b auf den ersten Feiertag (Lev 23 40!). An den folgenden Tagen sind alle hier für untauglich erklärten Arten tauglich.

III 7 [1] Aus יוּדָה ist das neutestamentliche Ἰούδας (Mat 10 4) entstanden. Diese Abkürzung für יְהוּדָה, die L immer gebraucht, steht bei K nur, wenn der Platz in der Zeile knapp ist.

III 7 [2] Siehe auch j Naz 51c, 27. Zur Nuß vgl. J. Löw, Flora, II, S. 29—59, bes. 34.

II 6b Ein mohren[farbiger][1] Etrog ist untauglich[2], | ist er aber grün wie Lauch, so erklärt ihn Rabbi Me'ir für tauglich, Rabbi Jehuda[3] jedoch für untauglich[4, 5].

II 7 „Das [Mindest]maß eines kleinen Etrog" — sagt Rabbi Me'ir — „[hat einer, der so groß ist] wie eine Nuß"[2]; Rabbi Jehuda[1] jedoch [sagt:] „Wie ein Ei". | „Und bei einem großen [ist das Höchstmaß] so, daß man sie beide mit seiner einen Hand halten kann" — [das sind] Worte Rabbi Jehudas. | Rabbi Jose sagt: „Selbst wenn [der Etrog so groß ist, daß man sie] mit seinen beiden Händen [einzeln halten muß, so ist er tauglich]"[3].

f) Das Binden des Feststraußes (im engeren Sinn) (III 8a).

II 8a „Man darf den Feststrauß nur mit [etwas, was] von seiner Art[1] [ist,] binden"[2] — Worte Rabbi Jehudas[3]; | Rabbi Me'ir hingegen sagt: „Selbst mit einer Schnur". | Rabbi Me'ir sagte: „Es geschah einst, daß die Männer von Jerusalem[4] ihre Feststräuße mit goldenem Flechtwerk[5] banden"[6].

III 7 [3]Die Übersetzung folgt der j Suk 53d, 45f. gegebenen Auslegung des Mischnatextes. Aus ihr geht klar hervor, was auch die alten jüdischen Kommentatoren, Rabbenu Nissim u. a. bezeugen, daß אֶת שְׁנֵיהֶם niemals „zwei von ihnen", sondern immer nur „sie beide", d. h. Feststrauß und Etrog, bedeuten kann. Erst die Bablizeugen meinen „zwei Etrogim mit einer Hand" (Rabbi Jehuda) und „einen mit zwei Händen" (Rabbi Jose). Das ist jedoch unmöglich. Heute noch nimmt man im Ostjudentum beim „Schütteln" (vgl. III 8b) Feststrauß und Etrog zusammen in eine Hand (Hinweis von Ch. Horowitz, früher in Tübingen). Der Etrog, den Rabbi ʿAḳiba einmal auf der Schulter in die Synagoge brachte, wird als der Vorschrift הָדָר nicht entsprechend abgelehnt (j Suk 53d, 48, b Suk 36b). Die Halaka richtet sich im ersten Falle nach Rabbi Jehuda, im zweiten nach Rabbi Jose (vgl. Bart. z. St.). Meïl VI 4 zeigt, daß Etrogim viel leichter zu beschaffen waren als Palmzweige. Man zahlte für einen kleinen nur eine, für einen großen zwei Peruṭot (= λεπτά [Marc 12$_{42}$], die kleinsten Kupfermünzen, vgl. Krauß, Archäologie II, S. 408), siehe auch Suk III 11b. In der Tosefta findet sich über den Etrog in diesem Zusammenhang nur ein Satz (II 9a): „Hat man keinen Etrog zur Hand, so soll man statt seiner keine Quitte und auch nichts anderes nehmen".

III 8a [1]Meist band man die drei „Arten" mit einem Stengel aus dem Strauß zusammen (Tos Suk II 10a).

וְאֵיכָן הָיוּ מְנַעְנְעִים בְּהוֹדוּ לַיי תְּחִלָּה וָסוֹף | אַף בְּאָנָּא יי הוֹשִׁיעַ נָּא
כְּדִבְרֵי בֵית הִלֵּל | בֵּית שַׁמַּי אוֹמְרִים אַף בְּאָנָּא יי הַצְלִיחָה נָּא:

III 8a [2]Ob das Binden des Feststraußes die Bedeutung gehabt hat, Regen heraufzubeschwören (so A. Marmorstein, „Beiträge zur Religionsgeschichte und Volkskunde“, in: Jahrbuch für jüdische Volkskunde 25 [1923] S. 293), bleibe dahingestellt. Jedenfalls war er, wie die Abbildungen zeigen, von Anfang an gebunden, obwohl Tos Suk II 10 auch einen ungebundenen Feststrauß zuläßt.

III 8a [3]Es wären sonst nicht mehr vier, sondern fünf „Arten“ (b Suk 36 b).

III 8a [4]Die Männer von Jerusalem werden gern zitiert, weil, was in der heiligen Stadt geschieht, besondere Beweiskraft hat. Mit ihnen muß eine bestimmte Gruppe gemeint sein. Joach. Jeremias, Jerusalem II B, S. 91 setzt sie mit den מגדלי ירושלם, den „Großen von Jerusalem“, gleich, die bei der Beschneidungsfeier Elischa' ben 'Abujas sich versammelten (j Ḥag 77 b, 33). Auch unsere Stelle ergibt einen Beleg für seine These insofern, als es sich hier um einige wenige wohlhabende Leute handeln muß, ferner dadurch, daß b Suk 37 a אַנְשֵׁי durch יקרי „die Vornehmen“ ersetzt wird, eine Lesart, die bei M auch in den Mischnatext eingedrungen ist. Das Bild, das Tos Suk II 10c vom Frömmigkeitseifer der Männer von Jerusalem entwirft, macht es wahrscheinlich, daß wir hier Pharisäer vor uns haben (J. Jeremias, Jerusalem II B, S. 127).

III 8a [5]Zu גִּימוֹנוֹת vgl. bh אַגְמֹן Jes 58_5 und die einzige Stelle, an der das Wort sonst noch in der Mischna auftritt, Schab V 4. Hier wie dort bezeichnet es „Binsen“. An unserer Stelle werden die Goldfäden, mit denen der Feststrauß gebunden wird, die Art des Flechtwerks nachbilden.

III 8a [6]Der Zusatz, den eine Reihe von Mischnazeugen (s. den textkritischen Anhang) hier haben und der vermutlich aus Tos Suk II 10 stammt (vgl. darüber die Einleitung S. 21), gleicht den Gegensatz zwischen den beiden Rabbinen aus: ‘Sie sagten zu ihm: „[Ist] daraus ein Beweis [möglich]? Sie banden ihn [ja zuerst] darunter mit [etwas, was] von seiner Art [war]“’. Die Goldfäden der Männer von Jerusalem dienten also nur als Schmuck und waren deshalb ge-

2. Das Schütteln des Feststraußes während des Rezitierens des Hallel (III 8b. c).

III 8b [1]Und wo[2] schüttelte[3] man [den Feststrauß]?[4] Bei „Danket dem Herrn![5]" am Anfang und am Ende[6]. | ‚Auch bei „Ach, Herr, hilf doch!"' — Worte der Schule Hillels. | Die Schule Schammais sagt: ‚Auch bei „Ach, Herr, laß doch gelingen!"'.

---

stattet (vgl. die entsprechende Erlaubnis für sonst Untaugliches bei der Laubhütte zu I 3).

III 8b [1]Ohne jede Vorbereitung setzt hier die Mischna mit der Frage nach dem Zeitpunkt für das Schütteln des Feststraußes ein und beginnt damit die Besprechung der Regeln für seine Handhabung.

III 8b [2]D. h. bei welchen Versen des Hallel (= Ps 113—118)?, vgl. Anm. [4] und Bacher, Terminologie I, S. 41.

III 8b [3]Über die Ausführung des Schüttelns gehen die Ansichten auseinander. b Suk 37b spricht von מוליך ומביא „hin und zurück" nach allen vier Himmelsrichtungen, um böse Winde abzuwehren, und von מעלה ומוריד „nach oben und unten", um bösen Tau fernzuhalten (vgl. Men V 6); j Suk 53d, 52 Bar sagt kurz: „Man muß den Feststrauß dreimal schütteln". Maim. H. L. VII 10 verbindet beides, indem er ein dreimaliges Schütteln der Spitze des Feststraußes bei jedem Wegstrecken fordert. Dieses Schütteln scheint nach Stellen wie Suk III 15b und IV 4b mit dem „Nehmen" (נְטִילָה, vgl. III 9) des Feststraußes zusammenzufallen, stellt jedoch nach j Suk 53d, 49f. נוטל לולב ומנענע einen besonderen, an jenes sich anschließenden Akt dar. Zwischen „Nehmen" und „Schütteln" steht nach heutigem Brauch (vgl. S. Baer, סדר עבודת ישראל, Rödelheim [1901] S. 367), der auf die alte Zeit zurückgeht, der Lobspruch über den Feststrauß, vgl. III 9 unter [1]. Ursprünglich hat das Schütteln während der Rezitation des Hallel anscheinend zur Erfüllung des Gebotes genügt; bei Maim. H. L. VI 6—10 stehen das Schütteln des Feststraußes zu Hause (Suk IV 4b) und in der Gemeinde (Suk III 8b) selbständig nebeneinander.

III 8b [4]Nach der Darstellung, die Billerbeck II, S. 785f. vom Morgengottesdienst im Tempel am Laubhüttenfest gibt, wird von den Leviten im Anschluß an das Morgentamid das Hallel angestimmt, zu dem die an unserer Stelle zitierten Schriftworte gehören. Das läßt sich quellenmäßig nicht sicher belegen. Das Hallel (ausführliches Material bei Billerbeck I, S. 845ff.) nahm allerdings im Ritus der jüdischen Feste eine hervorragende Stellung ein, aber von seiner Rezitation durch den Levitenchor ist nur Tos Pes IV 11 bei der Schlach-

אָמַר רַבִּי עֲקִיבָה צוֹפֶה הָיִיתִי בְרַבָּן גַּמְלִיאֵל וּבְרַבִּי יְהוֹשֻׁעַ | שֶׁכָּל הָעָם מְטָרְפִים אֶת לוּלְבֵיהֶם | וְהֵם לֹא נִעְנְעוּ אֶלָּא בְאָנָּא יי הוֹשִׁיעָה נָּא בִלְבַד:

---

tung des Passahlammes ausdrücklich die Rede. Tos Suk III 2 berichtet, daß man (die Parallelstelle b Ar 10a: היחיד = der einzelne) das Hallel an achtzehn Tagen und in einer Nacht vollständig rezitierte: An den acht Tagen des Laubhüttenfestes, den acht Tagen des Ḥanukkafestes, am ersten Passahfeiertag, in der Passahnacht (Pes X 7, hier ist das Rezitieren durch Leviten unmöglich!) und am ersten Feiertag des Wochenfestes. Aus dem Aufbau des Traktates Sukka, besonders aus der Verbindung von III 8b mit 8c und 10 geht klar hervor, daß von der Feier des Laubhüttenfestes im Tempel erst in IV und V die Rede ist. Das besagt zwar nicht, daß das Hallel nicht im Tempel ebenfalls rezitiert worden wäre, — es stammt ja von dort, — aber daß es sich hier zunächst um die Rezitation in der Synagoge handelt. Über sie im einzelnen siehe zu III 10.

III 8b [5]Der in den Texten mit יי, ייי oder ה' wiedergegebene Gottesname wurde im Hallel wie sonst in Schriftzitaten durch אדני oder eine andere Umschreibung beim Aussprechen ersetzt. Bei Anrufungen Gottes außerhalb von Schriftzitaten hat die Mischna הַשֵּׁם (Ber IV 4, Jom III 8, IV 2), vgl. auch zu Suk IV 5.

III 8b [6]Das Schütteln des Feststraußes fand erst während der Rezitation des letzten Psalmes des Hallel (118) statt. Die Worte תְּחִלָּה וָסוֹף werden teilweise auf Anfang und Ende des ersten Verses, teilweise auf den ganzen Psalm bezogen, sodaß man auch beim letzten Vers schüttelte, der ebenso lautet wie der erste. Außerdem wurde bei V. 25a, nach den Schammaiten auch bei V. 25b, geschüttelt. Die Tatsache, daß wir gerade V. 25a im Munde der Priester bei ihrem Umzug um den Altar IV 5 wieder bzw. — da IV 5 eine frühere Zeit beschreibt als III 8 — bereits auftauchen sehen, zeigt, daß wir hier den Höhepunkt des Hallel vor uns haben. Das erklärt mit die starke Verwendung des 118. Psalms im N.T. (s. zu III 15). Die Verbindung des Feststraußes mit dem Hosiannaruf war so eng, daß er in späterer Zeit geradezu הושענא genannt werden konnte (b Suk 37b u. ö.).

III 8c [1]צָפָה בְּ (vgl. רָאָה בְּ II 1), bh Ps 66₇, ist hier „aufmerksam und erwartungsvoll betrachten". Es entspricht dem griechischen σκοπέω, wie die Übertragung des Ortsnamens Σαφείν in σκόπον Jos Ant 11, 329 (vgl. auch 2. Chr. 20₂₄ LXX) zeigt. Die hier berichtete

II 8c Rabbi ʿAḳiba sagte: ʻIch beobachtete[1] Rabban Gamli'el und Rabbi Jehoschuaʿ[2] | [und sah], daß[3] alle [andern] Leute ihre Feststräuße [nach der Vorschrift der Schule Hillels] schüttelten[4], | aber sie schüttelten [sie] nur bei: „Ach, Herr, hilf doch!" allein'[5,6].

Szene läßt erkennen, wie nicht nur aus den Worten der Rabbinen, sondern auch aus ihren Handlungen, die die Schüler genau beobachteten, Halaka entstand. Sie hat insofern eine gewisse Ähnlichkeit mit II 1. Im Tempel kann sie sich nicht mehr zugetragen haben, da Rabbi ʿAḳiba erst mit 40 Jahren sein Studium begann und sich vorher als עַם הָאָרֶץ (b Pes 49a) um rituelle Einzelfragen sicherlich nicht gekümmert hat. Wir werden sie uns also in einer Synagoge, etwa in der von Jabne, wo Rabban Gamli'el lehrte, zu denken haben (gegen Billerbeck II, S. 788).

III 8c [2]Rabbi Jehoschuaʿ ben Ḥananja (um 90—130 n. Chr.), in der Mischna immer Rabbi Jehoschuaʿ genannt, war ein Schüler Joḥanan ben Zakkais. Über sein Verhältnis zu Rabban Gamli'el siehe A. Sulzbach, Rabban Gamliel und Rabbi Josua, in: Jeschurun IV 2 (1917) S. 75f., sowie Schürer II[4], S. 436, Anm. 82.

III 8c [3]Man kann im Zweifel sein, ob שֶׁ eine einfache Einleitung eines Konzessivsatzes ist, wie sie anstelle von אַף עַל פִּי שֶׁ gelegentlich vorkommt (s. Albrecht, Grammatik, § 26a) oder ob es sich, wie wir es fassen, um die bei den Verben des Sehens häufige Konstruktion eines Objektsatzes mit שֶׁ handelt (so II 1), die hier nur dadurch etwas verwirrt ist, daß die in den Hauptsatz vorgezogenen Rabbinen erst im zweiten Glied des Objektsatzes durch וְהֵם wieder aufgenommen werden. Der Sinn bleibt derselbe.

III 8c [4]טָרַף (bh Gen 49$_{27}$), eigentlich „aneinanderschlagen", hier synonym mit נִעְנַע „schütteln".

III 8c [5]Zu בִּלְבַד ... אֶלָּא ... לֹא vgl. εἰ ... μὴ ... μόνον (Mat 12$_4$, Marc 6$_8$).

III 8c [6]Das Schütteln soll nach j Suk 53d, 48 nicht bei V. 1 und V. 29, sondern nur bei V. 25b ausgeschlossen werden. Während die Praxis der Schammaiten noch das Volk beherrscht, beginnt sich durch einige hervorragende Lehrer hier bereits die Meinung der Hilleliten zur Halaka zu entwickeln (vgl. Bart. z. St.).

III 9 [1]נָטַל ist der Terminus für die Erfüllung des Feststraußgebotes, vgl. III 12. 13, IV 4b. לָקַח, das man aus Lev 23$_{40}$ erwartet, steht hier nicht, weil es in der Mischna hauptsächlich „kaufen" bedeutet, s. III 11b. Maim. H. L. VII 9 veranschaulicht נָטַל durch

מִי שֶׁבָּא בַדֶּרֶךְ וְלֹא הָיָה בְיָדוֹ לוּלָב | כְּשֶׁיִּכָּנֵס לְבֵיתוֹ יִטּוֹל עַל ⸢[1]שֻׁלְחָנוֹ⸣[1] |
וְאִם ⸢[2]לֹא⸣[2] נָטַל בַּשַּׁחֲרִית יִטּוֹל בֵּין הָעַרְבַּיִם | שֶׁכָּל הַיּוֹם כָּשֵׁר ⸢[3]לַלּוּלָב⸣[3] :

⸢...⸣[1]: K Rasur, vorher? — ⸢...⸣[2] K: לאו. — ⸢...⸣[3] K: לוללב.

מִי שֶׁהָיָה עֶבֶד אוֹ אִשָּׁה אוֹ קָטָן מַקְרִים אוֹתוֹ וְהוּא עוֹנֶה אַחֲרֵיהֶם מַה
שֶׁהֵן אוֹמְרִים | וּתְהֵא לוֹ מְאֵרָה:

הִגְבִּיהַּ „hochheben“. Bevor man den Feststrauß schüttelt (vgl. zu III 8b unter [3]), spricht man „über ihn“ stehend einen Lobspruch. Wie die Lobsprüche über die Laubhütte sind uns die über den Feststrauß in drei Versionen überliefert: Tos Ber VII 10a, j Suk 53d, 5ff., b Suk 46a. Der Lobspruch bei der Herstellung des Feststraußes ist derselbe wie der bei der Herstellung der Laubhütte (s. zu II 9a). Wenn man den Feststrauß nimmt, so spricht man (nach b Suk 46a): ברוך אשר קדשנו במצותיו וצונו על נטילת לולב „Gepriesen (sei Gott), der uns geheiligt hat durch seine Gebote und uns das Nehmen des Feststraußes zur Pflicht gemacht hat“. Dieser Lobspruch ist an jedem der sieben Festtage zu wiederholen (Tos Ber VII 10a).

III 9 [2] Zwei Bestimmungen sind hier ineinandergeflossen: Wer auf der Reise an einem der Zwischenfeiertage keine Gelegenheit gehabt hat, einen Feststrauß zu nehmen, soll dies gleich, nachdem er nach Hause gekommen ist, tun; vergißt er es jedoch und beginnt seine Mahlzeit, so soll er sie wieder unterbrechen und zuerst seiner Pflicht nachkommen. Tisch = Mahlzeit auch Apg 16$_{34}$.

III 9 [3] אִם לַאו (K) steht nur, wo kein Verbum folgt, vgl. εἰ δὲ μή (Marc 2$_{21}$). Dieser Fehler sowie das Auslassen des לְ vor dem letzten Wort unsrer Mischna stellen dem Schreiber der Kaufmannschen Mischnahandschrift kein gutes Zeugnis aus.

III 9 [4] בֵּין הָעַרְבַּיִם, bereits Ex 12$_{6}$, bezeichnet nach dem Verständnis der Samaritaner und Karaiten die Zeit zwischen Beginn und Ende des Sonnenuntergangs (vgl. die ähnliche Wendung בֵּין הַשְּׁמָשׁוֹת Dem I 4). Mag diese Deutung für den alttestamentlichen Ausdruck zu Recht bestehen, zur Zeit der Mischna meinen die Worte meist den

3. Die Verpflichtung des Reisenden zur Erfüllung des Feststraußgebotes (III 9).

III 9 Wer unterwegs war und keinen Feststrauß zur Hand hatte, | soll, sobald er nach Hause kommt, ihn nehmen[1], [sogar] an seinen Tisch[2]. | Und wenn er ihn frühmorgens nicht[3] genommen hat, so soll er ihn zwischen den beiden Abenden[4] nehmen, | denn der ganze Tag[5] ist für [das Nehmen] des Feststrauß[es] geeignet[6,7].

4. Das Rezitieren des Hallel am Laubhüttenfest (III 10—11a).

III 10 Wem ein Sklave oder eine Frau oder ein Minderjähriger [das Hallel] vorlesen[1], der muß ihnen nachsprechen, was sie [ihm vor]sagen[2] | — und es komme ein Fluch über ihn[3].

Nachmittag (so V 5). עֶרֶב wird j Pes 31c, 45ff. unter Bezugnahme auf Pes V 3 durch משש שעות ולמעלה erläutert (vgl. Dalman, Arbeit und Sitte I 2, S. 613ff.). Das bedeutet, daß der erste der beiden in dem Ausdruck vorausgesetzten Abende bereits mit dem Zeitpunkt einsetzt, wo die Sonne ihren Kulminationspunkt überschreitet. Diese Erkenntnis ist wichtig für die Beurteilung der neutestamentlichen Zeitbestimmungen.

III 9 [5]Bis zum Eintritt der Dunkelheit, vgl. Maim. H. L. VII 10: ואינו נוטל בלילה.

III 9 [6]כָּשֵׁר steht hier im Sinn von רָאוּי „geeignet", d. h. man kann das Gebot des Feststraußes den ganzen Tag ausführen (vgl. Meg II 5, auch Suk III 12). Für den, der frühmorgens auf die Reise geht, gilt Tos Ber III 19, b Ber 30a.

III 9 [7]Zwischen III 8bc und III 10 bildet III 9, vielleicht wegen des gleichen Anfangswortes מִי שֶׁ hierhergestellt, eine Unterbrechung. So erscheint es einigermaßen begründet, daß P das ganze Stück in kleinerer, aber ursprünglicher Schrift an das untere Ende der Kolumne des fortlaufenden Textes stellt.

III 10 [1]קָרָה — Ḳal „rufen" = „(laut) lesen", — Hif. „lesen lehren" oder „vorlesen".

III 10 [2]Wer zum Rezitieren des Hallel nicht verpflichtet ist, kann diese Pflicht auch nicht für einen andern stellvertretenderweise ausüben (j Ber 6b, 50f., vgl. Tos Ber V 17). Darum muß der, dem hier vorgelesen wird, Wort für Wort nachsprechen. Zur Zusammenstellung: Sklave, Frau, Minderjähriger s. II 8.

III 10 [3]A. Spanier, Die Toseftaperiode in der tannaitischen

אִם הָיָה גָדוֹל מַקְרֵא אוֹתוֹ וְהוּא עוֹנֶה אַחֲרָיו הַלְלוּיָהּ:

מָקוֹם שֶׁנָּהֲגוּ לִכְפּוֹל יִכְפּוֹל לִפְשׁוֹט יִפְשׁוֹט לְבָרֵךְ אַחֲרָיו יְבָרֵךְ | הַכֹּל כְּמִנְהַג הַמְּדִינָה:

Literatur (1922) S. 76 erklärt diesen „Zwischenruf“ für einen späteren Einschub. Aber abgesehen davon, daß der Anschluß mit וְ gegen Spanier spricht und die Worte auch indikativisch gefaßt werden könnten „und es wird ihm ein Fluch sein“, ist die hier sich aussprechende Anschauung bereits lange vor der Zeit der Redaktion der Mischna herrschend gewesen. Bartenoras Begründung z. St. שֶׁלֹּא לָמַד geht zwar zunächst auf das einfache Lesenlernen, aber dieses ist zugleich die Voraussetzung zur Erwerbung von Schriftkenntnis, wie ja auch לָמַד direkt für „Tora lernen“ stehen kann (Tos Suk II 3). Damit sind wir bereits bei der neutestamentlichen Aussage: ὁ ὄχλος οὗτος ὁ μὴ γινώσκων τὸν νόμον ἐπάρατοί εἰσιν (Joh 7 49, vgl. Billerbeck II, S. 494 z. St.). Der Jude, von dem in unsrer Mischna die Rede ist, könnte also von ihrem pharisäischen Standpunkt aus mit Fug und Recht als עַם הָאָרֶץ oder, was nur ein Synonym für dieses Wort ist, als הֶדְיוֹט (vgl. Tos Taan IV 2 mit b Taan 14b) bezeichnet werden. Dies führt uns auf 1. Kor. 14 16, eine Stelle, die sich mit Suk III 10 eng berührt: ὁ ἀναπληρῶν τὸν τόπον τοῦ ἰδιώτου πῶς ἐρεῖ τὸ ἀμὴν ἐπὶ τῇ σῇ εὐχαριστίᾳ. Es wäre sprachlich immerhin möglich, daß der Rabbinenschüler Paulus, wenn er jemand als einen „Unwissenden“ kennzeichnen wollte, auf ἰδιώτης (הֶדְיוֹט) zurückgriffe und damit die Gedanken verbände, die das ins Griechische nicht übertragbare עַם הָאָרֶץ ausdrückte. Aber wie Joh 7 49 im Munde des Christen Paulus undenkbar ist, so wird ἰδιώτης 1. Kor. 14 16 in Richtung auf die auch im Spätjudentum vorliegende Bedeutung הֶדְיוֹט = „Laie“ (Sanh VII 10) den jeweils nicht betenden Teilnehmer am Gottesdienst bezeichnen (so Ph. Bachmann, Der erste Brief des Paulus an die Korinther[2] [1910] S. 413 f.); vgl. noch Apg 4 13. Im übrigen laufen abgesehen von dem Unterschied, daß es sich 1. Kor 14 16 um ein אָמֵן handelt, das auf eine בְּרָכָה hin gesprochen wird (so Fr. Delitzsch in seiner hebräischen Übersetzung des N. T.) die Vorgänge einander parallel, was beweist, daß die junge Christengemeinde auch auf griechischem Boden vieles aus den gottesdienstlichen Gebräuchen des Judentums übernommen hat, aus dem sie herausgewachsen ist.

Wenn ein Erwachsener[3] ihm [das Hallel] vorliest, so antwortet er [am Schluß jedes Satzes mit]: „Halleluja!"[4].

11a An einem Ort, wo es Brauch ist[1], doppelt zu rezitieren[2], rezitiere man doppelt, [wo es Brauch ist,] einfach zu rezitieren, rezitiere man einfach, [wo es Brauch ist,] hinterher einen Lobspruch zu sprechen, spreche man [hinterher] einen Lobspruch[3]. | Alles nach dem Brauch des [betreffenden] Landstrichs[4, 5].

III 10 [3] גָּדוֹל ist der religiös vollberechtigte, d. h. mindestens dreizehn Jahre und einen Tag alte männliche Jude (vgl. auch j Ber 6 b, 60f.).

III 10 [4] Raschi bemerkt zur Stelle, daß es üblich war, daß einer das Hallel rezitierte und dadurch die übrigen der Pflicht, dies zu tun, enthob. Sie mußten jedoch das Gesagte für sich gültig machen. Wie das geschah, war bereits b Suk 38 b strittig. Nach dem Wortlaut von Suk III 10 hat man anscheinend nach jedem Satz mit „Halleluja" als dem Anfangswort der Hallelpsalmen, von dem diese ihren Namen haben, geantwortet. Dieser Brauch hat dazu beigetragen, daß Halleluja neben wenigen anderen Worten im hebräischen Urlaut in das Griechische der LXX (Tob 13_{22}), des N.T. und in die Liturgie der Kirche übergegangen ist. Ἀλληλούϊα (vgl. dazu Th. Nöldeke in der Baudissin-Festschrift ZAW Beih. 33 [1918] S. 375) findet sich Apc 13 ähnlich wie Suk III 10 als Ruf einer großen Menge am Anfang (V. 1. 3. 6) und am Schluß (V. 4) lobpreisender Sätze. Daß die Art, wie man das Hallel rezitierte, in der tannaitischen Zeit eine feste Größe gewesen ist, die neben dem Rezitieren des Sch'ma' stand, ergibt sich aus Soṭ V 4 (ausführlicher Tos Soṭ VI 2ff., vgl. auch Tos Pes X 7), wo sie zur Verdeutlichung des antiphonischen Charakters des Meerliedes Ex 15 herangezogen wird (vgl. Billerbeck IV, S. 394ff., sowie A. Büchler in ZAW 20 [1900] S. 123ff.).

III 11a [1] Die sehr häufige Wendung מָקוֹם שֶׁנָּהֲגוּ auch in der Sachparallele Meg IV 1.

III 11a [2] Von der Beobachtung ausgehend, daß Ps 118_{1-20} in einzelnen Ausdrücken sich wiederholt, glaubte man, den letzten neun Versen des Psalms, bei denen dies nicht zutrifft, dieselbe Ehre zukommen lassen zu müssen wie den ihnen vorhergehenden, und rezitierte sie in einzelnen Gegenden zweimal (Bart. z. St.).

III 11a [3] Vor dem Hallel war wie vor der Ausführung jedes anderen Gebotes (מִצְוָה) ein Lobspruch Pflicht, nachher stand er frei. Beide Lobsprüche s. bei A. W. Greenup, Sukkah, Mishna and Tosefta (1925) S. 46.

הַלּוֹקֵחַ לוּלָב מֵחֲבֵרוֹ בַּשְּׁבִיעִית | נוֹתֵן לוֹ אֶתְרוֹג מַתָּנָה | שֶׁאֵינוֹ רַשַּׁי לִקָּחוֹ בַּשְּׁבִיעִית:

בָּרִאשׁוֹנָה ⌜הָיָה⌝[1] לוּלָב נִטָּל בַּמִּקְדָּשׁ שִׁבְעָה וּבַמְּדִינָה יוֹם אֶחָד:

מִשֶּׁחָרַב בֵּית הַמִּקְדָּשׁ | הִתְקִין רַבָּן יוֹחָנָן בֶּן זַכַּי שֶׁיְּהֵא ⌜לוּלָב⌝[2] נִטָּל בַּמְּדִינָה שִׁבְעָה זֵכֶר לַמִּקְדָּשׁ | ⌜וְשֶׁיְּהֵא⌝[3] יוֹם הָנֵף כֻּלּוֹ אָסוּר:

⌜...⌝[1] K: Rasur, vorher היו? — ⌜...⌝[2] K: לוללב. — ⌜...⌝[3] K: שיהא.

III 11 a [4]Zu מְדִינָה siehe die folgende Mischna. Der ganze Satz als Bar auch b Pes 119 a/b.

III 11 a [5]Der wichtige Satz הַכֹּל כְּמִנְהַג הַמְּדִינָה erscheint in der Mischna noch Ket VI 4 und viermal in den Baḇot abschließend hinter einer Reihe von Einzelaussagen. Alles, wofür keine feste Satzung der Schrift oder der Schriftgelehrten besteht, wird nach dem מִנְהָג entschieden. Er bildet bei der Verschiedenheit der Sitte in einzelnen Landstrichen einen Schutzwall gegen die tödliche Vereinerleiung durch ein kasuistisches Gesetz. Stehen in diesem ersten Falle מִנְהָג und הֲלָכָה nebeneinander, so können sie sich auch gegeneinander wenden. In Einzelfällen, wenn es sich um eine den Rahmen der geltenden Halaḵa sprengende Bewegung handelt, bleibt der Brauch Sieger, meist aber ist es umgekehrt: der irrige Brauch des einzelnen wird durch die Halaḵa berichtigt, so Suk II 1. 7. Vgl. A. Perls, Der Minhag im Talmud, in: Festschrift zu Israel Lewy's 70. Geburtstag (1911) S. 66 ff.

III 11 b [1]Sachlich gehört III 11 b hinter III 5. Ob der Gleichklang von מַתָּנָה und מְדִינָה es zwischen die beiden durch מְדִינָה verbundenen Stücke III 11 a und 12 hineingebracht hat?

III 11 b [2]חָבֵר hat hier nicht die spezielle Bedeutung „Angehöriger des Ḥaberbundes" (über ihn s. Billerbeck II, S. 494 ff.), sondern bezeichnet ganz allgemein den „Nächsten", in diesem Falle einen עַם הָאָרֶץ (b Suk 39 a, bei M in den Mischnatext eingedrungen).

III 11 b [3]Die Mischna kennt den bh Infinitiv קַחַת von לָקַח nicht, nach dem die vorliegende Form לְקַחְתּוֹ (Dtn 24 19) heißen müßte, sondern bildet den Infinitiv immer nach dem Imperfekt יִקַּח. *B* M: ללוקחו behandeln לָקַח als regelmäßiges Verbum.

5. Nachtrag: Feststraußkauf im Siebentjahr (III 11b).

11b [1]Kauft jemand im Siebentjahr einen Feststrauß von seinem Nächsten[2], | so gibt [dies]er ihm einen Etrog zum Geschenk, | denn man ist nicht berechtigt, ihn im Siebentjahr zu kaufen[3,4].

6. Der Feststrauß in und außerhalb des Tempels vor und nach seiner Zerstörung (III 12).

III 12 Anfangs wurde der Feststrauß im Heiligtum[1] sieben [Tage] und im Landgebiet einen Tag genommen[2].

Als der Tempel zerstört worden war[3], | setzte Rabban Joḥanan ben Zakkai[4] fest, daß der Feststrauß [künftig] im Landgebiet zur Erinnerung an das Heiligtum[5] sieben [Tage] genommen werde | und daß der Tag des Schwingens[6] [der ʿOmergarbe] ganz verboten sei[7,8].

III 11b [4]Da die Früchte des Siebentjahres (vgl. Lev 25_{1-7}), zu denen der Etrog gehört, ebenso wie das aus ihnen gelöste Geld dem Schebiʿit-Gesetz unterworfen sind, darf man mit ihnen keinen eigentlichen Handel treiben (Schebi VII 3), sondern nur soviel verkaufen, daß man sich von dem Erlös ernähren kann. Da jedoch der עַם הָאָרֶץ verdächtig ist, den Erlös auch zu anderen Zwecken als zum Essen zu verwenden, darf der nach dem Gesetz lebende Jude ihm für einen Etrog kein Geld geben, sondern muß ihn sich von ihm schenken lassen (vgl. Maas V 3).

III 12 [1]מִקְדָּשׁ „Heiligtum" und מְדִינָה (Neh 1_3 u. ö.) „Landgebiet" stehen einander häufig gegenüber. Raschi zu b Suk 41a rechnet Jerusalem noch zum Landgebiet, was z. B. für Tam VII 2 sicher richtig ist, Maim. zu Suk III 12 unter Verweisung auf Maas sch III 4 zum Tempel. Für letztere Anschauung spricht auch die Verwendung von מְדִינָה in III 11a: Der Brauch in Jerusalem steht fest, außerhalb ist er verschieden.

III 12 [2]Den Schriftbeweis für diesen Satz liefert wieder Lev 23_{40}: וּלְקַחְתֶּם לָכֶם בַּיּוֹם הָרִאשׁוֹן. V. 40a wird als für das ganze Judentum verpflichtend angesehen, dagegen וּשְׂמַחְתֶּם לִפְנֵי יְהוָה אֱלֹהֵיכֶם שִׁבְעַת יָמִים (V. 40b) nicht, weil לִפְנֵי יְהוָה אֱלֹהֵיכֶם auf den Tempel gedeutet wird (j Suk 54a, 37f.).

III 12 [3]Die Formel, in der die Bedeutung der Zerstörung des Tempels für das religiöse Leben des Judentums sich deutlich ausspricht, erscheint in der Mischna zehn Mal. Vor der Tempelzerstörung liegt die „gute alte" Zeit des Judentums (s. Soṭ IX 15), die mit בָּרִאשׁוֹנָה (vgl. auch R hasch IV 4) oder מִתְּחִלָּה (Midd III 1) eingeführt

יום טוב הָרִאשׁוֹן שֶׁל חָג שֶׁחָל לִהְיוֹת בַּשַּׁבָּת | כָּל הָעָם מוֹלִיכִים אֶת לוּלְבֵיהֶם לְבֵית הַכְּנֶסֶת:

כָּל אֶחָד וְאֶחָד מַכִּיר אֶת שֶׁלּוֹ וְנוֹטֵל | מִפְּנֵי שֶׁאָמְרוּ אֵין אָדָם יוֹצֵא יְדֵי חוֹבָתוֹ בְּיוֹם טוֹב הָרִאשׁוֹן שֶׁל חָג בְּלוּלָבוֹ שֶׁל חֲבֵרוֹ | וּשְׁאָר כָּל יְמוֹת הֶחָג יוֹצֵא אָדָם יְדֵי חוֹבָתוֹ בְלוּלָבוֹ שֶׁל חֲבֵרוֹ:

---

wird. Der Tod der ersten Propheten, die Zerstörung des ersten und die des zweiten Tempels bilden die großen Wendepunkte für die religiöse Betrachtung der Geschichte in Soṭ IX 12. Indessen ist es erstaunlich, mit welcher Schnelligkeit sich das Judentum an die veränderte Lage anpaßte (siehe dazu A. Schlatter, Geschichte Israels, S. 344 ff.).

III 12 [4] Als der Mann, der in der Zeit des Umbruchs aller Verhältnisse richtunggebend gewirkt und durch die Schaffung des Lehrhauses in Jabne das Weiterbestehen der Gesetzestradition gesichert hat, erscheint hier wie R hasch IV 1. 3. 4, b R hasch 31 a u. ö. Rabban Joḥanan ben Zakkai, vgl. Strack, Einleitung, S. 121 f. und A. Schlatters Monographie, Jochanan ben Zakkai, der Zeitgenosse der Apostel (1899).

III 12 [5] Wenn auch der Tempel dahin war, so tat man doch alles, um die Erinnerung an ihn wachzuhalten, weil man auf seine Wiederherstellung hoffte (Maas sch V 2). Zu זֵכֶר לַמִּקְדָּשׁ vgl. זֵכֶר לִירוּשָׁלַםִ (Tos Soṭ XV 12. 13), neutestamentlich εἰς μνημόσυνον αὐτῆς (Mat 26 13) und εἰς (τὴν) ἐμὴν ἀνάμνησιν (Luk 22 19, 1. Kor 11 24).

III 12 [6] יוֹם הָנֵף „Tag des Schwingens" ist der Name des zweiten Tages des Passahfestes, an dem die Erstlingsgarbe (עֹמֶר) durch Schwingen (Luther: „Weben") vom Priester Gott dargebracht wurde. Bevor dies geschehen war (עַד הֲבִיאֲכֶם אֶת־קָרְבַּן אֱלֹהֵיכֶם Lev 23 14b), durfte kein neues Getreide gegessen werden. Nach der Zerstörung des Tempels glaubte man die im selben Vers 14a stehende Bestimmung עַד־עֶצֶם הַיּוֹם הַזֶּה anwenden und vom Tagesanbruch des 16. Nisan an essen zu dürfen. Aber damit man sich nicht daran gewöhne und bei der Wiedererrichtung des Tempels nicht über ein Wartenmüssen auf die Darbringung der ʿOmergarbe murre, verbot der vorsichtige Rabban

7. Die Ausführung des Feststraußgebotes in der Synagoge (III 13).

II 13 Trifft es sich, daß der erste Feiertag des Festes auf einen Sabbat fällt[1], | so bringen alle Leute ihre Feststräuße [vor Sabbatbeginn] in die Synagoge[2,3].

[Am andern Morgen kommen sie in aller Frühe][4], jeder einzelne kennt den seinigen und nimmt ihn, | denn [die Gelehrten] haben gesagt[5]: „Niemand kommt am ersten Feiertag des Festes seiner Pflicht mit dem Feststrauß seines Nächsten nach[6], | aber alle übrigen Tage des Festes kommt man seiner Pflicht [auch] mit dem Feststrauß seines Nächsten nach."

Joḥanan ben Zakkai das neue Getreide noch am ganzen 16. Nisan (b Suk 41a, vgl. Men X 5 und Tos Meg II 10).

III 12 [7]Wir würden sagen: „Das Getreide ist den ganzen Tag verboten", der Hebräer denkt: „Der ganze Tag ist für das Getreide verboten", vgl. auch III 9.

III 12 [8]Die vorliegende Mischna steht im Wortlaut auch R hasch IV 3. Die Tatsache, daß die beiden Sätze bei der Redaktion der Mischna nicht auseinandergerissen wurden, sondern an zwei Stellen miteinander auftreten, zeigt, mit welcher Pietät man mit den Verordnungen eines großen Tannaiten umging. Solche Beobachtungen gilt es bei den Fragen der Beurteilung der gleichzeitigen neutestamentlichen Überlieferung mit in Rechnung zu stellen.

III 13 [1]Daß man an einem gewöhnlichen ersten Feiertag den Feststrauß morgens mit in die Synagoge bringt, wird als bekannt vorausgesetzt. Die Mischna setzt mit der Ausnahme ein (vgl. die entsprechenden Vorgänge im Tempel IV 4 zu ganz III 13).

III 13 [2]Am ersten Feiertag — und nur an ihm — verdrängt der Feststrauß den Sabbat, was bei allen mit einer bestimmten Zeit verbundenen Pflichtgeboten (Tempeldienst, Beschneidung) der Fall ist (b Schab 131 a/b). Aber nur das Schütteln, nicht das Tragen des Feststraußes ist gestattet nach der Regel Rabbi ʿAḳiḇas, daß am Sabbat nur das erlaubt ist, was tags zuvor nicht vorbereitet werden kann (Schab XVIII 3, vgl. Billerbeck I, S. 620 ff. zu Mat 12$_5$).

III 13 [3]Zur Synagoge vgl. S. Krauß, Synagogale Altertümer (1922).

III 13 [4]Das Eingeklammerte haben *BJ*M zur Verdeutlichung aus IV 4 eingetragen.

רַבִּי יוֹסֵי אוֹמֵר בְּיוֹם טוֹב הָרִאשׁוֹן שֶׁל חָג שֶׁחָל לִהְיוֹת בַּשַּׁבָּת | שָׁכַח וְהוֹצִיא אֶת הַלּוּלָב ⌐לִרְשׁוּת¬ הָרַבִּים פָּטוּר מִפְּנֵי שֶׁהוֹצִיאוֹ בִרְשׁוּת:

⌐...¬ K: ברשות.

מְקַבֶּלֶת אִשָּׁה מִיַּד בְּנָהּ וּמִיַּד בַּעְלָהּ וּמַחֲזֶרֶת לַמַּיִם בַּשַּׁבָּת | רַבִּי יְהוּדָה אוֹמֵר בַּשַּׁבָּת מַחֲזִירִים בְּיוֹם טוֹב מוֹסִיפִים וּבְמוֹעֵד מַחֲלִיפִים:

III 13 [5]Anonyme Sätze stammen immer von den חֲכָמִים. Näheres bei W. Bacher, Tradition und Tradenten in den Schulen Palästinas und Babyloniens (1914) S. 156ff.

III 13 [6]Die Schriftbegründung bildet wieder Lev 23 40 in dem bereits zu III 1a angeführten Sinn. Der Satz findet sich ebenso Tos Suk II 11, wird aber dort erweitert: „... außer wenn er ihn seinem Nächsten vollkommen geschenkweise (בְּמַתָּנָה גְמוּרָה) überläßt“. Dazu wird erzählt, wie einst Rabban Gamli'el und die Ältesten auf einem Schiff auf diese Weise mit einem einzigen Feststrauß ihrer Pflicht nachgekommen sind. Dasselbe b Suk 41b, wo erklärend hinzugefügt wird, daß ein unter der Bedingung der Rückgabe gemachtes Geschenk als Geschenk anzusehen ist. Zum Versuch der Übertragung derselben Regel auf die Laubhütte vgl. b Suk 27b.

III 14 [1]שָׁכַח וְ mit folgendem Verbum ist häufig und erhält beinahe adverbiale Bedeutung: „versehentlich“.

III 14 [2]רְשׁוּת הָרַבִּים „öffentliches Gebiet“ ist einer der vier Gebietsbegriffe, die in der Sabbatgesetzgebung eine große Rolle spielen. Er bezeichnet nach der Tos Schab I 2 gegebenen Definition eine Straße, einen Platz und offene Durchgänge. Im Gegensatz dazu sind רְשׁוּת הַיָּחִיד „Privatgebiet“ Räume von mindestens zehn Handbreiten Höhe und vier Handbreiten Breite. Weiteres siehe bei Billerbeck II, S. 454ff.

III 14 [3]הַמּוֹצִיא מֵרְשׁוּת לִרְשׁוּת ist die letzte der Schab VII 2 verbotenen Hauptarbeiten. Der in diesem Zusammenhang ebenfalls gebräuchliche Begriff des טִלְטֵל „bewegen“ erscheint Tos Suk II 11 Ende in einem der vorliegenden Mischna parallelen, ebenfalls Rabbi Jose

8. Feststrauß und Sabbatgebot (III 14).

14 Rabbi Jose sagt: „Trifft es sich, daß der erste Feiertag des Festes auf einen Sabbat fällt, | hat man [den Sabbat] vergessen[1] und den Feststrauß in öffentliches Gebiet[2] hinausgetragen[3], so ist man [straf-]frei[4], | weil[5] man ihn [nach eigener Ansicht] zu Recht[6] hinausgetragen hat[7]."

9. Die Frischerhaltung des Feststraußes (III 15).

15a Eine Frau[1] darf ihn am Sabbat[2] aus der Hand ihres Sohnes oder aus der Hand ihres Gatten in Empfang nehmen und wieder ins Wasser stellen. | Rabbi Jehuda sagt: „Am Sabbat darf man [ihn] wieder [ins Wasser] stellen, am Feiertag [frisches Wasser] zugießen und am Halbfeiertag[3] [das Wasser] wechseln."

---

zugeschriebenen Satz: „Trifft es sich, daß der erste Feiertag des Festes auf einen Sabbat fällt, so ist es, sobald jemand mit ihm seiner Pflicht nachgekommen ist, verboten, ihn von der Stelle zu bewegen". Die an sich gut bezeugte Lesart בִּרְשׁוּת הָרַבִּים (KM𝑁P) wird auf eine Angleichung an das zweite בִּרְשׁוּת zurückzuführen sein.

III 14 [4]פָּטוּר bezeichnet hier die Freiheit von der Verpflichtung, wegen des Vergehens gegen das Sabbatgebot ein Sündopfer darzubringen (b Schab 3a).

III 14 [5]מִפְּנֵי „weil" wird b Suk 42a in „insofern" umgedeutet, d. h. wenn man den Feststrauß vorher noch nicht genommen hatte, also mit der Ausführung eines Gebotes beschäftigt ist, so ist man frei.

III 14 [6]רְשׁוּת (vgl. den biblischen Aramaismus רְשְׁיוֹן Es 3_7 und רַשַּׁי Suk III 11b) bezeichnet gegenüber dem festen Gebot (מִצְוָה) etwas „Freigestelltes", worüber man freie Verfügung hat (Pes VI 2). Von hier aus gelangt es zu der übertragenen Bedeutung „Raum, über den man verfügt" (siehe Anm. [2]). Schließlich ist es „die Ermächtigung" selbst (vgl. הָרְשׁוּת בְּיָדוֹ Tos Ber V 7) und steht so in der Nähe des neutestamentlichen ἐξουσία, vgl. A. Schlatter, Der Evangelist Matthäus (1929) S. 264 zu Mat 7_{29}; siehe auch Luc 23_7. Der Sinn von בִּרְשׁוּת an unsrer Stelle muß sein: „in guter Absicht" (vgl. Baneth z. St.).

III 14 [7]Der jüdische Kommentar עיקר תוספות יום טוב z. St. weist mit Recht darauf hin, daß hier das Bestehen des Tempels noch vorausgesetzt ist. Wegen seiner gleichen Anfangsworte hat unser Satz hinter III 13 Anschluß gefunden, während er sachlich hinter IV 4 gehörte, da dort für den Fall, daß der erste Feiertag auf einen Sabbat

וְכָל קָטָן שֶׁיֵּשׁ בּוֹ דַּעַת לְנַעְנֵעַ חַיָּב בְּלוּלָב:

---

fällt, festgesetzt wird, daß der einzelne den Feststrauß zu Hause nimmt. Indirekt haben wir hier einen Beweis dafür, daß IV 1—V 4 bereits früh ein geschlossenes Ganzes gebildet haben.

III 15a [1]Der Feststrauß ist wie die Laubhütte (II 8) eines der Gebote, zu denen die Frau nicht verpflichtet ist (b Suk 42b). Sie darf jedoch dafür sorgen, daß er die erforderliche Schönheit nicht verliert.

III 15a [2]Unter der Voraussetzung, daß er auf den ersten Feiertag fällt.

III 15a [3]Zu מוֹעֵד „Halbfeiertag" vgl. die Einleitung S. 1ff. Der vollere Ausdruck חוֹל שֶׁל מוֹעֵד (חוֹל = „Wochentag" im Gegensatz zum Sabbat Schab XXIII 5, vgl. Suk V 5) kommt in der Mischna nur Meg IV 2 vor. Im N.T. entspricht ihm sachlich Joh 7_{14}: ἤδη δὲ τῆς ἑορτῆς μεσούσης. Die Schärfe des Arbeitsverbots nimmt in den drei Stufen (siehe auch Schab XX 2) immer mehr ab.

III 15b [1]Der zunächst als Nachtrag anmutende Satz steht hier, weil III 15 für den Feststrauß dasselbe bedeutet wie II 8 für die Laubhütte. Hier wie dort wird קָטָן näher bestimmt.

III 15b [2]Der im A.T. religiös wichtige Begriff דַּעַת (vgl. z. B. דַּעַת אֱלֹהִים Hos 4_1) bezeichnet hier mehr ein technisches Verständnis. Bei einem תִּינוֹק „Kleinkind" setzt man es im allgemeinen noch nicht voraus (vgl. Par XII 10, Ṭoh III 6); sobald es aber da ist, beginnt die Gewöhnung an den Ritus (vgl. b Suk 42a Bar).

III 15b [3]Was bedeutet nun — um damit das Kapitel über den Feststrauß zu schließen — der Ritus des Feststraußes? Billerbeck II, S. 789ff. hat das Material zu dieser Frage zusammengestellt, worauf hier verwiesen werden kann. Er nennt fünf Bedeutungen: 1. Siegeszeichen, 2. Dankeszeichen, 3. Sinnbild Gottes, 4. Sinnbild Israels, 5. Ausdruck der Regenbitte.

3. und 4. sind kühne Allegorien von und nach Art Rabbi ʿAḳiḇas (vgl. zu III 4), die für unsere Betrachtung ausscheiden. 1. und 2., Sieges- und Dankeszeichen, können zusammengenommen werden. Diese Bedeutung ist auf die bei den meisten antiken Völkern belegbare Sitte des Palmzweigtragens und -wedelns bei festlichen Anlässen, besonders bei Triumphzügen zurückzuführen (vgl. die Wörterbücher sub

15b [1]Und jeder minderjährige [Knabe], der [soviel] Verständnis[2] besitzt, daß er schütteln kann, ist zum [Nehmen des] Feststrauß[es] verpflichtet[3].

---

voce φοῖνιξ). Es ist denn auch das griechische βαΐον „Palmzweig“ zur Bezeichnung des Palmzweiges des Feststraußes als בָּאיִין ins Hebräische übergegangen (siehe Lev r 30 zu 23 $_{40}$). Βαΐον tritt jedoch bereits 1. Mak 13 $_{51}$ (vgl. $_{37}$) auf, ohne daß man dort an den Feststrauß dächte (zu Joh 12 $_{13}$ siehe unten).

Neben diesen übertragenen Bedeutungen bleibt die letzte, die den Ursprung des Ritus zeigt: Der Feststrauß steht im Zusammenhang mit der Regenbitte. Nur die wichtigsten Sätze des bei Billerbeck II, S. 791 f. stehenden Materials seien hier angeführt. Rabbi Eliʿezer (ben Hyrḳanos, um 90—130 n. Chr.) verweist zur Begründung seiner Ansicht, daß man mit dem Regengebet (s. zu V 6 b) bereits am ersten Feiertag des Laubhüttenfestes einsetzen müsse, darauf, daß der Feststrauß ja auch schon am ersten Feiertag genommen werde. „...weil diese vier Arten nur (deswegen) herbeigebracht werden, um (Gott) wegen des Wassers geneigt zu machen; und wie jene vier Arten unmöglich ohne Wasser bestehen können, so kann die Welt unmöglich ohne Wasser bestehen“ (b Taan 2 b Bar). Ganz parallel heißt es j Taan 63 c, 28, daß, wie diese vier Arten am Wasser aufwachsen, sie auch als „Fürsprecher für das Wasser“ (פרקליטין למים) „kommen“. Vgl. noch j Schab 5 b, 32 „Wenn du deinen Feststrauß bindest, dann binde auch deinen Fuß (d. h. bleib zu Hause)“, bei Billerbeck II, S. 771 f. Wenn man sich dazu erinnert, daß nach R hasch I 2 die Welt am Laubhüttenfest in bezug auf das Wasser gerichtet wird, und schließlich den Feststrauß in den Gesamtzusammenhang der übrigen Riten des Festes hineinstellt, so kann seine Verbindung mit der Regenbitte nicht mehr zweifelhaft sein.

Eine andere Frage ist es, inwieweit diese Bedeutung dem Volksganzen bewußt war, und hier wird zu sagen sein, daß das Gebot des Feststraußes genau wie das Gebot der Laubhütte (II 8), weil im Pentateuch vorgeschrieben, ausgeführt, aber ohne viel innere Anteilnahme ausgeführt wurde. Das geht aus Tos Suk II 10, j Suk 54 a, 37 ff., b Suk 41 b deutlich hervor, wo gerade die Frömmsten, die „Männer von Jerusalem“ (vgl. zu III 8 a), den Feststrauß eben als „Festgerät“ den ganzen Tag mit sich herumtragen.

Exkurs II.
Feststrauß und Hosiannaruf im Neuen Testament.

Mit dem zu III 8 über das Hosianna und zu III 15 über die Bedeutung des Feststraußes Gesagten sind bereits die Hauptlinien für die Beurteilung der neutestamentlichen Stücke gegeben, die durch sie beleuchtet werden. Auf die exegetische Frage des Einzugs Jesu in Jerusalem (Mat 21 8f., Marc 11 8f., Luc 19 37f., Joh 12 12f.) können wir in diesem Zusammenhang in vollem Umfang nicht eingehen, vgl. die Kommentare zu den betr. Stellen sowie die von Preuschen-Bauer, Griechisch-Deutsches Wörterbuch zum N.T. ...[2] (1928) sub voce ὡσαννά gegebene Literatur. Eine Betrachtung vom Blickpunkt des Laubhüttenfestes aus zeigt, daß der Volksruf beim Einzug Jesu hier seine Wurzel hat. Das darf jedoch nicht dazu verführen, anzunehmen, die Verfasser der Evangelien hätten aus Unwissenheit oder Absicht Züge des Laubhüttenfestes auf das Passahfest übertragen, so A. Wünsche, Neue Beiträge zur Erläuterung der Evangelien aus Talmud und Midrasch (1878) S. 241. F. C. Burkitt vermutet [J Th St 17 (1916) S. 139 f.], Psalm 118 sei für die Tempelweihe des Jahres 165 v. Chr. gedichtet, und will deshalb den aus ihm stammenden Hosiannaruf mit dem Gedanken der Tempelreinigung (Mat 21 12f. u. Par.) verbinden. Aber auch das ist abwegig. Das Hallel (Ps 113—118) gehörte schon zur Zeit des N.T. zu allen großen Festen, also auch zum Passah (vgl. ὑμνεῖν Marc 14 26, sowie zu Suk III 10). Die Kinder lernen es bereits in der Schule (Tos Soṭ VI 2 f., vgl. Mat 21 15). Psalm 118, der Schluß- und Hauptpsalm des Hallel, liegt am Passahfest sozusagen in der Luft, siehe auch G. Dalman, Jesus-Jeschua (1922) S. 120 f. Daß die vom Ölberg herabkommende Pilgerschar gerade die letzten Verse verwendet, hat seinen Grund darin, daß sie den Höhepunkt des Psalms bilden und vielerorts bei der Rezitation des Hallel wiederholt wurden (siehe zu III 10). Vollends ist verständlich, daß aus der Menge immer wieder das ὡσαννά herausklingt (III 8, IV 5). Seine Verbindung mit dem Dativ τῷ υἱῷ Δαυείδ (Mat 21 9, vgl. Didache 10 6: τῷ θεῷ Δαβίδ) beweist, daß das Wort seinen Ursinn verloren hat. Die Frage ist nur, wie die Entwicklung aus einem Bittruf zu einem Heilruf mit messianischem Klang möglich war. Ein erster Anstoß dazu liegt bereits in der Verknüpfung von V. 24 und 25 im 118. Psalm. Den Hauptanteil hat jedoch zweifellos die starke Verwendung von V. 25 am Laubhüttenfest mit seinem Doppelcharakter als Bitt- und Dankfest und mit seinen eschatologischen Zügen. Der Jubel der wogenden Wallfahrermenge am frohesten Fest des Judentums hat sich hier niedergeschlagen.

Das findet seine Bestätigung in der Verbindung der Palmzweige mit dem Hosiannaruf Joh 12 13. Daß sie nicht der Phantasie des Evangelisten entsprungen ist, zeigt die Tatsache, daß in talmudischer Zeit der Feststrauß selbst הוֹשַׁעְנָא genannt wurde (b Suk 37 b u. ö.). Palmzweige sind bereits 1. Mak 13 51 das Symbol, mit dem man den Sieger ehrt; so sind sie, wo man auszieht, um dem Sieger über den Tod (Joh 12 17f.), dem messianischen König (V. 13) entgegenzugehen, durchaus am Platze (vgl. auch Apc 7 9). An der johanneischen Darstellung sind von jeher die beiden bestimmten Artikel aufgefallen: τὰ βαΐα τῶν φοινίκων. A. Schlatter, Der Evangelist Johannes (1930) S. 265 vermutet hinter diesem Ausdruck das aramäische לולבי דתמר, das übrigens E. Littmann, Das Buch der Jubiläen, in: E. Kautzsch, Die Apokryphen und Pseudepigraphen des A. T. II (1900) S. 70 bereits hebräisch aus Jub 16 31 herausgelesen hat. Tatsächlich lassen sich Anzeichen dafür feststellen, daß man die Palmzweige des Feststraußes aufbewahrt hat, was ja bei Kultgegenständen schon von vornherein wahrscheinlich ist. Zunächst gehört hierher das Verbot eines vertrockneten Palmzweigs Suk III 1, der Tos II 9 b ausdrücklich von einem nur verwelkten, der tauglich ist, unterschieden wird. Ebenda bringt Rabbi Jehuda als Beweis für seine Ansicht, daß auch vertrocknete Palmzweige tauglich seien, die Tatsache vor, daß man in den großen Städten die לולבים (die Parallelen haben: seinen Kindern [j Suk 53 c, 29], sogar seinen Enkeln [b Suk 31 b]) weitervererbe. Wenn die Ansicht Rabbi Jehudas auch nicht Allgemeingültigkeit erlangte, so zeigt doch das von ihm angeführte מַעֲשֶׂה, daß man die Palmzweige aufbewahrte (was man übrigens heute noch tut). Daß b Suk 31 b den Vorgang auf den Palmzweig unter Ausschluß des Etrogs beschränkt, entspricht ganz der bereits festgestellten Tatsache, daß Palmzweige sehr schwer (Suk III 1), Etrogim dagegen sehr leicht (III 7) zu beschaffen waren. Der johanneische Bericht setzt also genaue Bekanntschaft mit dem palästinischen Festbrauch voraus und verrät dies durch seine Sprache.

פֶּרֶק ד.

לוּלָב וַעֲרָבָה שִׁשָּׁה וְשִׁבְעָה | ⌜הַהַלֵּל⌝ וְהַשִּׂמְחָה שְׁמוֹנָה | סֻכָּה וְנִסּוּךְ הַמַּיִם
שִׁבְעָה | וְהֶחָלִיל חֲמִשָּׁה וְשִׁשָּׁה:

⌜...⌝ fehlt bei K.

לוּלָב שִׁבְעָה כֵיצַד | יוֹם טוֹב הָרִאשׁוֹן שֶׁל חָג שֶׁחָל לִהְיוֹת בַּשַּׁבָּת לוּלָב
שִׁבְעָה וּשְׁאָר כָּל הַיָּמִים שִׁשָּׁה:

עֲרָבָה שִׁבְעָה כֵיצַד | יוֹם הַשְּׁבִיעִי שֶׁל עֲרָבָה שֶׁחָל לִהְיוֹת בַּשַּׁבָּת עֲרָבָה
שִׁבְעָה וּשְׁאָר כָּל הַיָּמִים שִׁשָּׁה:

IV 1 [1]Die beiden letzten Kapitel des Traktates bilden, abgesehen von den Nachträgen V 5—8, eine Einheit. Sie beschreiben, wie das Laubhüttenfest vor dem Jahre 70 n. Chr. in Jerusalem gefeiert wurde. Die vorliegende Mischna IV 1 nennt sämtliche Festriten mit einer Angabe darüber, wieviele Tage sie dauerten. Nach dieser knappen Übersicht werden IV 2—V 4 die einzelnen Riten genau der Reihenfolge entsprechend im Fragestil (siehe zu I 1 b) behandelt. Zunächst wird gefragt, in welchem Fall für Feststrauß und Bachweide sieben Tage in Betracht kommen (IV 2 und 3). Hierauf wird die Durchführung des Gebotes des Feststraußes (IV 4) und der Bachweide (IV 5—7) geschildert. Über Hallel und Festfreude ist nicht viel zu sagen, sie werden mit der Laubhütte, von der in den beiden ersten Kapiteln bereits ausführlich die Rede war, in IV 8 behandelt. Dann folgen die Bestimmungen über die Wasserspende (IV 9. 10), wie bei der Bachweide zunächst für einen gewöhnlichen, dann für einen Sabbattag. Was über die Festnächte zu sagen ist, als deren Kennzeichen die Flöte auftritt, nimmt den breitesten Raum ein (V 1—4). Wir besprechen die einzelnen Termini je an den für sie in Betracht kommenden Stellen.

IV 2 [1]כֵּיצַד, eigentlich כְּ־אֵי־צַד „auf welche Weise?", „wie?", kann entweder einen Fragesatz einleiten (so Tos Suk IV 16), oder wie hier

Kapitel IV.

IV. Die Feier des Laubhüttenfestes in Jerusalem zur Zeit des zweiten Tempels (IV. V.).

1. Die Dauer der einzelnen Riten (IV 1—3).

V 1 [1]Feststrauß und Bachweide [kommen] sechs oder sieben [Tage in Betracht], | das Hallel und die [Fest]freude acht, | die Laubhütte und die Wasserspende sieben | und die Flöte fünf oder sechs [Tage].

V 2 „Der Feststrauß [kommt] sieben [Tage in Betracht“]. Wie [ist das gemeint][1]? | Trifft es sich, daß der erste Feiertag des Laubhüttenfestes auf einen Sabbat fällt, [so kommt er] sieben[2], [fällt er] aber auf einen von allen übrigen Tagen, [so kommt er nur] sechs [Tage in Betracht][3].

V 3 Die Bachweide[1] [kommt] sieben [Tage in Betracht]. Wie [ist das gemeint]? | Trifft es sich, daß der siebte [d. h. der] Tag der Bachweide[2] auf einen Sabbat fällt, [so kommt sie] sieben, [fällt er] jedoch auf einen von allen übrigen Tagen, [so kommt sie nur] sechs [Tage in Betracht].

---

unabhängig hinter einem Satz stehen, nach dessen Ausführung gefragt werden soll.

IV 2 [2]Den Schriftbeweis für diese und die folgende Mischna (vgl. zu beiden Tos Suk III 1 a) liefert wieder Lev 23$_{40}$, vgl. Sifr Lev 23$_{40}$ (416 a [Malbim]), bei Billerbeck II, S. 788.

IV 2 [3]Obwohl das „Nehmen“ des Feststraußes nicht eigentlich eine Arbeit ist, die am Sabbat verboten wäre, da es als Gebot der Tora ihn verdrängen könnte, so wird es doch an einem Sabbat, der auf einen Halbfeiertag fällt, untersagt. Rabba († 330) befürchtet, daß man mit ihm zu einem „Kundigen“ geht, um von ihm den Lobspruch für den Feststrauß oder das vorschriftsmäßige Schütteln zu lernen, und ihn dabei vier Ellen oder darüber hinaus in öffentliches Gebiet trägt, was am Sabbat verboten ist (b Suk 42 b, vgl. III 14).

IV 3 [1]Ebenso wie לולב kommt auch עֲרָבָה innerhalb des Traktats Sukka in zwei Bedeutungen vor. Zwar ist es immer dieselbe Pflanze (III 3), aber sie wird zu verschiedenen Zwecken verwendet. Einmal gehört sie zu den vier Arten des Feststraußes (III 3. 4), dann bildet sie einen besonderen Ritus (IV 5. 6). Seine Begründung ist strittig. Abba Scha'ul sucht ihn aus dem Gesetz zu erweisen, indem er aus dem Plural וְעַרְבֵי־נָחַל (Lev 23$_{40}$) schließt, daß es zwei Bachweiden sein müssen, eine für den Feststrauß und eine für den Altar (Tos Suk III 1). Im

מִצְוַת הַלּוּלָב כֵּיצַד | כָּל הָעָם מוֹלִיכִים אֶת לוּלְבֵיהֶם לְהַר הַבַּיִת | וְהַחַזָּנִים מְקַבְּלִים מִיָּדָם וְסוֹדְרִים אוֹתָם עַל גַּג הָאִיסְטְוָה | וְהַזְּקֵנִים מַנִּיחִים אֶת שֶׁלָּהֶן בַּלִּשְׁכָּה:

---

allgemeinen wird jedoch der Bachweidenritus als eine הלכה למשה מסיני, „eine dem Mose von Gott vom Sinai aus gegebene Satzung“, oder, noch eine Stufe tiefer, als מנהג הנביאים oder יסוד הנביאים, „Brauch oder Anordnung der Propheten“, bezeichnet (j Suk 54b, 28ff., b Suk 44a). Die geringere Bedeutung der Bachweide gegenüber dem Feststrauß erhellt daraus, daß für sie kein besonderer Lobspruch überliefert ist (b Suk 44b, vgl. jedoch auch j Suk 54b, 59).

IV 3 [2]Der siebte Tag, der zweite Höhepunkt des Festes, hat von der Bachweide seinen besonderen Namen erhalten, vgl. noch IV 6b.

IV 4a [1]Der verdeutlichende Zusatz von *B* zeigt, daß auch hier wie III 13 nur der Ausnahmefall, nicht die Regel behandelt wird.

IV 4a [2]Vgl. Marc 4$_1$: πᾶς ὁ ὄχλος ... ἦσαν, ferner Luc 6$_{19}$.

IV 4a [3]הַר הַבַּיִת „Tempelberg“ ist der äußerste Bezirk des Heiligtums, zu dem auch die Heiden Zutritt hatten, vgl. Midd II 1. 2, auch Jos Ant 15, 400, Bell 5, 192. Über ihn Billerbeck II, S. 620f.

IV 4a [4]Die Etymologie des Wortes חַזָּן ist strittig. Am wahrscheinlichsten ist die Ableitung von חָזָה „sehen“ = „der Aufseher“. Andere Möglichkeiten bei S. Krauß, Synagogale Altertümer (1922) S. 121, der auch Literatur nennt. Suk IV 4 ist mit Jom VII 1 und Tam V 3 die einzige Mischnastelle, wo חַזָּנִים im Tempel genannt sind. Die niederen Funktionen, die sie zu erfüllen haben, stellen sie in die Reihe der Leviten. Während in der älteren der beiden uns überlieferten Listen der Tempelbeamten (Tos Scheḳ II 14. 15) an dritter Stelle ein בֶּן רְפַאי als Vorgesetzter עַל הַלּוּלָב auftritt, enthält die jüngere (M Scheḳ V 1—3) einen solchen nicht mehr, was mit Suk IV 4c durchaus übereinstimmen kann, vgl. Joach. Jeremias, Jerusalem II B, S. 27f.

Wie im Tempel, so gab es auch in den einzelnen Synagogen חַזָּנִים (Soṭ VII 7. 8), deren Bedeutung sich immer mehr steigerte (der Leiter des Gottesdienstes in der großen Synagoge in Alexandria ist ein חַזָּן, Tos Suk IV 6). Als Synagogenbeamter ist der חַזָּן von Anfang an

2. Die Ausführung des Feststraußgebotes (IV 4).

IV 4a Wie [wird] das Gebot des Feststraußes [ausgeführt, wenn der erste Tag des Laubhüttenfestes auf einen Sabbat fällt[1]]? | Das ganze Volk bringt[2] [vor Sabbatbeginn] seine Feststräuße auf den Tempelberg[3], | und die Aufseher[4] nehmen sie aus ihren Händen in Empfang und schichten sie auf dem Dach des Säulenganges[5] auf[6]; | und die Alten[7] legen die ihrigen in einer Halle[8] nieder.

---

auch Gerichtsdiener (Makk III 12). Beide Funktionen hat auch der neutestamentliche ὑπηρέτης (Luc 4_{20} und Mat 5_{25}). Ihr innerer Zusammenhang ist damit gegeben, daß die körperliche Züchtigung als Sache der Gemeinde in der Synagoge vorgenommen wurde (Mat 10_{17}, Apg 22_{19}). Hier befand sich auch das Schullokal (j Meg 73 d, 23), sodaß sich Schab I 3 gut anreiht, wo der חַזָּן die Schulkinder beaufsichtigt (vgl. die Stellung, die früher unser Küster einnahm, doch siehe auch Soṭ IX 15, j Schebi 36 d, 4!). Zum Ganzen vgl. Billerbeck IV, S. 147 f.

IV 4a [5]אִיסְטְוָוה (Varianten in der Schreibweise im textkritischen Anhang) ist das griechische στοά. (Die verschiedenen Bedeutungen des Wortes s. bei Krauß, Lehnwörter II, Sp. 117 b). Hier ist der Säulengang gemeint, von dem in der Mischna noch Pes I 5 und Scheḳ VIII 4, und zwar an beiden Stellen ebenfalls unter Bezugnahme auf sein Dach, die Rede ist. b Suk 45 a spricht von סטיו לפנים מסטיו, also von einer Doppelstoa. Krauß' Vermutung (Synagogale Altertümer [1922] S. 336 f.), daß sie den Säulengang vor der mit ihr zusammen genannten לִשְׁכָּה bezeichne, ist unbegründet, da die לִשְׁכַּת הַגָּזִית im Zusammenhang von Midd V 3 baulich durch nichts von den übrigen dort genannten Kammern sich unterscheidet. Da die zwei Kuchen auf dem Dach des Säulengangs (Pes I 5) in ganz Jerusalem sichtbar sein sollen, so ist dazu die geeignetste Stelle die Südwestecke der den äußeren Vorhof umgebenden Säulengänge. Damit kommen wir auf die dreischiffige βασίλειος στοά (Jos Ant 15, 411), die auch das geräumigste Dach besaß. Sie schließt den Vorhof nach Süden zu ab und darf nicht mit der στοὰ Σολομῶντος (Apg 3_{11}) verwechselt werden.

IV 4a [6]Plutarchs Gewährsmann kennt wahrscheinlich die Feier des Laubhüttenfestes vor der Tempelzerstörung: Ἔστι δὲ κραδηφορία τις ἑορτὴ καὶ θυρσοφορία, ἐν ᾗ θύρσους ἔχοντες εἰς τὸ ἱερὸν εἰσίασιν (Quaest. conv. IV 6, 671 E, vgl. zu I 4).

IV 4a [7]Zu זְקֵנִים vgl. das zu II 1 a unter [6] Gesagte. Daß das Wort hier in seinem ursprünglichen Sinne, „Alte“, „Greise“, steht, kann aus

וּמְלַמְּדִים אוֹתָם לוֹמַר | כָּל מִי שֶׁהִגִּיעַ לוּלָבִי לְיָדוֹ | הֲרֵי הוּא לוֹ מַתָּנָה ‖
לְמָחֳרָת מַשְׁכִּימִים וּבָאִים | וְהַחַזָּנִים מְזָרְקִים לִפְנֵיהֶם וְהֵן מְחַטְּפִים וּמַכִּים
אִישׁ אֶת חֲבֵרוֹ:

וּכְשֶׁרָאוּ בֵית דִּין שֶׁהֵם בָּאִים לִידֵי סַכָּנָה | הִתְקִינוּ ⌝..⌜ שֶׁיְּהֵא כָל אֶחָד
וְאֶחָד נוֹטֵל בְּבֵיתוֹ:

⌜...⌝ K: + כל.

מִצְוַת עֲרָבָה כֵיצַד | ⌝מָקוֹם⌜ הָיָה לְמַטָּה מִירוּשָׁלַם נִקְרָא מוֹצָא | יוֹרְדִים
לְשָׁם וּמְלַקְּטִים מִשָּׁם מֻרְבִּיּוֹת שֶׁל עֲרָבָה וּבָאִים וְזוֹקְפִים אוֹתָם לְצִדְדֵי
הַמִּזְבֵּחַ | רָאשֵׁיהֶם כְּפוּפִים עַל גַּבֵּי הַמִּזְבֵּחַ | תָּקְעוּ וְהֵרִיעוּ וְתָקְעוּ:

⌜...⌝ K: ומקום.

---

der Überlieferung erschlossen werden, daß bei einem Passahfest zur Zeit Hillels ein Greis im Vorhof zerquetscht wurde (b Pes 64b Bar). Um ähnliche Vorfälle zu verhüten, räumte man ihnen am Laubhüttenfest eine bevorzugte Stellung ein, die auch aus Meïl III 7 deutlich wird.

IV 4a [8]Wenn überhaupt an eine bestimmte Halle zu denken ist, so ist die לְשְׁכַּת הַגָּזִית (Midd V 4) gemeint. Sie war der Tagungsraum des großen Gerichtshofes, in dem jedoch nach Beṣ V 2 an Feiertagen keine Sitzungen stattfanden, vgl. Schürer II[4], S. 263f.

IV 4a [9]Das unpersönliche מְלַמְּדִים steht ebenso Ḳid III 6, vgl. auch Ned II 5, Tam VI 3.

IV 4a [10]Die gegenüber der Synagoge einer Landstadt (III 13) ungleich stärkere Beteiligung an der Feier des Laubhüttenfestes im Tempel erforderte diese Maßnahme, denn mit einem fremden Feststrauß konnte man nach III 13 seine Pflicht nicht erfüllen.

IV 4a [11]Die bh Form לְמָחֳרָת (Jon 4_7) noch Sanh V 5, sonst steht לְמָחָר (Ex 8_6), vgl. R hasch II 8, IV 4 u. ö. Beide entsprechen dem neutestamentlichen τῇ ἐπαύριον (Mat 27_{62}).

IV 4a [12]Der Zusatz von M לְבֵית הַכְּנֶסֶת ist aus III 13 eingetragen.

IV 4b [1]Es lag im Wesen des nachexilischen Judentums als einer Gesetzesreligion, für die der Kultus zu Jerusalem einen der Grundpfeiler der Welt bedeutete (Ab I 2), daß seine oberste Behörde auch,

Und man belehrt sie, zu sagen[8]: | „Jedem, dem [morgen] mein Feststrauß in seine Hand gerät, | siehe, dem gehöre er als Geschenk!“[9] || Am andern Morgen[10] kommen sie in aller Frühe[11], | und die Aufseher werfen [die Feststräuße] vor sie hin, und sie reißen sie an sich und schlagen einander [darum].

V 4b Aber als der Gerichtshof[1] sah, daß sie [dabei] in Gefahr gerieten[2], | setzte man fest, daß jeder einzelne [ihn am Sabbatmorgen] zu Hause nehme[3].

3. **Die Ausführung des Bachweidenumzugs** (IV 5—7).

a) An einem Wochentag (IV 5).

V 5a Wie [wird] das Gebot der Bachweide [ausgeführt]? | Es gibt einen Ort unterhalb von Jerusalem, Moṣa[1] genannt[2]. | Dorthin steigt man[3] hinab und sammelt [von] dort Bachweidenzweige[4] und kommt [wieder herauf] und richtet sie an den Seiten[5] des [Brandopfer]altars auf. | Ihre Spitzen neigen sich über den Altar[6]. | Man bläst [dabei] einen gedehnten und einen schmetternden und [wieder] einen gedehnten Ton[7].

---

ja gerade über die rituellen Fragen eines Festes entschied. Eine Verordnung wie die hier gegebene hieß תַּקָּנָה (vgl. dazu das zu V 2 Gesagte).

IV 4b [2]Eine andere Vorsichtsmaßnahme des großen Gerichtshofes wird Jom II 2 mit denselben Worten eingeführt. סַכָּנָה bezeichnet die „Lebensgefahr“ (Ter VIII 6, Ḥul III 5, vgl. b Pes 64b). Im besonderen ist das Wort zu einem Terminus für die hadrianische Verfolgung geworden, weil damals die Beobachtung der jüdischen Ritualgesetze mit Lebensgefahr verbunden war. In diesem Ausdruck hat sich das Erleben jener Zeit in der rabbinischen Literatur vielfach niedergeschlagen, z. B. Schab XIX 1, Tos Suk I 7. M setzt dafür das dem ganzen Tenor des Festes mehr entsprechende תַּקָּלָה „Übermut“, „Leichtsinn“ (vgl. Tos Suk IV 1) ein.

IV 4b [3]Zur Ergänzung: Fiel der erste Feiertag nicht auf einen Sabbat, so wurde der Feststrauß im Tempel, fiel der Sabbat auf einen der Halbfeiertage, so wurde er überhaupt nicht genommen.

IV 5a [1]Die Schreibung des Namens מוֹצָא (vgl. הַמֹּצָה, Jos 18₂₆) ist einheitlich überliefert. Die beiden Talmude (j Suk 54b, 56f., b Suk 45a) fassen ihn als Beinamen und leiten ihn von מוֹצִיא = „(von der Steuer frei) ausgehen lassen“ ab. Der eigentliche Name des Ortes habe קלונייה = κολωνία gelautet. Tatsächlich berichtet Jos Ant 7, 217 von der Errichtung einer Militärkolonie in Ἀμμαοῦς, das mit

בְּכָל יוֹם מַקִּיפִים אֶת הַמִּזְבֵּחַ פַּעַם אַחַת וְאוֹמְרִים | אָנָּא יי הוֹשִׁיעָה נָּא אָנָּא וְהוֹשִׁיעָה נָּא:

מוֹצָא und vielleicht auch mit Ἐμμαοῦς (Luc 24_{13}) zusammen gehören kann. Material für die Ineinssetzung der drei Orte bei Billerbeck II, S. 271, vgl. aber auch G. Dalman, Orte und Wege Jesu[3] (1924) S. 241 ff., der מוֹצָא zwar mit Ἀμμαοῦς zusammenstellt, aber Ἐμμαοῦς nicht hier findet. Ein „*El Kulonje*" gibt es heute noch. Es liegt nach Löw, Flora III, S. 323 558 m (Jerusalem: 730 m) hoch in einem nach dem Ort benannten Tal. Aus ihm mögen damals Zweige geholt worden sein. Heute gibt es da keine mehr. Zur Form des Satzes vgl. auch Joh 5_2.

IV 5a [2] Vgl. Mat 26_{36}: χωρίον λεγόμενον Γεθσημανί.

IV 5a [3] Nach b Suk 43b waren es besonders dazu bestellte שְׁלוּחֵי בֵּית דִּין (s. zu II 4a).

IV 5a [4] מֻרְבִּיּוֹת (s. auch Tam II 3) „größere Zweige" wird von der Tradition mit רָבָה „viel, groß sein" zusammengebracht (vgl. Bart. z. St.).

IV 5a [5] Zu der reduplizierten Form צְדָדֵי von צַד vgl. bh עֲמָמֵי Neh 9_{24} von עַם.

IV 5a [6] כְּפוּפִים „gebeugt", „geneigt" (bh Ps 145_{14}) findet sich R hasch III 4 von gekrümmten Widderhörnern. Die Schriftbegründung für den Brauch entnahm man Ps 118_{27} (s. weiter unten). Die Zweige maßen elf Ellen, sodaß sie, wenn man sie schräg an den Altar gelehnt auf das Fundament stellte, den acht Ellen hohen Altar noch um eine Elle überragten (j Suk 54b, 57f., b Suk 45a).

IV 5a [7] Wie geblasen wird, ist aus R hasch IV 9 ersichtlich. Der gedehnte, einfache Ton ist dreimal so lang wie der schmetternde, mehr tremolierende, vgl. P. Fiebig, Rosch ha-schana (= Gießener Mischna II 8) (1914) S. 104f. In der hier geschilderten Weise wird auch am Passah (Pes V 5), an Neujahr (R hasch IV), an Fasttagen (Taan II 5) und beim täglichen Opfer (Tam VII 3) geblasen. Die verwendeten Worte bezeichnen nur die Art des Blasens. Es kann am Neujahr auf dem שׁוֹפָר ebenso wie hier auf der חֲצוֹצֶרֶת (vgl. V 4) ausgeführt werden. Auf dem Karmel, wo es sich um Regen handelt, fordert Elia 1. Kön 18_{27} die Baalspriester auf, laut zu rufen. Ein solches lautes Rufen ist letztlich wohl auch das Posaunenblasen. Am deutlichsten wird das an den Fasttagen, an denen Regen erfleht werden soll und an denen man nicht mehr bläst, wenn übermäßig viel

5b An jedem [gewöhnlichen Feier]tage umschreitet man[1] den Altar einmal[2] und spricht [dabei]: | „Ach, Herr, hilf doch! Ach, so hilf doch!“

Regen fällt (Taan III 8). Diesen Fasttagen steht das Laubhüttenfest als Fest der Regenbitte am Anfang der Regenzeit am nächsten, vgl. G. Dalman, Arbeit und Sitte I 1, S. 148ff., De Groot, Israelitische Regenceremonieën in: Theologisch Tijdschrift 52 (1918) S. 38—51.

IV 5b [1]Wer den Umzug ausführte, darüber steht weder in der Mischna noch in der übrigen rabbinischen Literatur ein klares Wort. Billerbeck II, S. 794—796 kommt nach ausführlicher Untersuchung zu dem Schluß, daß wahrscheinlich nur Priester aktiv beteiligt waren. Diese Wahrscheinlichkeit wird zur Gewißheit, wenn man sich vergegenwärtigt, wie klein der für den Umzug zur Verfügung stehende Raum war und wie groß die Zahl der am Laubhüttenfest anwesenden Priester (vgl. zu V 6). Auch rein grammatikalisch legt der Zusammenhang unsrer Stelle einen Wechsel des Subjekts (die Zweige werden nach b Suk 43b von Priestern geholt) nicht nahe. Ob der Umzug um den Altar mit den Bachweidenzweigen oder mit dem Feststrauß gemacht wurde, läßt sich nicht mehr feststellen; es war bereits in talmudischer Zeit strittig (vgl. b Suk 43b und die folgende Mischna).

IV 5b [2]Das Umschreiten des Altars, von dem Billerbeck II, S. 796ff. ein anschauliches Bild zu zeichnen versucht, ist eine der ältesten Kultformen. S. Mowinckel, Thronbesteigungsfest S. 36ff., 102ff. hat mit Recht die Bedeutung dieser im A.T. am sichersten belegbaren Form von „Kultdramatik“ stark hervorgehoben (vgl. das zu חַג I 1b[5] Gesagte). Israel tanzt um das goldene Kalb (Ex 32_{19}). Ein ähnlicher Tanz hat sich als Form im Tempel zu Jerusalem selbst erhalten. Als Beleg dafür kann schon Ps 118_{27}b (vgl. Ps 26_{6}) gelten, wie man auch im einzelnen die Stelle auslegen mag, vgl. dazu etwa P. Haupt in ZAW 35 (1915) S. 102—109. Ebensowenig wird zweifelhaft sein, daß dieser Psalmvers am Ende des Hallel, wenn nicht von Anfang an, so doch schon in früher Zeit auf den in IV 5 geschilderten Ritus des Laubhüttenfestes bezogen wurde, s. H. St. J. Thackeray in: Journal of Theological Studies 15 (1914) S. 425ff.

IV 5b [3]Zur Aufhellung dieser Stelle, die eine bekannte crux interpretum in der Mischna darstellt, ist zunächst eine Untersuchung des Textbefundes wesentlich. Die Doppelheit des Rufes, die in der Anrede oft zu beobachten ist (Beispiele bei Billerbeck I, S. 943 zu Matth 23_{37}, und II, S. 258 zu Luc 22_{31}), steht außer Frage, selbst

רַבִּי יְהוּדָה ⌜אוֹמֵר⌝ | אָנִי וָהוּא וְהוֹשִׁיעָה נָּא אָנִי וָהוּא וְהוֹשִׁיעָה נָּא:

⌜...⌝ fehlt bei K.

---

die Worte Rabbi Jehudas sind meist wiederholt. Daß die Mischna der beiden Talmuderstausgaben wieder in merkwürdiger Übereinstimmung statt des zweiten אָנָּא ה׳ הוֹשִׁיעָה נָּא ein אָנָּא ה׳ הַצְלִיחָה נָּא setzt, ist als Eintragung aus III 8 zu beurteilen, da dem sämtliche Mischnahandschriften entgegenstehen. Abgesehen davon betrifft die Verschiedenheit der Texte hauptsächlich den Gottesnamen. K nimmt (siehe den textkritischen Anhang) eine Mittelstellung ein zwischen den Zeugen, die ihn setzen, und denen, die ihn weglassen. Aus dieser Tatsache allein einen bestimmten Schluß zu ziehen, ist zwar unmöglich, doch weist die Textlage bereits auf das Folgende hin.

Der Grund für die doppelte Überlieferung der Worte beim Umzug um den Altar kann nur der in ihnen vorkommende Gottesname sein. Ein anderer Grund ist nicht einzusehen. Daß in III 8 eine ähnliche Kontroverse über den Hosiannaruf nicht vorliegt, hängt damit zusammen, daß der Gottesname beim Gebrauch durch Laien und außerhalb Jerusalems überhaupt regelmäßig durch ein Deckwort (= כִּנּוּי Sanh VII 5), im Gottesdienst immer durch אדני ersetzt wurde. Der einfache Jude wußte nicht und sollte nicht wissen, wie der Gottesname eigentlich, mit seinen Buchstaben (בְּאוֹתִיּוֹתָיו Sanh X 1) ausgesprochen, lautete, damit kein Mißbrauch mit ihm getrieben wurde. Anders in Jerusalem. Hier mußten die Priester den Gottesnamen kennen, denn die Worte וְשָׂמוּ אֶת־שְׁמִי עַל־בְּנֵי יִשְׂרָאֵל „und wenn sie meinen Namen auf die Kinder Israel legen ..." (Num 6 27) verlangten nach der rabbinischen Exegese (Sifr Num § 39. 43 zu 6 24. 27, vgl. auch b Soṭ 38a), daß die Priester beim Segen im Tempel den eigentlichen Gottesnamen verwendeten. Das Material zu der ganzen Frage jetzt bei G. F. Moore, Judaism I (1927) S. 424ff., siehe auch Billerbeck II, S. 311ff.

Das Nebeneinander der beiden hier überlieferten Versionen der Worte der Priester bei ihrem Umzug um den Altar bedeutet, daß eine von ihnen eben diesen eigentlichen Gottesnamen in seinem Urlaut enthält. Daß dies bei der von Rabbi Jehuda gegebenen Form der Fall ist, ist von vornherein wenig wahrscheinlich, da er bereits eine beträchtliche Zeitspanne nach der Zerstörung des Tempels (in der dritten Tannaitengeneration, etwa 130—160 n. Chr.) lebte. Und weiter: Warum sollte „der Name" gerade hier und nur hier auftreten, wenn

Rabbi Jehuda sagt: | '[Sie sprachen]: „Ich und Er, so hilf doch! Ich und Er, so hilf doch!"'[3]

---

es sich auch unverkennbar um eine Stelle von großer Feierlichkeit handelt?

Das Versagen der ersten führt uns zu der zweiten Möglichkeit: Der Urlaut des Gottesnamens ist in der ersten Überlieferung des Rufes zu suchen. Daß er an erster Stelle steht, legt sich von vornherein nahe. Dazu kommt die Tatsache, daß man bestrebt war, den Klang des Gottesnamens auch an den wenigen Punkten, wo er nach dem Gebot der Schrift unbedingt ausgesprochen werden mußte, zu verbergen. Der Hohepriester hatte ihn z. B. am großen Versöhnungstag zehnmal zu gebrauchen (j Jom 40d, 52ff.), wußte es jedoch so einzurichten, daß er im Gesang der Priester unterging (j Jom 40d, 57, vgl. b Ḳid 71a). Von hier aus löst sich auch das Rätsel von Suk IV 5. In den von Rabbi Jehuda überlieferten Worten prägt sich die Tendenz aus, den in der vorhergehenden Version enthaltenen Gottesnamen יהוה zu verwischen. Denn einerseits אני und אנא, andererseits והוא und יהוה haben beinahe dieselben Radikale. Wie die Worte der Priester in der Zeit kurz vor der Zerstörung des Tempels sich angehört haben, das läßt sich allerdings heute nicht mehr feststellen. Dagegen haben sie so, wie Rabbi Jehuda sie gibt, einen, obschon uns seltsam anmutenden Sinn. Was bedeutet: „Ich und Er, so hilf doch"? Antwort auf diese Frage gibt der erste Kommentar, den wir zu der Stelle haben, die Gemara des jerusalemischen Talmuds: j Suk 54c, 5ff. enthält nicht weniger als vier Belege für die Tatsache, daß ein Teil der rabbinischen Lehrer der Ansicht war, daß, wo Israel sich in Not befindet, auch Gott in der Not bei ihm sei (s. Ps 91 15), sodaß die Erlösung Israels zugleich eine Selbsterlösung Gottes bedeutet (vgl. Billerbeck II, S. 797). Ein Ausdruck dafür ist die Formel אֲנִי וְהוּא. Der Urheber und hauptsächliche Vertreter dieser Exegese war Rabbi ʿAḳiba (vgl. Mek Ex 14 zu 12 41). Rabbi Jehuda, einer der Hauptschüler Rabbi ʿAḳibas verband vermutlich bereits mit den in der Mischna von ihm überlieferten Worten den Sinn, den ihnen die jerusalemische Gemara beilegt (zum Ganzen ähnlich Billerbeck II, S. 797).

Bliebe noch die Lesart אֲנִי וְהוֹ (auch אֲנִי וָהוֹ [E. Baneth] vokalisiert), die sich in den meisten neueren Ausgaben findet, zu erklären. Zunächst ist festzustellen, daß sie erst in den beiden Zeugen des babylonischen Talmuds und einmal innerhalb der jerusalemischen Ge-

אותו הַיּוֹם מַקִּיפִים אֶת הַמִּזְבֵּחַ שֶׁבַע פְּעָמִים:

mara (j Suk 54c, 5, als Textverbesserung!) auftritt. Die Form הו ist als Abkürzung für הוא aus Verbindungen wie מַהוּ, זֶהוּ zwar bekannt, aber eine solche kommt hier nicht in Betracht. Der Grund für das Abspringen des Schluß-א ist anderswo zu suchen. Raschi bemerkt zu Suk IV 5, daß אֲנִי וְהוּ denselben Zahlenwert habe wie אָנָּא יְהוָה (= 78). Hier wirkt sich also die in der späteren jüdischen Exegese sehr beliebte גִּימַטְרִיָּא, die Berechnung des Zahlenwertes der Buchstaben (über sie Strack, Einleitung, S. 107) bereits aus. Eine zweite Begründung gibt Raschi dadurch, daß er darauf hinweist, daß אֲנִי und וְהוּ zwei von den 72 Gottesnamen sind, die in den Versen Ex 14 19—21 enthalten sind (vgl. Jewish Encyclopaedia, IX, S. 164a). Aber das ist bereits exegetische Spielerei und zeigt nur, daß אֲנִי וְהוּ gegenüber אֲנִי וְהוּא die sekundäre Lesart ist. Anders Hochman, Festivities, S. 119, H. Odeberg, The fourth Gospel I (1930) S. 331.

Noch ein Wort zur Bedeutung des אֲנִי וְהוּא für das N.T. In seinem Buche „Der älteste christliche Katechismus und die jüdische Propagandaliteratur“, Berlin (1909), hat der Stockholmer Rabbiner Dr. G. Klein aus ihr weitgehende Folgerungen gezogen. Er will zunächst S. 44ff. mit Hilfe der Auslegung ʿAḳiḇas und einiger späterer rabbinischer Stellen zeigen, daß אֲנִי וְהוּא der „verborgene“ Gottesname, der שֵׁם הַמְּפוֹרָשׁ, ist. Über diesen vgl. neuerdings neben G. F. Moore (s. o.) auch A. Marmorstein, The old rabbinical doctrine of God I (1927) S. 17—40, H. H. Schaeder, Esra der Schreiber (1930) S. 51f., dazu G. Dalman, Der Gottesname Adonaj (1889). Dieser Gottesname, das johanneische ὄνομα, ist nach Klein der Inhalt der Predigt Jesu, ἐγὼ καὶ ὁ πατήρ ἕν ἐσμεν (Joh 10 30) ihr Gipfelpunkt und nichts anderes als das אֲנִי וְהוּא im Sinne von „ich will sein wie er“ (S. 48). In einem weiteren Abschnitt über die Sünde Jesu (S. 55ff.) stellt Klein Sanh VII 5, eine Stelle, die den der Gotteslästerung für schuldig erklärt, der den שֵׁם הַמְּפוֹרָשׁ ausspricht, der synoptischen Darstellung der Gerichtsverhandlung Jesu gegenüber. Tatsächlich trägt Sanh VII 5 einiges Wichtige zum Verständnis dieser Szene bei. Aber das ἐγώ εἰμι, das Jesus dort ausspricht bzw. nach Lukas seinen Gegnern zuschiebt, ist zunächst keine für sich stehende Aussage, sondern die Antwort auf die Frage: σὺ οὖν εἶ ὁ υἱὸς τοῦ θεοῦ. Ein dem ἐγώ εἰμι etwa zugrundeliegendes אֲנִי הוּא (Fr. Delitzsch in seiner hebräischen Übersetzung des N.T. Luc 22 70) kann zudem nicht einfach mit אֲנִי וְהוּא gleichgesetzt werden.

IV 5c Am [Bachweiden-]Tag selbst umschreitet man den Altar sieben Mal[1, 2].

Durch die kühne Hypothese Kleins angeregt, haben verschiedene christliche Gelehrte, so G. P. Wetter, „Ich bin es“, in: ThStK 88 (1915) S. 224—238, K. Zickendraht, ΕΓΩ ΕΙΜΙ, ThStK 94 (1922) S. 162—168, H. Odeberg, The fourth Gospel I (1930) S. 307 ff., besonders auf die zahlreichen Stellen aufmerksam gemacht, in denen, vor allem im Johannesevangelium, ἐγώ εἰμι vorkommt. Aber sie lehnen eine Verbindung dieser Stellen mit Suk IV 5 mit Recht ab und greifen auf viel näher liegende A.T.-Stellen zurück, in denen אֲנִי הוּא als Selbstaussage Gottes auftritt, Dtn 32_{39}, Jes 43_{10}, vgl. auch Ex 3_{14}, Stellen, auf die bereits A. Schlatter in der ersten Bearbeitung von „Der Glaube im Neuen Testament“ (1885) S. 177 hingewiesen hat. Vgl. jetzt auch P. Volz, Jesaja II (1932) S. 16 zu Jes 41_4, der aus dem N.T. Hebr 13_8 heranzieht.

IV 5c [1]Ein siebenmaliges Umziehen des Altars mit Zweigen findet sich bereits bei Abrahams Feier des Laubhüttenfestes Jub 16_{31}, dort allerdings nicht erst am letzten, sondern an allen Tagen des Festes. Eine bewußte Erinnerung an die Erzählung von dem siebenfachen Umzug um Jericho (Jos 6_4) liegt zunächst nicht vor, wenn auch der Schriftgelehrte bald eine Verbindung herstellt (j Suk 54c, 21). In beiden Fällen wie in j Jom 40d, 24f. ist sieben die vollkommene Zahl. De Groot, Israelitische Regenceremonieën, in: Theologisch Tijdschrift 52 (1918) S. 49 nimmt einen Zusammenhang insofern an, als der Einfall der Mauern Jerichos auf einen plötzlichen starken Guß nach einer langen Regenzeit zurückzuführen sei. Über heutige ähnliche Bräuche in Palästina siehe P. Kahle in: Palästinajahrbuch VI (1910) S. 67.

IV 5c [2]Die Editiones principes des Jeruschalmi und des Babli haben hier einen längeren Zusatz: בְּשַׁעַת פְּטִירָתָן מָה הֵם אוֹמְרִים | יוֹפִי לָךְ מִזְבֵּחַ יוֹפִי לָךְ מִזְבֵּחַ | ר׳ אֱלִיעֶזֶר אוֹמֵר לְיָהּ וְלָךְ מִזְבֵּחַ לְיָהּ וְלָךְ מִזְבֵּחַ ‘Wenn sie Abschied (voneinander) nahmen, was sprachen sie? | „Schönheit Dir, Altar! Schönheit Dir, Altar!“’ | Rabbi Eliʿezer sagt: „Gott und Dir, Altar! Gott und Dir, Altar!“. Dazu muß Tos Suk III 1 Ende gestellt werden, wo der Name des Autors durch בֶּן יַעֲקֹב (wohl der Ältere, aus der ersten Tannaitengeneration) näher erläutert bzw. geändert (Rabbi Eliʿezer schlechthin ist sonst Rabbi Eliʿezer ben Hyrḳanos, vgl. zu I 11a unter [2]) und sein Ausspruch deutlich als Berichtigung des Vorausgehenden dargestellt wird: כך היו אומרים ליה ולך מזבח ליה ולך מזבח ‘So sprachen sie: „Gott und dir, Altar! Gott und Dir, Altar!“’ Die Tat-

כְּמַעֲשֵׂהוּ בחול כֵּן מַעֲשֵׂהוּ בַשַּׁבָּת | אֶלָּא שֶׁהָיוּ מְלַקְּטִים אוֹתָם מֵעֶרֶב שַׁבָּת וּמַנִּיחִין אוֹתָם בְּגִגִּיּוֹת שֶׁל זָהָב כְּדֵי שֶׁלֹּא יִכְמְשׁוּ:

---

sache, daß dieser Zusatz in Form (zweimal derselbe Ruf in zwei verschiedenen Versionen) und Inhalt (es handelt sich auch hier um den Gottesnamen) IV 5b parallel läuft, läßt vermuten, daß es sich um ein später aus eben diesen Gründen an seinen jetzigen Platz gestelltes Stück handelt. Billerbeck II, S. 797 urteilt, ein solcher Ausspruch passe nicht gut in den Mund der Priester, denen der Anblick des Altars nichts Ungewohntes gewesen sei. Wenn man aber wie Billerbeck annimmt, daß die Priester den Umzug um den Altar gemacht haben, was sich uns als sicher herausgestellt hat, so ist er gerade von ihnen, die nun je nach der Verteilung ihrer Dienstzeit auf 1—1½ Monate wieder in ihre Heimat zurückkehren (s. Luc 1 23), verständlich.

L. Blau, Das altjüdische Zauberwesen (1895) S. 131, hat vermutet und A. Marmorstein, The old rabbinical doctrine of God I (1927) S. 31, hat diese Vermutung wieder aufgenommen, daß hinter יוֹפִי, das wie יהוה vier Radikale hat, wie hinter יוֹסֵה (Sanh VII 5) ebenfalls ein Deckwort für den Gottesnamen steckt. Aber erstens ergäbe יְהוָה לְךָ מִזְבֵּחַ keinen deutlichen Sinn, zweitens hängt auch לְיָהּ וְלָךְ מִזְבֵּחַ gewissermaßen in der Luft, wenn es nicht von יוֹפִי abhängig ist, drittens weist das betonte כָּךְ Tos Suk III 1 darauf hin, daß es sich im folgenden um eine Änderung eines bereits bestehenden Brauches handelt. Wir haben also eine sehr alte Tradition vor uns, mag sie auch hier relativ spät eingefügt sein. Der Ruf יוֹפִי, bh יְפִי (Jes 3 24), der von Bart. z. St. durch קלס (= κάλλος, s. j Suk 55b, 60) verdeutlicht wird und zunächst nur dem Altar gilt (vgl. den Zuruf: „Wolf, Wolf!" Tos Suk IV 28, zu V 8c), muß in späterer Zeit Anstoß erregt haben, sodaß man vor den Altar den Gottesnamen stellte: „(Schönheit) Gott und dir, Altar!" Die Texte lassen auch die Übersetzung: „Ihm und dir, Altar!" [so J. J. Rabe, Mischnah II (1761) S. 199] zu, was aber am Sinn nichts ändert, da הוּא, der Nominativ zu לֵיהּ (Aram.!), auch den Gottesnamen bezeichnen kann, vgl. das oben genannte alttestamentliche אֲנִי הוּא, ferner Levy I, Sp. 456b, auch das zu V 4d Gesagte. Die Frage, ob das fehlende Verbum indikativisch oder optativisch wiederzugeben

b) An einem Sabbat (IV 6. 7).

V 6a Wie das Verfahren damit [sich] an einem Wochentag [gestaltete], so [gestaltete sich] das Verfahren damit an einem Sabbat[1] [,wenn er auf den siebenten Tag traf][2], | nur daß man sie schon am Rüsttag des Sabbats[3] sammelte und sie in goldene Becken[4] stellte, damit sie nicht verwelkten.

---

ist, steht auf derselben Linie wie die nach der Übersetzung der neutestamentlichen Doxologien, z. B. Apc 1_6. Es muß beides zugleich gesagt werden: Weil ihm „Schönheit" eignet, deshalb kommt ihm „Huldigung" (E. Baneth z. St.) zu.

Fr. Spitta, Zur Geschichte und Literatur des Urchristentums I (1893) S. 313f. verweist mit Recht zu 1. Kor 10_{18} κοινωνοὶ τοῦ θυσιαστηρίου auf diesen Ruf, nur liegt in den Worten des Apostels kein abwertender Ton. Er weiß, was für ein großes Gut die λατρεία (Röm 9_4) für Israel bedeutet: In Jerusalem wird wirklich Gott geopfert. Aber er spricht, wenn er den jüdischen Gottesdienst als Beweis für die Wirklichkeit der durch einen Kult entstehenden Gemeinschaft anführt, bezeichnenderweise nicht von κοινωνοὶ τοῦ θεοῦ — Paulus gebraucht diese Wendung nie —, sondern von κοινωνοὶ τοῦ θυσιαστηρίου, weil ihm der Brandopferaltar zum Symbol des in Jerusalem geübten Gottesdienstes geworden ist. Daß dies letztere leicht möglich war, geht aus der bedeutenden Stellung hervor, die der Altar im N.T., z. B. Mat $23_{18f.}$, besonders in der Apokalypse 14_{18}, 16_7 (der Altar redet, vgl. b Giṭ 90b, wo er weint) einnimmt, sowie aus der Tatsache, daß der Brandopferaltar bzw. der heilige Felsen auf dem er stand (אֶבֶן שְׁתִיָּה Jom V 2), nach spätjüdischer Anschauung zugleich der Ort der Weltschöpfung und der Versöhnung war, vgl. Joach. Jeremias, Golgotha (1926) S. 91ff., D. Feuchtwang, Das Wasseropfer und die damit verbundenen Zeremonien, Wien (1911). So steht für Paulus die κοινωνία τοῦ θυσιαστηρίου in der Mitte zwischen der κοινωνία τοῦ αἵματος und τοῦ σώματος τοῦ Χριστοῦ (1. Kor 10_{16}) einerseits und der κοινωνία τῆς τραπέζης τῶν δαιμονίων (V. 20f.) andererseits. An allen drei Punkten entsteht wirklich Gemeinschaft; dabei liegt es der Anschauung des Paulus jedoch fern, daß es im Judentum so etwas gibt, wie „dem Altar wie einer Gottheit zujauchzen" (Spitta, S. 314).

IV 6a [1]מַעֲשֵׂה ist hier aktivisch gemeint: „Verfahren", so schon 2. Chron 17_4. Das Suffix bezieht sich trotz Pes V 7 nicht auf den Ausführenden, sondern auf den Ritus. Dieselbe Formel IV 10 sowie Pes V 8, Tos Pes III 12.

רַבִּי יוֹחָנָן בֶּן בְּרוֹקָה אוֹמֵר | חֲרִיוֹת שֶׁל דֶּקֶל הָיוּ מְלַקְּטִים וְחוֹבְטִים עַל גַּבֵּי הַמִּזְבֵּחַ | אוֹתוֹ הַיּוֹם הָיָה נִקְרָא יוֹם חִבּוּט חֲרָיוֹת:

מִיָּד הַתִּינוֹקוֹת שׁוֹמְטִים אֶת לוּלְבֵיהֶם וְאוֹכְלִים אֶתְרוֹגֵיהֶם:

IV 6a [2]Die Begründung für diesen Zusatz gibt IV 3.

IV 6a [3]Zu עֶרֶב שַׁבָּת vgl. παρασκευή, ὅ ἐστιν προσάββατον (Marc 15 42) und Billerbeck I, S. 1052 ff.

IV 6a [4]גִּגִּית „Becken"; zur Pluralbildung s. Albrecht, Grammatik, § 84 h.

IV 6b [1]Rabbi Joḥanan ben Beroḳa (30—130 n. Chr.) war ein weniger bekannter Schüler von Rabbi Jehoschuaʿ ben Ḥananja (vgl. Strack, Einleitung, S. 127).

IV 6b [2]חָרוּת Tos Suk II 7, hier pl. חֲרָיוֹת (vgl. bh חָרַר „brennen"), bezeichnet den versengten, aber auch den vertrockneten Ast, besonders der Palme. Im Gegensatz zu den frischen kleinen Palmzweigen meint Rabbi Joḥanan ben Beroḳa hier analog den großen Bachweidenzweigen größere, bereits hart gewordene Palmäste. Er hält sie für geboten, weil er Lev 23 40 כַּפּוֹת תְּמָרִים, also plene geschrieben, liest und daraus folgert: Ein Palmzweig für den Feststrauß und einer für den Altar (b Suk 45 b). Die Mehrzahl der Gelehrten liest jedoch an dieser Stelle כַּפֹּת, daher wird Rabbi Joḥanan ben Beroḳas Meinung nicht zur Halaḵa.

IV 6b [3]Dieser Ritus hat nach der Meinung seines Tradenten alle sieben Tage stattgefunden. Ob die von den beiden Zeugen des Babli vertretene Version, daß man an der Seite des Altars auf den Boden schlug, den ursprünglichen Tatbestand wiedergibt, oder, was wahrscheinlicher ist, man sich später scheute, von einem Schlagen auf den Altar zu sprechen, jedenfalls handelt es sich hier im letzten Grunde um eine aus magischen Vorstellungen erwachsene Zeremonie, für die eine Analogie sich bereits in dem Schlagen mit Pfeilen auf den Boden (2. Kön 13 18) findet. Der ursprüngliche Sinn wird in einer Beeinflussung der Gottheit zu suchen sein und fügt sich damit in den Gesamtcharakter der Riten des Laubhüttenfestes als Regenbittzeremonie ein (vgl. auch Dalman, Arbeit und Sitte I 1, S. 148 ff.).

IV 6b [4]Entsprechend dem Ersatz der Bachweiden- durch die Dattelpalmzweige überliefert Rabbi Joḥanan ben Beroḳa auch für den siebenten Feiertag statt des gebräuchlichen יוֹם שֶׁל עֲרָבָה (IV 3) einen anderen Namen. Immerhin ergibt חִבּוּט עֲרָבָה (Tos Suk III 1), daß tat-

V 6b Rabbi Joḥanan ben Beroḳa[1] sagt: | 'Dattelpalmzweige[2] sammelte man und schlug [damit] auf den Altar[3]. | Der [Hauptfeier]tag selbst wurde [daher] „Tag des Zweigeabschlagens" genannt[4]'.

V 7 [1]Sogleich reißen die Kinder[2] ihre Palmzweige [aus ihren Feststräußen] heraus und verzehren ihre Etrogim[3].

---

sächlich ein Zweigabschlagen stattgefunden hat. Das Fehlen weiterer Nachrichten darüber in der Mischna wird damit zusammenhängen, daß die Bachweide und ihr besonderer Ritus nach Tos Suk III 1 eine הלכה למשה מסיני (vgl. IV 3, Anm. [1]) ist. Bacher, Terminologie, S. 34f. zeigt an b Men 89a, daß diese Formel die Bestimmung hatte, Halaḵasätzen, die nicht biblisch begründbar waren, den Charakter einer festverankerten und deshalb verpflichtenden Überlieferung zu geben. Alle derartigen Sätze, zu denen in unserem Traktat auch die Wasserspende gehört, wurden von den Sadduzäern abgelehnt. Sie ließen nichts als verpflichtend gelten, was sich nicht aus der schriftlichen Tora belegen ließ (s. Jos Ant 13, 297). Den Kampf zwischen Pharisäern und Sadduzäern zeigt deutlich ein in der genannten Toseftastelle berichtetes Ereignis: „Es geschah einst, daß die Boëthusäer am Rüsttag auf den Sabbat große Steine auf sie (d. h. auf die Bachweidenzweige) packten. Aber die עַמֵּי הָאָרֶץ erfuhren davon, rückten sie weg und zogen sie am Sabbat unter den Steinen hervor, denn die Boëthusäer erklären sich nicht damit einverstanden, daß das Abschlagen der Bachweide den Sabbat beseitigt" (ausführlicher b Suk 43b). Bemerkenswert ist daran, daß gegenüber den Boëthusäern, einer Gruppe innerhalb der Sadduzäer, die עַמֵּי הָאָרֶץ sich auf die Seite der Pharisäer schlagen und ihnen, obwohl sie selbst sich nicht nach ihren Forderungen richten und deshalb von ihnen bekämpft werden, zur pünktlichen Ausführung des Gesetzes und ihrer „Aufsätze" verhelfen. Weiteres zum Verhältnis von Pharisäern und Sadduzäern, in das sich unsere Stelle gut einordnet, siehe den Exkurs Billerbecks IV 1, S. 334ff., auch Joach. Jeremias, Jerusalem II B 1, S. 96ff.

IV 7 [1]Je nachdem man מִיַּד (K) oder מִיָּד (P) vokalisiert, kann der folgende Satz verschieden verstanden werden. Im ersten Fall reißen die Erwachsenen im Übermut der Festfreude den Kindern ihre Feststräuße „aus den Händen" und verzehren ihre Etrogim (so Raschi z. St.), im zweiten, nach dem sich unsere Übersetzung richtet, wäre es den Erwachsenen „sogleich" nach dem Umzug des siebenten Tages noch nicht erlaubt, ihre Etrogim zu verzehren (s. Maim. H. L. VII 27). Aber die Kinder sind ja noch nicht eigentlich zum Gebot verpflichtet

ˈהַהַלֵּלˈ וְהַשִּׂמְחָה שְׁמוֹנָה כֵּיצַד | מְלַמֵּד שֶׁאָדָם חַיָּב בִּכְבוֹד יוֹם טוֹב
הָאַחֲרוֹן שֶׁל חָג כִּשְׁאָר כָּל יְמוֹת הֶחָג:

ˈ...ˈ K: הלל.

סֻכָּה שִׁבְעָה כֵּיצַד | גָּמַר מִלֶּאֱכוֹל לֹא יַתִּיר אֶת סֻכָּתוֹ | אֲבָל מוֹרִיד הוּא
אֶת הַכֵּלִים מִן הַמִּנְחָה וּלְמַעְלָן בִּשְׁבִיל כְּבוֹד יוֹם טוֹב הָאַחֲרוֹן:

---

und dürfen es deshalb tun. Zu מִיָּד vgl. auch das neutestamentliche εὐθέως (εὐθύς) und dazu G. Dalman, Die Worte Jesu I (1898) S. 22 f.

IV 7 [2] תִּינוֹק steht hier für קָטָן im Sinne von III 15, wie R hasch IV 8.

IV 7 [3] Über spätere magische Vorstellungen von der Bedeutung des Etrogessens vgl. M. Grunwald, Zur Vorgeschichte des Sukkothrituals und verwandter Kultformen, in: Jahrbuch für jüdische Volkskunde 25 (1923) S. 431.

IV 8a [1] Zum Hallel vgl. III 8 b, 10. 11 a.

IV 8a [2] Die hier erwähnte Freude darf nicht mit der V 1 ff. beschriebenen verwechselt werden, für die als Kennzeichen bereits IV 1 die Flöte angegeben wurde. Nach b Ḥag 6 b sind Israel bei jeder Wallfahrt drei Gebote auferlegt: a) ראיה „Besuchsopfer", b) חגיגה „Festopfer", c) שמחה oder שלמי שמחה „Freudenopfer". Es handelt sich hierbei um die Opfer des einzelnen (über die Opfer der Gemeinde s. V 6). IV 8 a besagt, daß man vom Festopfer (in diesem Falle werden חגיגה und שמחה zusammengehören) die ganzen acht Tage des Festes leben soll. Nach der Zerstörung des Tempels erfreute man sich anstelle des Fleisches an Wein (b Pes 109 a).

IV 8a [3] Die Formel מְלַמֵּד שֶׁ stammt ursprünglich aus der speziell exegetischen Terminologie. Sie führt die aus dem vorausgehenden Schriftwort abgeleitete Folgerung ein, so in der Mischna Bik I 9, Soṭ V 4. 5, Midd III 1, Ker VI 9 (dreimal). Dagegen ist Edu V 6 nicht aus einem Schriftwort, sondern aus der Handlungsweise des Gerichtshofes eine Folgerung gezogen. Zwischen diesen beiden Möglichkeiten steht Suk IV 8 a, wo der Mischnatext (IV 1) in der Weise wie sonst der Schrifttext vorausgeht. Siehe auch Bacher, Terminologie I, S. 31 f. 96.

4. Hallel, Festopferfreude und Laubhütte (IV 8).

IV 8a Das Hallel[1] und die [Festopfer]freude[2] [kommen] acht [Tage in Betracht]. Wie [ist das gemeint]? | Das lehrt[3], daß man zur Ehrung[4] des letzten Feiertages[5] des Festes ebenso verpflichtet ist wie alle übrigen Tage des Festes.

IV 8b [1]Die Laubhütte [kommt] sieben [Tage in Betracht]. Wie [ist das gemeint]? | Hat man [am siebenten Tag in der Laubhütte] fertig gegessen[2], so soll man [zwar] seine Laubhütte nicht abbrechen[3], | aber man darf die Geräte von der [Zeit der kleinen] Minḥa[4] an und weiter um der Ehrung des letzten Feiertages willen [ins Haus] herunterbringen[5].

IV 8a [4]כָּבוֹד, sonst meist, z. B. Par I 2, als Eigenschaft „Ehre“, „Würde“ gebraucht, bedeutet sicher in IV 8a, wahrscheinlich auch in IV 8b (vgl. noch Tos Ber III 8), eine Handlung: „Ehrung“. Die aktivische Bedeutung folgt aus der passivischen (vgl. die Wortgeschichte des alttestamentlichen כָּבוֹד). Ein ähnliches Verhältnis besteht zwischen dem neutestamentlichen δόξα (z. B. Apc 21 11) und δόξαν διδόναι (Apc 19 7). *B* M geben statt בְּכָבוֹד drei Worte: בהלל ובשמחה ובכבוד, was aber, anstatt zu verdeutlichen, eher Mißverständnisse hervorruft. Denn eben in den Geboten des Hallelrezitierens und der Festopferfreude vollzieht man die Ehrung des letzten Feiertages; neben ihnen ist für כָּבוֹד kein besonderer Sinn mehr feststellbar.

IV 8a [5]Gemeint ist der später שְׁמִינִי עֲצֶרֶת genannte achte Feiertag. Über ihn ausführlicher zu V 6. Was ihn mit den übrigen Festtagen verbindet, ist IV 8a gesagt; was ihn von ihnen trennt, ist mehr (siehe IV 8b, II 6). Daher wird er „ein Fest für sich“ genannt (Tos Suk IV 17).

IV 8b [1]Die folgende Bestimmung wird auch nach der Zerstörung des Tempels noch Geltung gehabt haben. Die Laubhütte, von deren siebentägiger Dauer bereits II 6. 9 die Rede war, erscheint hier der Vollständigkeit halber noch einmal.

IV 8b [2]גָּמַר מִן ist „fertig sein mit“, „los sein von“, vgl. Midd I 9. Es handelt sich um die letzte Mahlzeit des siebenten Tages, die gegen neun Uhr morgens eingenommen wurde (Baneth z. St.). Nach Tos Meg II 10 war man den ganzen siebenten Tag zum Wohnen in der Laubhütte verpflichtet.

IV 8b [3]Eigentlich „auflösen“. Man hat die schwanke Laubhütte zusammengebunden, damit sie die ganze Festwoche hindurch hält. Siehe weiter den folgenden Exkurs.

IV 8b [4]מִנְחָה ist das Speiseopfer, vgl. den Namen des zweiten Traktates der fünften Ordnung: „Menaḥot". 2. Kön 16 15 wird als tägliches Opfer morgens ein Brand- und abends ein Speiseopfer festgelegt (מִנְחַת הָעֶרֶב). Während aus beiden später Brandopfer mit der Bezeichnung תָּמִיד (vgl. V 5, 7c) wurden, blieb מִנְחָה als Zeitbestimmung für den Nachmittag erhalten (siehe bereits 1. Kön 18 29. 36 sowie einen ähnlichen sprachlichen Vorgang bei unserem Wort „Vesper"). Nach b Ber 26a beginnt die große Minḥa um 12 1/2, die kleine, um die es sich in unserem Falle handelt, um 15 1/2 Uhr unserer Zeitrechnung. Beide dauern bis zum Einbruch der Dunkelheit. Vgl. noch R hasch IV 4, Nid X 2, O. Holtzmann, Berakot (= Gießener Mischna I 1) (1912) S. 27 ff. und Billerbeck II, S. 696 ff.

IV 8b [5]Daß man die Laubhütten meist auf dem Dach errichtete, hat sich in מוֹרִיד sprachlich niedergeschlagen, vgl. das entsprechende הֶעֱלָה (II 5a), ferner Luc 17 31.

Exkurs III: *Σκηνή* und verwandte Worte im Neuen Testament.

F. B. Dachs, Talmudis Babylonici Codex Succa, Utrecht 1726, bzw. der von ihm verarbeitete nachgelassene Kommentar von J. J. Cramer zieht S. 366 Suk IV 8b zur Erklärung von 2. Kor 5 1ff. heran. Er ist dabei beeinflußt durch das Bestreben der Theologie seiner Zeit, das A. T. bis hinein in seine Einzelheiten als τύπος (1. Kor 10 6 u. a.) für das N. T. und die ihm folgende Zeit bis hin zum jüngsten Tag zu betrachten. Aber wenn auch das ἀχειροποίητος einem לֹא בִּידֵי אָדָם, das ἐκ θεοῦ einem בִּידֵי שָׁמַיִם (siehe zu II 3a), das καταλύειν dem הִתִּיר (IV 8b) entsprechen und auch das קֶבַע (II 9) mit αἰώνιος in Verbindung gesetzt werden könnte, so steht doch für den σκηνοποιός (Apg 18 3) Paulus hinter σκῆνος — σκηνή kommt bei ihm merkwürdigerweise überhaupt nicht vor — nicht die Festhütte (סֻכָּה), sondern das gewöhnliche Zelt (אֹהֶל). Belege für die Verwendung des Zeltes als Bild für den Leib gibt H. Windisch in Meyers Kommentar über das N. T. 9 (1924) z. St. Vgl. aber auch K. Bornhäuser, Die Gebeine der Toten (1921). Gegen die Deutung des σκῆνος auf die סֻכָּה spricht entscheidend das aus der spätjüdischen Anschauung vom Himmelskleid stammende Verbum ἐπενδύσασθαι, das von einer himmlischen סֻכָּה (vgl. Luc 16 9!) nicht ausgesagt werden kann. Damit ist auch über die Verwendung des Wortes σκήνωμα als Gleichnis für den Leib (2. Petr 1 13. 14) entschieden.

Σκηνή ist in LXX gleicherweise Äquivalent für אֹהֶל wie für סֻכָּה, vgl. die Statistik E. Lohmeyers, ZNW 21 (1922) S. 194, Anm. 1. Im N.T. steht es, wenn wir von eigentlichen A.T.-Zitaten absehen, meist für אֹהֶל (= אֹהֶל מוֹעֵד), d. h. die Stiftshütte, mit der sich im Spätjudentum der Gedanke der שְׁכִינָה verbindet. So im Hebräerbrief, wo σκηνή in zehn von elf Fällen — 11 9 bezeichnet es ein gewöhnliches Nomadenzelt — diese Bedeutung hat. Auch für die Apocalypse ist zunächst ein ähnlicher Sprachgebrauch durch die Wendung ναὸς τῆς σκηνῆς τοῦ μαρτυρίου 15 5 (vgl. מִשְׁכַּן אֹהֶל מוֹעֵד Ex 39 32) deutlich. Der Ausdruck βλασφημῆσαι τὸ ὄνομα αὐτοῦ καὶ τὴν σκηνὴν αὐτοῦ 13 6 stellt zwei mit Gott in naher Beziehung stehende Worte, den שֵׁם und den מִשְׁכָּן, nebeneinander. Vielleicht ist jedoch als hebräisches Äquivalent bereits hier besser שְׁכִינָה anzunehmen, was 21 3 nicht zu bezweifeln ist. Die Entsprechung von σκηνή und שְׁכִינָה (vgl. auch κατασκηνοῦν Apg 2 26 = שָׁכַן Ps 16 9) wird durch die Gleichheit der Radikale in beiden Worten bestärkt. Daß Gott und seine שְׁכִינָה unter den Menschen wohnen, wird 21 3 durch σκηνοῦν ausgedrückt, was ganz eng mit diesem Wort zusammengehört. Dieses σκηνοῦν kann entsprechend der spätjüdischen Anschauung von der Sche<u>k</u>ina sowohl das Wohnen Gottes im Himmel (7 15) als auch sein Eingehen in die irdische Welt (Joh 1 14) bezeichnen, vgl. C. F. Burney, The Aramaic origin of the fourth gospel (1922) S. 35f. κατασκηνοῦν (Matth 13 32 par), κατασκήνωσις (Mat 8 20 par) und ἐπισκηνοῦν (2. Kor 12 9) ändern an diesem Bilde nichts.

Σκηνοῦν wird jedoch in der Apocalypse nicht nur von Gott, sondern auch von der vollendeten Gemeinde ausgesagt. Gegenüber κατοικεῖν (οἱ κατοικοῦντες ἐπὶ τῆς γῆς 3 10 u. ö.) bezeichnet es (οἱ ἐν τῷ οὐρανῷ σκηνοῦντες 12 12, 13 6) die spezielle Art des Wohnens und Lebens im Himmel. Der Ausdruck will nicht etwa sagen, daß die Himmelswohnung eine besonders leichte ist, sondern er muß mit der spätjüdischen Anschauung des Wohnens in der Laubhütte in der messianischen Zeit zusammengestellt werden (siehe zu I 1a). Die αἰώνιοι σκηναί Lk 16 9 zeigen, daß diese Anschauung nicht nur johanneisch ist, sondern Jesus selbst geläufig war. Von hier aus gesehen rücken das „Zelten" Gottes und das „Zelten" seiner Gemeinde enger zusammen. Die סֻכָּה des Laubhüttenfestes ist eine Erinnerung an die Wüstenzeit, in der Gott nach der Anschauung der Priesterschrift in der Stiftshütte unter seinem Volke wohnte. Daß diese Idealzeit der Vergangenheit auch das Bild der Idealzeit der Zukunft beeinflußte, zeigt sich deutlich aus der nicht nur an einer Stelle belegbaren Erwartung, daß sie mit einer

נִסּוּךְ הַמַּיִם שִׁבְעָה כֵּיצַד:

צְלוֹחִית שֶׁל זָהָב מַחֲזֶקֶת שְׁלֹשֶׁת לֻגִּים הָיָה מְמַלֵּא מִן הַשִּׁילוֹחַ:

„Wüstenzeit" beginnen müsse (Jos Ant 20, 167f., 188; Bell 2, 259, 7, 438ff., vgl. Apg 21 38; G. Kittel weist mich noch auf Bell 6, 351 sowie auf Apc 12 6 hin). Aus dieser Anschauung heraus erklärt sich auch, wie E. Lohmeyer in dem ausgezeichneten ersten Teil seines Aufsatzes „Die Verklärung Jesu nach dem Markusevangelium" ZNW 21 (1922) S. 185ff., dem ich hier viel verdanke, überzeugend dargelegt hat, das Wort des Petrus über das Hüttenbauen auf dem Verklärungsberge. Es bezeichnet das Tun des Menschen, der auf die göttliche Verkündigung des Eintritts der Heilszeit antworten will.

IV 9a [1]Der für das Tempelritual wichtigste Teil der Feier des Laubhüttenfestes ist die Wasserspende. Das Ausgießen von Flüssigkeiten auf löcherige und unterhöhlte Steinböden stellt einen der ältesten uns bekannten Bestandteile der Opferpraxis dar: Gen 28 18 [siehe R. Kittel, Studien zur hebräischen Archäologie und Religionsgeschichte (1908) S. 134ff.]. Während die Weinspende im täglichen Opfer im Tempel von Jerusalem ihren festen Platz hatte, blieb die Wasserspende auf das Laubhüttenfest zu Beginn der Regenzeit beschränkt. Die erste sichere Bezeugung findet sich Tos Suk IV 3 (Teilnahme Hillels), vgl. auch Joh 7 37f. (s. Exkurs I, S. 34ff.), wahrscheinlich können wir sogar bis in die erste Hälfte des ersten vorchristlichen Jahrhunderts zurückgehen (vgl. zu IV 9d unter [8]).

Gegenüber der Laubhütte und dem Feststrauß, die nicht an den Tempel gebunden waren, trat die Wasserspende freilich zurück. Weder die Jubiläen noch Philo noch Plutarchs Gewährsmann berichten etwas von ihr, auch Josephus nicht ausdrücklich. Dazu kommt, daß für sie keine eindeutige Schriftbegründung angeführt werden kann. Jehuḏa ben Beṯera (um 110 n. Chr.) findet mühevoll eine Andeutung (רֶמֶז, siehe Bacher, Terminologie I, S. 182) in b Taan 2b (vgl. Billerbeck II, S. 802f.). Andere erklären die Wasserspende für eine in Vergessenheit geratene הלכה למשה מסיני, die nach dem babylonischen Exil von den Propheten wieder eingeführt worden sei (b Suk 44a).

5. Die Ausführung der Wasserspende (IV 9. 10).

a) An einem Wochentag (IV 9).

V 9a [1]Die Wasserspende [kommt] sieben [Tage in Betracht]. Wie [wird sie ausgeführt]?

Eine goldene Kanne, die drei Log[2] faßte, wurde aus dem Schiloaḥ[3] gefüllt.

Aber den Ritus deswegen als fremde Eintragung, nach L. Venetianer in: Populärwissenschaftliche Monatsblätter zur Belehrung über das Judentum, hrsg. von A. Brüll, Jahrg. 1897, S. 121 ff., 168 ff., aus den eleusinischen Mysterien, nach A. Herzfeld, Geschichte des jüdischen Volkes II (1863) S. 181, aus dem Dionysoskult, nach Hochman, Festivities, S. 85, aus dem Kultus der Dea Syria Atargatis oder Derketo in Hierapolis abzuleiten, wäre falsch. Wohl finden sich für die Wasserspende ebenso wie für die anderen Riten des Laubhüttenfestes Analogien mannigfacher Art in der Umwelt des Spätjudentums, aber es ist unwahrscheinlich, daß ein so wichtiger Zug nach Esra-Nehemia in das jerusalemische Tempelritual neu aufgenommen wurde. Zudem finden sich eine ganze Reihe von Bezeugungen eines Wasserritus im A.T., die Volz, Neujahrsfest, S. 29 ff. zusammengestellt hat. Auf die Karmelszene (1. Kön 18$_{20\text{ff.}}$) hat in diesem Zusammenhang mit Recht Mowinckel, Thronbesteigungsfest, S. 102 mit Nachdruck hingewiesen.

Vielmehr wird es so sein, daß der aus uralten magischen Anschauungen stammende Ritus „immer schon" da war, von der deuteronomischen Reform stillschweigend geduldet und erst von den aufklärerischen Sadduzäern angegriffen wurde. Nichts zeigt deutlicher seine Verwurzelung im einfachen Volke als der elementare Ausbruch des Zornes der festlichen Menge, den dieser Angriff zur Folge hatte (vgl. zu IV 9d). Dann war es aber nur erklärlich, daß die Pharisäer, wie sie es auch sonst taten, die althergebrachte Sitte des Volkes schützten und sogar durch feierliches Blasen betonten (j Suk 54c, 50). — Über die Bedeutung des Ritus siehe zu IV 10b unter [4].

IV 9a [2]Das Log ist das kleinste hebräische Flüssigkeitsmaß. Drei Log ergeben nach der bei Benzinger, Archäologie^{3}, S. 194 aufgestellten Tabelle 1,518 l, dieselbe Menge, die Ex 29$_{40}$ für die tägliche Weinspende vorschreibt, vgl. auch IV 9c.

IV 9a [3]Mit שִׁילֹחַ kann dreierlei bezeichnet werden: a) die in einer Höhe von 645 m südlich vom Tempelplatz am Hang außerhalb der Stadtmauer liegende Quelle, die heute Marienquelle heißt und im A.T.

⌜...⌝ fehlt bei K. הִגִּיעוּ לְשַׁעַר הַמַּיִם תָּקְעוּ וְהֵרִיעוּ ⌜וְתָקְעוּ⌝:

עָלָה בַכֶּבֶשׁ וּפָנָה לִשְׂמֹאלוֹ וּשְׁנֵי סְפָלִים שֶׁל כֶּסֶף הָיוּ שָׁם:

---

den Namen Giḥon trägt, was Targ Jon zu 1. Kön 1$_{33.38}$ durch שִׁילוֹחַ wiedergibt. b) die von dieser Quelle in mehreren Windungen südwärts führende Wasserleitung, deren Anlage nach 2. Chron 32$_{30}$ in die Zeit Hiskias zu setzen ist. c) der Teich, oder besser die Teiche, in die diese Leitung im Stadtgebiet von Jerusalem einmündet (j Ḥag 76a, 47) = κολυμβήθρα τοῦ Σιλωάμ (Joh 9$_{7}$ [11], vgl. Luc 13$_{4}$). Josephus bezeichnet Bell 5, 145 (140) die Mündung dieses Kanals als ἡ Σιλωὰ . . . πηγή.

Wenn die Joh 9$_{7}$ gegebene Erklärung des Namens, ἀπεσταλμένος, richtig ist — Namenerklärungen sind allerdings oft sekundär —, so kann er zunächst das auf künstlichem Wege nach Jerusalem geleitete Wasser, bzw. den Teich, dann die Leitung, jedoch erst in letzter Linie, zurückübertragen, die Quelle selbst bedeuten. Nichtsdestoweniger ist ohne Frage die letztere hier gemeint. Für die Wasserspende auf den Altar brauchte man „lebendiges Wasser" und holte es da, wo es frisch aus der Erde hervorsprudelte. Vgl. zum Schiloaḥ noch Billerbeck II, S. 530ff., G. Dalman, Orte und Wege Jesu^{3} (1927) S. 327f. und H. Guthe, Kurzes Bibelwörterbuch (1903) S. 618ff., dort Skizzen und weitere Literatur.

IV 9a [4]Das Wassertor ist nach der Midd II 6 = Scheḳ VI 3 gegebenen Aufzählung das am weitesten nach Osten zu liegende der vier von Süden her vom „Tempelberg" in das eigentliche Heiligtum führenden Tore. Mögen die Namen der einzelnen Tore Schwierigkeiten bereiten (vgl. dazu Hochman, Festivities, S. 114f.), daß ihre Zahl mit der Angabe des Josephus übereinstimmt (Bell 5, 198—200), spricht für Midd II 6, während die Parallelüberlieferung Midd I 4 den Frauenvorhof nicht berücksichtigt. Der Name „Wassertor" ist alt und bereits im Zusammenhang mit dem Bericht über die Feier des Laubhüttenfestes unter Nehemia überliefert. Für הָרְחוֹב אֲשֶׁר לִפְנֵי שַׁעַר־הַמָּיִם (Neh 8$_{1}$, vgl. V. $_{3.16}$) steht 1. Esra 5$_{46}$ LXX εἰς τὸ εὐρύχωρον τοῦ πρώτου πυλῶνος τοῦ πρὸς τῇ ἀνατολῇ, was leicht mit Midd II 6 in Einklang zu bringen ist. So im wesentlichen nach A. Schlatter, Zur Topographie und Geschichte Palästinas (1893) S. 166ff., vgl. auch O. Holtzmann, Middot (= Gießener Mischna V, 10) (1913) S. 26ff. und. Billerbeck II, S. 620ff. Der Weg der feierlichen Prozession

Gelangte man an das Wassertor[4,5], so blies man einen gedehnten und einen schmetternden und [wieder] einen gedehnten Ton[6].

V 9b [D]er [diensttuende Priester][1] stieg auf der Rampe [zum Altar] hinauf und wandte sich [dann] nach seiner Linken[2] zu, und zwei Schalen aus Silber waren dort.

---

führte von der Giḫonquelle zur Höhe hinauf, auf der der Tempelbezirk lag. Durch das östliche der beiden Ḥuldatore betrat man zur Zeit der Mischna den Vorhof der Heiden und erreichte durch ihn direkt nördlich gehend das Wassertor.

In unserem Zusammenhang ist die Frage aufzuwerfen, woher dieses seinen Namen hatte. Midd II 6 und Scheḳ VI 3 geben dafür zwei Erklärungen. Die erste lautet: „Weil man durch es die Wasserkanne mit der Spende am Laubhüttenfest hereinbrachte“, die zweite: „Durch [dies]es [Tor] rieselt das Wasser, das einst unter der Schwelle des Tempelhauses hervorkommen wird“ (im Anschluß an Ez $47_{1ff.}$; vgl. Tos Suk III 3, j Scheḳ 50a, 3ff. und b Jom 77b/78a). Es ist auffallend, daß es in der Mischna einer besonderen Erklärung nur für das „Jeḥonjator“ und das „Wassertor“ bedarf, während alle anderen Namen, z. B. „Brandtor“, „Erstgeburtentor“, für sie klar und unmißverständlich sind. Da das A. T. und die übrigen Quellen keine andere Bedeutung des Wassertores kennen, so ist möglicherweise die erste Erklärung der Mischna die ursprüngliche und richtige. Damit wäre eine sehr alte Bezeugung des Ritus gegeben, was bereits P. Volz, Neujahrsfest, S. 29f. andeutet.

IV 9a [5]Vgl. Lk 7_{12}: ὡς δὲ ἤγγισεν τῇ πύλῃ (Dativ!) τῆς πόλεως (Hinweis von K. H. Rengstorf).

IV 9a [6]Die drei ebenfalls von Priestern ausgeführten Trompetenstöße erhalten ihre Schriftbegründung aus בְּשָׂשׂוֹן Jes 12_3, einem Vers, der auf die Wasserspende bezogen wird (b Suk 48b).

IV 9b [1]Das Morgentamid wurde gewöhnlich durch neun Priester dargebracht, am Laubhüttenfest trat ein zehnter hinzu, der die goldene Wasserkanne trug (Jom II 5). Daraus geht hervor, daß die Wasserspende nur im Anschluß an das Morgentamid stattfand (vgl. Tos Suk III 16). Aus dem Traktat Sukka ist diese Regelung nicht ersichtlich, ebenso nicht, wer die Wasserspende vollzog. Die Mischna verpflichtet zwar den Hohenpriester in Anlehnung an Lev 16 nur am großen Versöhnungstag und in der Woche vorher zum Altardienst (Jom III 4, I 2), doch können wir für die Zeit Jesu den Angaben des Josephus entnehmen, daß die Wasserspende, der wichtigste Tempelritus des Laubhüttenfestes, zum mindesten meistens durch den Hohenpriester

רַבִּי יְהוּדָה אוֹמֵר שֶׁל סִיד הָיוּ | אֶלָּא שֶׁהָיוּ מַשְׁחָרִים מִפְּנֵי הַיַּיִן | וּמְנֻקָּבִין כְּמִין שְׁנֵי חֳטָמִים דַּקִּים | אֶחָד מְעֻבֶּה וְאֶחָד ⸢[1]מֵדָק⸣ כְּדֵי שֶׁיְּהוּ שְׁנֵיהֶם כָּלִים ⸢[2]בְּבַת⸣ אַחַת:

מַעֲרָבִי שֶׁל מַיִם וּמִזְרָחִי שֶׁל יַיִן | עֵרָה שֶׁל מַיִם בְּתוֹךְ שֶׁל יַיִן אוֹ שֶׁל יַיִן בְּתוֹךְ שֶׁל מַיִם | יָצָא:

⸢...⸣[1] K: מידק. — ⸢...⸣[2] K: בת.

רַבִּי יְהוּדָה אוֹמֵר | בְּלוֹג הָיָה מְנַסֵּךְ כָּל שְׁמֹנָה:

---

ausgeführt wurde. Mag es auch übertrieben sein, daß er in der Regel an jedem Sabbat, an jedem Neumond und an den Jahresfesten Dienst tat (Bell 5, 230), so haben wir doch keinen Anlaß, der Angabe zu mißtrauen, daß die Römer die Prachtgewänder des Hohenpriesters in Verwahrung hatten und sie nur zu den drei Jahresfesten und zum großen Versöhnungstag herausgaben (Ant 18, 94; 15, 408). Überdies nennt Josephus nicht nur einmal ausdrücklich den Hohepriester mit dem Laubhüttenfest in Verbindung: Ant 13, 372; Bell 1, 73, vgl. bereits 1. Mak 10_{21}. Büchler, Priester und Cultus, S. 110 will lediglich aus dem Umstand, daß der Stellvertreter des Hohenpriesters, der סְגַן, an unserer Stelle nicht wie sonst mit diesem zusammen erscheint, schließen, daß man unter pharisäischem Einfluß diese Funktion dem Hohenpriester entzogen und durch das Los jedem Priester zugänglich gemacht habe. Das ist jedoch zu gewagt.

IV 9b [2]Ausgegossen wird auf der südwestlichen Ecke des Altars, von der der Regenwind kommt (Luc 12_{54}, vgl. b Jom 21b), und zwar Wasser wie Wein oben auf den Altarherd, nicht wie das Blut auf den Altargrund. Das bedeutet eine Änderung gegenüber Sir 50_{15}, wo die Spendung εἰς θεμέλια θυσιαστηρίου erfolgt, vgl. auch Jos Ant 3, 234. Siehe ferner Zeb VI 2. 3, Tos Zeb VII 7.

IV 9b [3]In אֶלָּא klingt die Verneinung von כֶּסֶף nach, שֶׁ ist die Fortführung der direkten Rede.

IV 9b [4]Die scheinbare Parallele Midd III 2 (= Tos Zeb VI 11) הָיוּ שְׁנֵי נְקָבִים muß von Suk IV 9b unterschieden werden. Nach Tos Suk III 14 befanden sich die zwei Schalen „oben auf dem Altar". Dagegen liegen die beiden Öffnungen Midd III 2 auf dem Altargrund (יְסוֹד). Raschi zu Suk IV 9 unterscheidet und verbindet beides: Zunächst fließen Wasser und Wein durch die Schalen auf den Altarherd, auf dem wiederum eine Öffnung (Tos Suk III 14: סִילוֹן „Kanal") an-

Rabbi Jehuda sagt: „Aus Kalk waren sie, | nur[3] waren sie vom Wein dunkel geworden". | Und sie hatten Löcher wie zwei feine Nasenlöcher[4], | das eine weiter, das andere enger[5], damit sie beide gleichzeitig zu Ende wären[6].

Die westliche war die für das Wasser, die östliche die für den Wein [bestimmte Schale][7]. | Goß[8] er, was in die Wasserschale gehörte, in die Weinschale oder, was in die Weinschale gehörte, in die Wasserschale[9], | so war er [trotzdem] seiner Pflicht nachgekommen[10].

IV 9c Rabbi Jehuda sagt: | „Mit einer [ein] Log [fassenden Kanne] spendete er alle acht [Tage]." [1]

---

gebracht ist. Durch sie gelangt die Flüssigkeit erst in die Abzugsgrube (שִׁית Midd III 3, Tos Suk III 15), die alle 60 oder 70 Jahre durch die Jungmannschaft der Priesterschaft gereinigt wird. Meïl III 3 tritt anstelle von שִׁית auch der Plural שִׁיתִין auf, was Maimonides (הלכות בית הבחירה II 11) auf zwei vom Altar in die Abzugsgrube führende Kanäle deutet. Ob die genannten Termini je sauber geschieden waren, ist allerdings fraglich; vgl. noch J. Cohn, Mischnajot V (1925) S. 424, zu Meïl III 3. Bei der Bedeutung, die der Altar hatte, ist es nicht verwunderlich, daß sich hier weitgehende Spekulationen angereichert haben (Tos Suk III 15, j Suk 54d, 1 ff., b Suk 49a; vgl. dazu D. Feuchtwang, Das Wasseropfer und die damit verbundenen Zeremonien [1911] S. 12 ff.).

IV 9b [5] מְדַק, so auch j Suk 54d, 12, Part. Hof. von דָּקַק „zerreiben", ist = „dünn", wird aber von K und P fälschlich מֵידַק (= Part. Hif.) vokalisiert.

IV 9b [6] בַּת ist zunächst ein Flüssigkeitsmaß, bh 1. Kön 7_{26}. Die übertragene Wendung בְּבַת אַחַת entspricht etwa dem deutschen „mit einem Schlag". Der dickflüssige Wein läuft langsamer ab. Bis zur Beendigung des eigentlichen Spendeaktes waren die Schalen nach j Suk 54c, 63 verstopft.

IV 9b [7] Beide Schalen waren indes dicht nebeneinander.

IV 9b [8] עֵרָה, Piʿel, eigentlich (den Boden eines Gefäßes) „entblößen", dann „ausgießen".

IV 9b [9] Daraus erklärt sich, daß beide Schalen dunkel aussahen.

IV 9b [10] Zu יָצָא ist יְדֵי חוֹבָתוֹ zu ergänzen, vgl. II 1. Beachte den Gegensatz zu IV 9d.

IV 9c [1] Nachdem der Vorgang der Wasserspende geschildert ist, wird wieder auf die Zeitbestimmung am Anfang von IV 9 zurückgegriffen. Das läßt erkennen, wie stark man trotz eines Einschubs von

וְלַמְנַסֵּךְ אוֹמְרִין לוֹ | הַגְבַּהּ אֶת יָדֶךָ | שֶׁפַּעַם אַחַת נִסֵּךְ עַל רַגְלָיו
וּרְגָמוּהוּ כָל הָעָם בְּאֶתְרוֹגֵיהֶם:

כְּמַעֲשֵׂהוּ בַחוֹל כֵּן מַעֲשֵׂהוּ בַשַּׁבָּת | ⌝אֶלָּא⌜ שֶׁהָיָה מְמַלֵּא מֵעֶרֶב שַׁבָּת
חָבִית שֶׁל זָהָב שֶׁאֵינָהּ מְקֻדֶּשֶׁת מִן הַשִּׁילוֹחַ | הָיָה מַנִּיחָהּ בַּלִּשְׁכָּה:

⌜...⌝ K: אבל.

נִשְׁפְּכָה אוֹ נִתְגַּלְּתָה הָיָה מְמַלֵּא מִן הַכִּיוֹר | ⌝שֶׁהַמַּיִם⌜ וְהַיַּיִן הַמְגֻלִּים
פְּסוּלִים מֵעַל גַּבֵּי הַמִּזְבֵּחַ:

⌜...⌝ K: שמים.

Rabbi Jehuda das Bisherige als Einheit wertete. Die Widerlegung seines Satzes IV 9c findet sich Tos Suk III 16 Ende. Weitere Abweichungen von der IV 9a ausgesprochenen Ansicht der Gelehrten stehen b Taan 2b/3a. Sie werden bei Billerbeck II, S. 802f. übersetzt und erörtert.

IV 9d [1]Ein ähnlicher Mahnruf wie dieser ist der Ḥag III 8 überlieferte. Dazu gehören noch Stellen wie Jom I 5, Par III 7. Sie alle lassen uns einen Blick tun in das Ringen der Pharisäer mit den Sadduzäern um die rituell richtige Ausführung des Gesetzes. Doch genügen sie nicht, um die weitgehenden Schlüsse, die Büchler, Priester und Cultus, S. 205ff. aus ihnen gezogen hat, zu rechtfertigen. Vgl. auch A. Geiger, Urschrift und Übersetzungen der Bibel[2] (1928) S. 111ff.

IV 9d [2]רָגַם ist eigentlich „steinigen“, bh Lev 24_{14}. Wie eine Steinigung vor sich ging, zeigt Sanh VII 4: War der Verurteilte durch den Stoß des ersten und den Wurf des zweiten Zeugen noch nicht getötet, so steinigte ihn nach Dtn 17_7 „ganz Israel“. Hier liegt der Anknüpfungspunkt für den übertragenen Sprachgebrauch unserer Stelle.

IV 9d [3]Nach Tos Suk III 16 war der Frevler ein Boëthusäer, d. h. ein Angehöriger einer Gruppe innerhalb der sadduzäischen Partei, die den Ritus der Wasserspende verwarf, da ihm die Schriftgrundlage fehlte. Das Volk hielt sich jedoch auch hier (vgl. zu IV 6b unter [4]) zu den Pharisäern. Mit dem vorliegenden Ereignis wird meist Jos Ant 13, 372 gleichgesetzt: Alexander Jannai (103—76 v. Chr.), der tatsächlich mit den Sadduzäern sympathisierte, wurde, als er am Laubhüttenfest im Gewand des Hohenpriesters auf dem Altar stand,

9d Und dem Spendenden ruft man zu: | „Hand hoch!“ [1] | Denn einmal goß [ein]er [die Wasserspende] auf seine Füße, und [daraufhin] bewarf [2] ihn [3] das ganze Volk mit ihren Etrogim.

b) An einem Sabbat (IV 10).

10a Wie das Verfahren damit [sich] an einem Wochentag [gestaltete], so [gestaltete sich] das Verfahren damit an einem Sabbat [1], | nur daß [2] man [3] am Rüsttag des Sabbats ein goldenes Faß, das noch nicht geweiht [4] war, [mit Wasser] aus dem Schiloaḥ füllte; | man ließ es in einer Kammer [5] stehen.

10b Wurde es ausgegossen oder aufgedeckt, so füllte man es [frisch] aus dem Becken [1], | denn Wasser und Wein, die aufgedeckt [2] gestanden sind, sind für [3] den Altar untauglich [4].

---

vom Volk mit κίτρια (= Etrogim) beworfen, weil man ihn als Sohn einer Gefangenen nicht für würdig hielt, das Opfer darzubringen. Von der Wasserspende ist allerdings bei Josephus überhaupt nicht die Rede, sondern nur von θύειν; jedoch meint A. Schlatter, dem ich hier einen mündlichen Hinweis verdanke, es sei nicht wahrscheinlich, daß zwei so gleichförmige, für das Hohepriestertum schmachvolle Ereignisse der Erinnerung sich eingeprägt haben. Vgl. auch seine Geschichte Israels, S. 143 und 415. Immerhin zeigt der b Ḳid 73a berichtete Zornesausbruch des Volkes über einen Rabbinen, daß ein solcher Etrogregen auch sonst vorkommen konnte.

IV 10a [1] Vgl. zu IV 6a unter [1].

IV 10a [2] Statt אֲבָל שֶׁ (K) haben alle anderen Zeugen richtiger אֶלָּא שֶׁ, vgl. IV 6a.

IV 10a [3] Eigentlich „er“. Daß hier der Singular und nicht wie IV 4—9a der Plural steht, mag formal mit dem Vorausgehenden zusammenhängen. Es wird jedoch auch verraten, daß ein einzelner den ganzen Ritus vom Schöpfen bis hin zum Ausgießen auf dem Altar ausführte.

IV 10a [4] Flüssigkeiten, die in einem geweihten Gefäß stehen, nehmen an dessen Heiligkeit teil (Ex 30_{29}, Zeb IX 7) und werden, wenn sie über Nacht in ihm bleiben, untauglich. Zu קִדֵּשׁ vgl. ἁγιάζειν (Mat 23_{17}), außerdem z. St. 2. Tim 2_{21}: σκεῦος ἡγιασμένον.

IV 10a [5] Gemeint ist, wenn man an eine bestimmte Kammer denken will, wohl die südwestliche im Frauenvorhof, die zur Aufbewahrung des für den Altar bestimmten Weines und Öles diente (Midd II 5).

IV 10b [1] Das große Wasserbecken (1. Kön 7_{23-26}), in dem die

פֶּרֶק ה.

הֶחָלִיל חֲמִשָּׁה וְשִׁשָּׁה | זֶה חָלִיל שֶׁל בֵּית הַשְּׁוֹאֵבָה שֶׁאֵינוֹ דוֹחֶה לֹא אֶת

Priester sonst die Hände und die Füße „heiligten", war mit einer sinnreichen Einrichtung versehen, damit sein Wasser nicht untauglich würde. Es konnte in einen Brunnen versenkt werden, sodaß das Wasser jeden Morgen frisch war (Jom IV 10, b Jom 37a, vgl. b Beṣ 18a).

IV 10b [2]D. h. in Gefäßen, die keinen festen Deckel haben, sodaß ein Wiesel oder eine Schlange davon trinken oder Gift hineinspritzen und dadurch Lebensgefahr entstehen kann (Par XI 1, b Ḥul 9b, b Suk 50a).

IV 10b [3]Was alles in dem kurzen מֵעַל steckt, ist beachtenswert. Vgl. zum Ganzen noch Tos Suk III 17.

IV 10b [4]Der Sinn des IV 9. 10 geschilderten Wasserritus geht aus den spätjüdischen Quellen klar hervor. Die ursprünglich naiv-magische Anschauung eines Regenzaubers, die im Handeln eines Elia, des Regenbringers (s. Dalman, Arbeit und Sitte I 1, S. 118ff.), noch deutlicher zu erkennen ist, schimmert, wie G. Quell, Das kultische Problem der Psalmen (1926) S. 55ff., bereits gezeigt hat, im Kult von Jerusalem nur noch schwach durch. Der Regenzauber ist allmählich zu einer Regenbitte geworden. Das prägt sich in Sach 14 16ff. aus: „Wer nicht hinaufziehen wird von den Geschlechtern der Erde nach Jerusalem, den König Jahwe der Heerscharen anzubeten, auf die wird kein Regen fallen" (V. 17). Diesen Satz zitiert Rabbi ʿAḳiḇa direkt als Begründung, wenn er als „Wort der Tora" überliefert: „(Bringe dar) die Wasserspende am Laubhüttenfest, denn es ist die Zeit für den Regen, damit für dich die Regengüsse des Jahres gesegnet werden" (Tos Suk III 18). Wohl hat sich die Form der Wasserspende nicht wesentlich verändert — sie fließt immer noch durch eine Öffnung auf den Grund des unterhöhlten Felsenaltars —, wohl spricht sich in Tos Suk III 18 (vgl. auch Tos Soṭ XV 12) der ursprünglich jedem Opfer zugrunde liegende Gedanke der Stellvertretung aus — man bringt ein kleines Quantum dar, damit das übrige „frei" wird —, aber Gott entscheidet vollkommen souverän: . . . „am Laubhüttenfest wird die Welt in Bezug auf das Wasser gerichtet" (R hasch I 2).

Wenn wir uns fragen, warum dem Regen eine so große Beachtung geschenkt wird, so müssen wir uns vergegenwärtigen, was für eine

Kapitel V.

6. Die nächtliche Lichtfeier im Frauenvorhof (V 1—4).

a) Name und Beliebtheit des Ritus (V 1).

V 1a [1]Die Flöte[2] [kommt] fünf oder sechs [Tage in Betracht]. | Damit ist

---

Bedeutung er für ein Land wie Palästina hat. Von hier aus fällt ein Licht auf den breiten Raum, den die Urflut und im Zusammenhang mit ihr der Grundstein (אֶבֶן שְׁתִיָּה Jom V 2) im Denken des Spätjudentums einnehmen [vgl. Joach. Jeremias, Golgotha (1926) S. 51 ff. sowie D. Feuchtwang, Das Wasseropfer und die damit verbundenen Zeremonien (1911) S. 16 ff., 27 ff.], von hier aus fällt ein Licht vor allem auf die uns so merkwürdig anmutende Zusammenstellung von Totenauferweckung und Regenspende in der zweiten Bitte der Tefilla (vgl. b Ber 33 a), ferner auf das Wort von den drei Schlüsseln des Regens, der Geburt und der Totenbelebung, die Gott besitzt (b Taan 2 a, b Sanh 113 a u. ö.). Von hier aus wird מַיִם-ὕδωρ in der natürlichen Welt zu dem, was in der geistigen Welt רוּחַ-πνεῦμα ist, zur belebenden Kraft. Diese Parallelisierung von Wasser und Geist beginnt bereits im A. T. dadurch, daß für das Spenden des Geistes die sonst beim Wasser üblichen Verba des „Gießens" gebraucht werden: Jes 29_{10}, 32_{15}, 44_{3}, Jo 3_{1}, Sach 12_{10}, vgl. Ez $36_{25 ff.}$; im N. T. Apg $2_{17.18.33}$, Tit $3_{5 f.}$, ferner Mat 3_{11} par, Eph 5_{18}. In der rabbinischen Literatur werden außerdem Worte, in denen nur vom Wasser die Rede ist, auf den Geist bezogen, so etwa Gen r 70 zu 29_{2-3} (vgl. Billerbeck II, S. 434). Vor allem wird auf Grund von Jes 12_{3} . . . וּשְׁאַבְתֶּם־מַיִם בְּשָׂשׂוֹן die Bezeichnung בֵּית הַשּׁוֹאֵבָה (siehe V 1 a) mit dem Geist in Verbindung gesetzt: ‘Warum heißt [d]er [Frauenvorhof] „Stätte des Schöpfens"? Weil sie von dort heiligen Geist schöpfen' (j Suk 55 a, 42). Zwei der wichtigsten neutestamentlichen Stellen, die in diesen Zusammenhang gehören, sind Joh $7_{37 ff.}$ (vgl. Exkurs I, S. 34 ff.) und 1. Kor 10_{4} (siehe Tos Suk III 3 ff.), vgl. auch 1. Kor 12_{13}.

Es ist nicht möglich, die hier angedeuteten Linien, die mit zu den wertvollsten Erträgnissen der Beschäftigung mit dem Mischnatraktat Sukka gehören, im Rahmen dieses Kommentars weiter zu verfolgen, doch sei auf meine später erscheinende Bearbeitung des Toseftatraktates Sukka verwiesen, wo sie im Zusammenhang mit dem Text ausführlicher behandelt werden.

V 1 a [1]Die bereits seit IV 1 sehr anschauliche Schilderung erhebt

הַשַּׁבָּת וְלֹא אֶת יוֹם טוֹב:

---

sich bei der Beschreibung der nächtlichen Lichtfeier, besonders in V 4, zu großer Lebendigkeit. Obwohl der Text gerade hier deutliche Spuren seiner Abfassung nach der Zerstörung des Tempels trägt (vgl. das häufige הָיָה mit Partizipium), scheint er auf einen Augenzeugen zurückzugehen.

V 1a [2]חָלִיל „Flöte", von חָלַל „durchbohren" 1. Sam 10_5 (synonym אָבוּב Ar II 3), ein altes orientalisch-orgiastisches Instrument, ist schon im A.T. häufig, vgl. z. B. 1. Kön 1_{40}, Jer 48_{36} und besonders Jes 30_{29} (siehe auch Benzinger, Archäologie[3], S. 248). In der Tempelmusik hatte die Rohrflöte ihren festen Platz. An zwölf Tagen im Jahr, darunter an den acht Tagen des Laubhüttenfestes, ertönten vor dem Altar mindestens zwei Flöten (Ar II 3), nach Bart. z. St. zur Rezitation des Hallel. Von diesem Gebrauch ist mit dem folgenden Satz der hier vorliegende deutlich abgegrenzt. Tos Ar I 13 spricht im Gegensatz zu M Ar II 3 von einer statt von zwei Flöten und wird daher von Hochman, Festivities, S. 60ff. auf Suk V 1 bezogen. Wie die Flöte bereits Jes 30_{29} bei der zum Tempelberg hinaufziehenden Prozession erklingt, wie sie den Zug mit den Erstlingsfrüchten zum Heiligtum begleitet (Bik III 3. 4), so war sie ursprünglich auch das für den zum Schiloaḥ hinunter- und von dort wieder heraufsteigenden Festzug charakteristische Instrument, vgl. Targ Jon zu Dtn 16_{14}: „Und ihr sollt fröhlich sein bei der Freude des Festes, beim Schöpfen und beim Flötenschall" (בְּשָׁאוּבְתָא וּבְחָלִילָא). In der Zeit, die Suk V 1 beschreibt, ist die Flöte jedoch als das Instrument der Freude zum Terminus für die Bezeichnung der Tempelmusik bei der nächtlichen Feier geworden, da sie wohl vermöge ihres durchdringenden Klanges (s. Tam III 8) unter den zahlreichen dort verwendeten Instrumenten eine beherrschende Stellung einnahm.

Während die Jubiläen, Philo und Josephus die Flöte nicht erwähnen, erscheint sie bei Tacitus, Hist. V 5: „sed quia sacerdotes (er verwechselt die Priester mit den Leviten, die die Flöte spielen) eorum tibia tympanisque concinebant . . .". Daß Tacitus gerade dieses Instrument nennt, hat seinen Grund darin, daß es bei den meisten antiken Völkern in der Festmusik eine große Rolle spielt, vgl. den Artikel „Auletik" bei Pauly-Wissowa, Realenzyklopädie des klassischen Altertums II (1896) S. 2403ff.

Im N.T. erscheint die Flöte (αὐλός 1. Kor 14_7) nur in ihrem, auch

die Flöte der „Stätte des Schöpfens“ [3] gemeint, die weder den Sabbat noch den Feiertag verdrängt[4].

---

in der Mischna bezeugten profanen Gebrauch (Schab XXIII 4, Ket IV 4, B meṣ VI 1) als Instrument der Freude (Mat 11_{17}) und der Trauer (Mat 9_{23}, vgl. Apc 18_{22} sowie Billerbeck I, S. 521 ff.).

V 1a [3]Der von der Tradition meist mit „Haus des Wasserschöpfens“ wiedergegebene Ausdruck בֵּית הַשּׁוֹאֵבָה ist vielfach umstritten. L. Venetianer in: Populär-wissenschaftliche Monatsblätter zur Belehrung über das Judentum, hrsg. v. A. Brüll, Jahrg. 1897, S. 170 übersetzt ihn im Zusammenhang mit seiner These von der Eintragung des Festes aus den eleusinischen Mysterien mit: „Haus der Schöpferin“, aber nirgends ist im Zusammenhang mit der Wasserspende eine Spur einer weiblichen Person zu entdecken. Außerdem wäre die reguläre Form für eine solche — den Hinweis darauf verdanke ich Prof. E. Littmann — שׁוֹאֶבֶת (vgl. אֶבֶן שׁוֹאֶבֶת „Magnet“, b Sanh 107 b). A. Geiger, Lehr- und Lesebuch der Mischna II (1845) S. 23 und 131 bringt das Wort mit dem syrischen ܫܒ „brennen“ zusammen und übersetzt „Fackelhaus“. Dagegen wären jedoch sprachliche Gründe einzuwenden (siehe Hochman, Festivities, S. 54 ff.), auch sind die Fackeln im Ganzen der nächtlichen Feier nur ein Nebenzug. Hochman selbst faßt (a. a. O., S. 58 f.) unter Verweis auf das babylonische Âšipu-Ritual und die Bedeutung der Kanne in IV 9 בֵּית als „Gefäß“ (vgl. בֵּית קִבּוּל „Behälter“, Kel XVII 16). Aber dieser Erklärungsversuch ist zu gezwungen, zudem fehlt בֵּית in V 3 bei M und in der Wendung שיר של שואבה (b Suk 51 a).

Daß der Ausdruck so umstritten ist, ist nicht verwunderlich, da er bereits im dritten Jahrhundert nicht mehr eindeutig verstanden wurde. b Suk 50 b wird einerseits שואבה gelesen und das mit Jes 12_{3} (vgl. zu IV 10, Anm. [4]) in Zusammenhang gebracht, andererseits auch die Lesart חשובה mit der Begründung, es sei ein wichtiges Gebot (מצוה חשובה) gewesen, als möglich anerkannt. Immerhin haben alle hier verglichenen Texte samt den beiden Haupthandschriften der Tosefta שואבה (die vokalisierten: KPa sämtlich שׁוֹאֵבָה), abgesehen von der Cambridger Mischnahandschrift, deren שאבה jedoch ebenso zu lesen sein wird. Demgegenüber tritt die von S. Rabbinowicz, Variae lectiones in Mischnam . . ., München (1868—88), z. St. notierte Lesart der zweiten Münchener Bablihandschrift Cod. Hebr. 96: שאובה, die vielleicht den Urtyp für die Auslegung חשובה in b Suk 50 b darstellt, ganz in den Hintergrund.

אָמְרוּ מִי שֶׁלֹּא רָאָה שִׂמְחַת בֵּית הַשּׁוֹאֵבָה | לֹא רָאָה שִׂמְחָה מִיָּמָיו:

מוֹצָאֵי יוֹם טוֹב הָרִאשׁוֹן שֶׁל חָג הָיוּ יוֹרְדִים לְעֶזְרַת הַנָּשִׁים וּמְתַקְּנִים ⌐שָׁם⌐ תִּקּוּן גָּדוֹל:

⌐...⌐ K: משום.

Der Textbefund ermutigt uns, der alten, bereits durch die Verbindung mit Jes 12₃ gegebenen Ableitung von שָׁאַב „schöpfen" zu trauen. זוּהֲמָה „Schmutz" (Ter X 1), von זָהַם „schmutzig sein" (j Ab zara 41 c, 57) kommt als sprachliche Parallele nur formal in Frage, da die wenigen ähnlich gebildeten Substantiva sämtlich von intransitiven Verben stammen. Man könnte versucht sein, שׁוֹאֵבָה als einfachen Infinitiv zu fassen, aber dagegen spricht neben anderen sprachlichen Gründen der meist mit dem Wort verbundene bestimmte Artikel. So bleibt die Möglichkeit eines nomen actionis. Tatsächlich führen (Hinweis von Prof. E. Littmann) J. Barth, Die Nominalbildung in den semitischen Sprachen (1889 f.), § 98 a sowie C. Brockelmann, Grundriß der vergleichenden Grammatik der semitischen Sprachen I (1908) § 126 einige wenige ḳāṭilăt-Formen als Infinitivabstraktionen neben der häufigeren ḳĕṭilat-Bildung an.

Gehen wir, uns auf sie stützend, zur Deutung des Ausdrucks בֵּית הַשּׁוֹאֵבָה über, so hält Th. Zahn, Das Evangelium des Johannes (1908) S. 389 f., es mit Recht für unmöglich, daß der Frauenvorhof diesen Namen von der einmal, bzw. eine Woche lang, im Jahre hier stattfindenden nächtlichen Feier erhielt. בֵּית ist denn auch hier primär nicht „Haus", sondern „Ort". Statt vieler Beispiele nur eines: בֵּית הַסְּקִילָה „Steinigungsplatz" (Sanh VI 1). Es bezeichnet also zunächst die Schiloaḥquelle als den „Ort des Schöpfens". Und doch bildet das Wort בֵּית die Brücke zur nächtlichen Feier. Mit der Zeit ging für das Bewußtsein des Volkes der Höhepunkt der „Freude" von der feierlichen Prozession bzw. dem Akt des Schöpfens an der Quelle auf das Lichtfest über. Im Anschluß daran, daß es im Tempel verschiedene mit בֵּית zusammengesetzte Örtlichkeiten gab, z. B. בֵּית הַמּוֹקֵד „Brandstätte" (Tam I 1), wird sich der Ausdruck בֵּית הַשּׁוֹאֵבָה auf den besonders hergerichteten Frauenvorhof übertragen haben. Zugleich können wir aus dem dunkeln Ausdruck mit Billerbeck II, S. 804 erkennen, „wie unzertrennlich für das Volksbewußtsein die festlichen Freudenveranstaltungen mit der Wasserspende verknüpft waren", obwohl von ihr im fünften Kapitel überhaupt nicht mehr die Rede ist.

V 1b Man sagte[1]: 'Wer die Freude der „Stätte des Schöpfens" nicht gesehen hat, | hat sein Leben lang keine [richtige] Freude gesehen[2]'.

b) Vorbereitungen (V 2. 3).

V 2a Am Ausgang[1] des ersten Feiertages des [Laubhütten]festes stieg man in den Frauenvorhof[2] hinab und setzte dort eine wichtige Verordnung[3] fest[4].

V 1a [4]Tos Suk IV 14 nennt die Autoren der Verbote: für den Sabbat Rabbi Jose ben Jehuḏa (um 200 n. Chr.), vgl. aber Tos Ar I 13, für den ersten Feiertag die „Gelehrten". Da Instrumentalmusik an beiden verboten ist (E. Baneth z. St.), so kommt die Flöte, fällt der Sabbat mit dem ersten Feiertag zusammen, sechs, fällt er in die Festwoche, fünf Tage in Betracht.

V 1b [1]Subjekt ist der Volksmund, vgl. unser „Wer München nicht gesehen hat, hat Deutschland nicht gesehen". Siehe auch die Einleitung S. 23f.

V 1b [2]In der Mischna hat keines der anderen Feste diesem Satz eine Parallele an die Seite zu stellen, vgl. jedoch das aramäische Sprichwort: „Ist das Passah auch nur olivengroß, so zerbricht das [dabei rezitierte] Hallel die Dächer" (j Pes 35b, 36). Schon das A.T. zeigt, wenn es vom Laubhüttenfest spricht, an ihm einen frohen Zug, den es hauptsächlich der Erntefreude dankt. Besonders stark wird er im Jubiläenbuch $16_{25.\,27.\,29.\,31.}$ 32_7 betont. Darum trägt das Fest später die Bezeichnung זְמַן שִׂמְחָתֵנוּ „unsere Freudenzeit", vgl. J. Elbogen, Der jüdische Gottesdienst in seiner geschichtlichen Entwicklung[3] (1931) S. 138.

V 2a [1]מוֹצָאֵי, bereits bh Ps 65_9, ist eine dem Spätbebräischen der Mischna eigentümliche Pluralbezeichnung für das im Deutschen singularisch ausgedrückte „Ausgang" (vgl. לֵילֵי = „Nacht" II 6a, auch die Dualform בֵּין הָעַרְבַּיִם III 9). Sie wird in Verbindung mit Sabbat, Feiertag, Fest und Siebentjahr gebraucht. In unserem Falle sind ähnlich wie Pes 50b die ersten Stunden nach Ende des ersten Feiertags gemeint, vgl. Billerbeck I, S. 1051ff. zu Matth 28_1.

V 2a [2]Über den Frauenvorhof, עֶזְרַת הַנָּשִׁים (so traditionell vokalisiert; Dalman: עֲזָרַת), vgl. Billerbeck II, S. 41ff.

V 2a [3]In der Formel תִּקּוּן הָעוֹלָם, in der תִּקּוּן in der Mischna meist auftritt Giṭ IV 2. 3. 4. 6 (vgl. auch תִּקּוּן הַמִּזְבֵּחַ Edu VII 9), bezeichnet es eine bereits bestehende Ordnung und deren Aufrechterhaltung. Suk V 2 jedoch ist es, wie sonst תַּקָּנָה, eine Verordnung zum Besten des religiösen Lebens, wie sie etwa Rabban Joḥanan ben Zakkai gab

וּמְנוֹרוֹת שֶׁל זָהָב הָיוּ שָׁם | וּסְפָלִים שֶׁל זָהָב בְּרָאשֵׁיהֶם וְאַרְבָּעָה סֻלָּמוֹת
עַל כָּל מְנוֹרָה וּמְנוֹרָה | וְאַרְבָּעָה יְלָדִים מִפִּרְחֵי כְהֻנָּה | וּבִידֵיהֶם כַּדֵּי
שֶׁמֶן שֶׁל מֵאָה וְעֶשְׂרִים לוֹג | וְהֵן מַטִּילִים לְתוֹךְ ⌜כָּל⌝ סֵפֶל וָסֵפֶל:

⌜...⌝ fehlt bei K.

(siehe zu III 12). Solche תַּקָּנוֹת sind von den הֲלָכוֹת insofern unterschieden, als sie ohne Vorbereitung zu einer bestimmten Zeit erlassen werden, während diese zunächst meist durch Brauch entstehen. Erst später erhält תִּקּוּן die Bedeutung „Verbesserung", vgl. תִּקּוּן סוֹפְרִים „Verbesserung (anstößiger Schriftstellen) durch die Schriftgelehrten" (Tanch Jelamdenu בשלח 16 zu Ex 15$_7$). תַּקָּנָה גְדוֹלָה stellt einen festgeprägten Terminus dar, wie b Schebu 45a = b B meṣ 112b (Stellen, auf die mich A. Marmorstein-London freundlicherweise hinwies) deutlich zeigen. Daß תִּקּוּן גָּדוֹל in diese Reihe gehört, beweist die Mischnahandschrift Kaufmann, die nicht wie die andern Zeugen שָׁם, sondern מִשּׁוּם bietet. Der Sinn aller mit מִשּׁוּם eingeführten Hauptworte wird irgendwie als bekannt vorausgesetzt (z. B. Beṣ V 2). Es ist ernsthaft die Frage zu stellen, ob der Schreiber nicht durch מִשּׁוּם „wegen" direkt auf Tos Suk IV 1 verweisen will, da sein Satz andernfalls keinen deutlichen Sinn ergibt. Ohnehin nötigen Stellung und Inhalt von Tos Suk IV 1 dazu, das dort Gesagte (vgl. auch Midd II 6) mit der „Verordnung" Suk V 2 in Verbindung zu setzen: Anfangs war der Frauenvorhof „glatt" (d. h. ohne Galerie), und Frauen und Männer schauten miteinander den Vorführungen zu. Aber bald kam es im Überschwang der Festfreude zu „leichtsinnigen" Vorfällen (vgl. die langen Ausführungen über den יֵצֶר הָרַע, den „bösen Trieb", in b Suk 52a/b!), worauf der Gerichtshof drei Galerien an den Seiten des Frauenvorhofs errichten ließ, auf denen fortan die Männer unten und die Frauen oben saßen. Fr. B. Dachs, Talmudis Babylonici Codex Succa (1726), S. 435 führt die heutige Synagogensitte auf diese Anordnung zurück. Midd II 6 und Tos Suk IV 1 (בָּרִאשׁוֹנָה) machen es unwahrscheinlich, daß sie jedes Jahr neu gegeben wurde; immerhin mögen die Galerien jährlich für das Laubhüttenfest besonders hergerichtet worden sein.

V 2a [4]Hochmans Vermutung (Festivities, S. 74), daß die Festlichkeit zunächst auf der Schanze (חֵיל Midd II 3) stattgefunden habe und erst später in den Frauenvorhof verlegt worden sei, hat in den Quellen keinen Anhaltspunkt. Die Angabe des Josephus, das Volk habe πρὸ τοῦ ναοῦ gefeiert (Ant 8, 123), geht auf das allgemeine frohe Treiben, das sich während des Festes auf dem Tempelberg abspielte.

V 2b Und goldene Leuchter[1] waren dort | und goldene Schalen auf ihren Spitzen und vier Leitern [führten] zu jedem einzelnen Leuchter, | und vier junge Leute aus der Jungmannschaft des Priesterstandes[2] [waren für sie da], | und in ihren Händen waren Ölkrüge zu 120 Log[3], | und sie gossen[4] [Öl] in jede einzelne Schale.

V 2b [1]מְנוֹרָה ist bh meist der im Heiligen stehende siebenarmige Leuchter Ex 25 31ff., Sach 4 2, später Sir 26 17, 1. Mak 4 49ff. Wie alle Tempelgeräte durfte er nicht plastisch nachgebildet werden (b Men 28b), wohl aber findet er sich als Symbol des Judentums unzählige Male dargestellt (vgl. Einleitung S. 8ff.). Hier hingegen sind vierarmige Leuchter gemeint, die den zehn Leuchtern im Tempel Salomos (1. Kön 7 49) entsprechen. Sie müssen eine stattliche Höhe gehabt haben, wenn auch 50 Ellen (= etwa 24 m, b Suk 52b Bar) und jedenfalls 100 Ellen (= Tempelhöhe, j Suk 55b, 39) übertrieben sein werden. Bei der großen Rolle, die der Tempelkult im Leben des Juden und die die Feste im vierten Evangelium spielen, ist es wohl möglich, daß Riten des Laubhüttenfestes auch in dessen Sprache anklingen [so Th. Zahn, Das Evangelium des Johannes (1908) S. 424 für Joh 8 56], vgl. noch 5 35.

V 2b [2]פִּרְחֵי כְהֻנָּה (vgl. bh פֶּרַח „Blüte", „Verzierung" Num 17 23) ist die aufblühende Jungmannschaft des Priesterstandes. Die ihr Angehörenden sind, da sie Sanh IX 6 deutlich von der Priester(bruder)-schaft unterschieden sind, noch nicht Vollpriester und üben Hilfsdienste aus (Jom I 7, Tam I 1 = Midd I 8, III 8, Tos Suk III 15). Tauglich zum Priester ist nach b Ḥul 24a/b jeder, der die „zwei Haare" hat (darüber vgl. Rengstorf, Jebamot, S. 95), praktisch tritt einer kaum vor dem Alter von 20 Jahren ein. In b Ḥul 24a kann man eine Andeutung dafür sehen, daß die Priester eine gewisse Lehrzeit durchmachen mußten, was durch Num r 11 zu 6 23, b Ket 106a bestätigt wird. Die Näherbestimmung יֶלֶד wird in der Mischna nur selten für „Kind" (B ḳam V 4), meist als Gegensatz zu זָקֵן (Ar IV 4, Miḳ VIII 4, vgl. das zu Suk II 1 Gesagte sowie im N.T. νεανίας Apg 7 58) gebraucht, nach b Ḥul 24b ist ein יֶלֶד sogar noch, wer auf einem Fuß stehend seinen Schuh ausziehen kann. Hier wird es die aus der Jungpriesterschaft zum Dienst an den Leuchtern bestellten als besonders jung und kräftig bezeichnen wollen. Aboth de R. Nathan IV (bei Hochman, Festivities, S. 98) denkt an die בְּנֵי כֹהֲנִים גְּדוֹלִים, die Söhne der ständigen leitenden Tempelbeamten.

V 2b [3]Die Frage, ob jeder Krug oder alle vier zusammen 120 Log

מִבְּלָאֵי מִכְנְסֵי הַכֹּהֲנִים וּמֵהֶמְיָנֵיהֶם הָיוּ מַפְקִיעִים וּבָהֶם הָיוּ מַדְלִיקִים:
לֹא הָיְתָה חָצֵר בִּירוּשָׁלַיִם שֶׁלֹּא הָיְתָה מְאִירָה מֵאוֹר בֵּית הַשּׁוֹאֵבָה:

הַחֲסִידִים וְאַנְשֵׁי הַמַּעֲשֶׂה הָיוּ מְרַקְּדִים לִפְנֵיהֶם בַּאֲבוּקוֹת וְאוֹמְרִין לִפְנֵיהֶם
דִּבְרֵי תֻּשְׁבָּחוֹת:

(= beinahe 65 l) enthielten, wird b Suk 52 b in letzterem Sinne entschieden. Auch so ist es nicht einfach, einen Krug von über 16 l die steile Leiter hinaufzubringen, weswegen b Suk 52 b Bar dazu eine andere Kraftleistung eines Priesters stellt.

V 2 b [4] הִטִּיל לְ entspricht dem neutestamentlichen βάλλειν . . . εἰς (Joh 13_5).

V 3 a [1] בְּלָאִים „Lumpen" ist = bh בְּלוֹאִים Jer 38_{12}.

V 3 a [2] מִכְנָס eigentlich „wo man hineinschlüpft", „Unterbeinkleid", bh Ex 39_{28}, Ez 44_{18}. War die Priesterkleidung einmal zerrissen oder verunreinigt, so wurde sie nicht mehr gewaschen und instandgesetzt (Maimonides הלכות כלי המקדש VIII 5. 6).

V 3 a [3] הֶמְיָן oder הִמְיָן, persisch hemjân, in der Mischna noch Erub X 5, bezeichnet in den Targumen nur den Priestergürtel, z. B. Targ Onk zu Ex 28_4, vgl. Jos Ant 3, 156: Μωϋσῆς μὲν οὖν ἀβανὴθ (andere Codices ἀβανήθ) ἐκάλεσεν, ἡμεῖς δὲ παρὰ Βαβυλωνίων μεμαθηκότες ἐμίαν αὐτὴν καλοῦμεν. Aus dem in diesem Satz und auch in der Mischna beobachtbaren Nebeneinander von הֶמְיָן und אַבְנֵט (Ex 28_4, Jom VII 5) will A. Büchler, Priester und Cultus, S. 60 f. auf eine Umgestaltung der zunächst aramäischen Kultsprache ins Hebräische durch die auf das Alte zurückgehenden Pharisäer schließen. Die Beschreibung, die Jos Ant 3, 155 von dem Priestergürtel gibt, der nach Jes 22_{21} auch der Gürtel der Vornehmen war, zeigt, wie es möglich ist, daß Agabus Apg 21_{11} sich mit der ζώνη des Paulus Hände und Füße binden konnte. — Nur diese beiden Kleidungsstücke werden hier genannt, weil man zu Dochten lediglich reine Leinwand verwenden durfte (Ex 28_{42}, Lev 16_4, j Suk 55 b, 47, b Schab 21 a).

V 3 a [4] פְּקִיעַ ist = „Docht", „Geflochtenes"; davon הִפְקִיעַ = „Dochte machen", vgl. den Beamten עַל הַפְּקִיעַ (Schek V 1, dazu b Jom 23 a). מַפְקִיעִים wird j Suk 55 b, 45 f. als מַפְשִׁילִים, „sie knoteten zusammen", ausgelegt.

V 3a Aus den abgetragenen[1] Beinkleidern[2] der Priester und aus ihren Gürteln[3] machte man Dochte[4], und sie verwandte man zum Anzünden.

V 3b Es gab keinen Hof in Jerusalem, der nicht hell wurde[1] vom Licht der „Stätte des Schöpfens“[2, 3].

c) Verlauf (V 4).

V 4a Die Frommen und Männer der Tat[1] tanzten[2] vor ihnen mit Fackeln[3] und sprachen vor ihnen Worte von Lobgesängen[4].

V 3b [1]Jom III 1, Sanh X 3 und schon Ez 43_{2} zeigen, daß man nicht mit E. Baneth z. St. unter Berufung auf das Hif. מְאִירָה „widerstrahlen“ zu übersetzen braucht.

V 3b [2]Die Beleuchtung muß überwältigend gewesen sein, aber daß eine Frau dabei zu Hause Erbsen lesen konnte (b Suk 53 a Bar), ist eine Übertreibung, die j Suk 55 b, 46 f. mit ähnlichen Merkwürdigkeiten (vgl. Tam III 8) zusammenstellt.

V 3b [3]אֲבוּקָה, bei Levy (nach Sachs) I 14 = φάκελος, „Fackel“. — Wir könnten geneigt sein, im Blick auf die rein technischen Schwierigkeiten, die eine wiederholte Beleuchtung des Tempels mit sich brachte, das Lichtfest auf die Nacht nach dem ersten Feiertag zu beschränken (so P. Volz, Neujahrsfest, S. 3 f.), wenn wir nicht neben IV 1, V 1 für das Bestehen dieses Brauches an allen Feiertagen ein unverdächtiges Zeugnis von Rabbi Jehoschuaʿ ben Ḥananja hätten, eines Tannaiten aus der zweiten Generation, der die Feier im Tempel noch selbst miterlebt hat (Tos Suk IV 5, j Suk 55 b, 24 ff., b Suk 53 a Bar). Jedoch war der Jubel und die Prachtentfaltung in der ersten Festnacht sicherlich besonders groß.

V 4a [1]In der Schilderung des Niedergangs des Judentums wird Soṭ IX 15 (vgl. b Sanh 97 a) das Aufhören der „Frommen“ und der „Männer der Tat“ nebeneinander beklagt. חָסִיד, eigentlich eine Passivform, „der Begnadete“, ist schon im A. T. nicht selten (Ps 30_{5}). In den aus der Makkabäerzeit bekannten Ἀσιδαῖοι (1. Mak 2_{42}) zeigen sich die Anfänge der pharisäischen Bewegung. Doch wurde der Name nicht zur Parteibezeichnung, sondern stellte den auch innerhalb des Pharisäismus höchsten Grad der menschlichen Vollendung dar. Das geht aus der Stufenfolge: Vorsicht, Unschuld, Absonderung (פְּרִישׁוּת), Heiligkeit, Demut, Sündenfurcht, Frömmigkeit (חֲסִידוּת), heiliger Geist, Auferweckung der Toten (Soṭ IX 15 Ende) deutlich hervor, vgl. auch b Ab zara 20 b. Die Sinnesart des Frommen wird Ab IV 10 ff., vgl. Ker VI 3, geschildert. Siehe weiter Schürer I[5], S. 203.

הַלְוִיִּם בְּכִנּוֹרוֹת וּבִנְבָלִים וּבִמְצִלְתַּיִם וּבְכָל כְּלֵי שִׁיר בְּלֹא מִסְפָּר עַל

Die אַנְשֵׁי מַעֲשֶׂה werden von Bart. zu Soṭ IX 15 unter Verweis auf b Taan 24 a/b näher als Männer, die Wundertaten vollbringen (im Hebräischen fällt allerdings der Singular auf), bezeichnet, vgl. auch Sanh VII 11, b Schab 37 b. Wahrscheinlich ist das jedoch erst eine abgeleitete Bedeutung, indem sie nur wegen ihrer in ethischem Sinne guten Werke (מַעֲשִׂים טוֹבִים Ab IV 11. 17) solcher Taten fähig sind (so Levy III, Sp. 197 a). Eine der mischnischen analoge Wendung kennt das N. T. nicht; bis zu Tit 2_{14} und Jak 1_{25} ist es noch ein weiter Weg. — Maim. H. L. VIII 14 fügt diesen beiden Gruppen noch die Großen der Weisen Israels, die Häupter der Lehrhäuser, den großen Gerichtshof und die Ältesten hinzu.

V 4 a [2]Das alttestamentliche Vorbild für den kultischen Tanz bildet David, vgl. 1. Chr. 15_{29}, ein Vers, den Maimonides als Abschluß seiner הלכות לולב zitiert. Für die Häufigkeit des Tanzens im Spätjudentum zeugt die Tatsache, daß es drei oft gebrauchte Worte dafür kannte: חול, קָפַץ und רָקַד, (Belege bei Billerbeck I, S. 682). S. Krauß, der in Archäologie III, S. 99—102 viel Material zum Tanz im Judentum bringt, nennt aus Bibel und Talmud sogar je acht Ausdrücke. Es tanzen entweder Frauen (Taan IV 8, Mat 14_{6}) oder besonders Männer allein, so die Großen von Jerusalem bei der Beschneidungsfeier von Elischa' ben Abuja (j Ḥag 77 b, 34). Auch das σκιρτᾶν der Jünger am jüngsten Tage (Luc 6_{23}) gehört hierher, vgl. A. Schlatter, Das Evangelium des Lukas (1931) S. 246 f. Die bei Billerbeck angeführten Stellen sowie das Suk V 4 gebrauchte לִפְנֵיהֶם zeigen, daß man nicht so sehr zur eigenen als zur Belustigung anderer tanzte. Über den Tanz im Garten Eden vgl. Billerbeck I, S. 682. Am Festtag war der Tanz rabbanitisch (מִשּׁוּם שְׁבוּת) verboten (Beṣ V 2), denn man könnte in Versuchung kommen, sich ein Musikinstrument dazu herzustellen (b Beṣ 36 b). Dieses Verbot stimmt mit der Suk V 1 gegebenen Zeitbegrenzung überein, wurde jedoch nicht selten übertreten (b Beṣ 30 a).

V 4 a [3]Von Rabban Schim'on ben Gamli'el I. wird Tos Suk IV 18, j Suk 55 c, 1 ff., b Suk 53 a Bar erzählt, er habe mit acht brennenden Fackeln gleichzeitig getanzt und sie in die Luft geworfen, ohne daß eine den Erdboden berührte; b Suk 53 a fügt weitere Kunststücke dieser Art an. Als Parallele zieht bereits Fr. B. Dachs, Talmudis Babylonici Codex Succa (1726) S. 452 Athenaeus Naucratita, Deipnosophistae XIV, 631 b, c heran.

4b Die Leviten[1] mit Zithern und mit Harfen und mit Zimbeln[2.3] und mit allen [anderen Arten von] Musikinstrumenten[4] ohne Zahl auf den

---

V 4a [4]Tos Suk IV 2 (vgl. j Suk 55b, 56ff., b Suk 53a Bar) fragt, nachdem M Suk V 4a wörtlich wiedergekehrt ist, anknüpfend an וְאוֹמְרִין: „Was sprachen sie?" „Wohl dem, der nicht gesündigt hat! Wer aber gesündigt hat, dem wird [,wenn er umkehrt,] vergeben werden!" Andere, die in der Mischna genannten „Männer der Tat", sagten: „Heil dir, meine Jugend, die mein Alter nicht beschämt". Eine weitere Gruppe, „die Bußfertigen" (בַּעֲלֵי תְשׁוּבָה), riefen: „Heil dir, mein Alter, das Sühne bewirkt für meine Jugend!" Vielleicht handelt es sich um eine Art Reigen mit Wechselgesang. Bemerkenswerte Aussprüche, die Hillel bei dieser Feier tat (Tos Suk IV 3, j Suk 55b, 58f., b Suk 53a Bar), gibt Billerbeck II, S. 807. Hier zeigt sich, daß die Rabbinen in aller Ausgelassenheit den religiösen Grundton gewahrt wissen wollten. Für Jahwe war man so fröhlich. Vgl. V 4d unter [7].

V 4b [1]Direkt nach הַלְוִיִּם bieten alle alten Texte kein Verbum; ein solches steht erst in dem Relativsatz am Ende von V 4b. Über die Leviten, die Plutarch in seiner Beschreibung des Laubhüttenfestes (Quaest. conv. IV 6 671Ef.) sogar mit Namen kennt (καὶ κιθαρίζοντες ἕτεροι προσίασιν, οὓς αὐτοὶ Λευίτας προσονομάζουσιν), vgl. Joach. Jeremias, Jerusalem II B 1, S. 70ff.

V 4b [2]Die Zusammenstellung dieser drei Instrumente erscheint im chronistischen Geschichtswerk, mit dem die Sprache der Mischna gerade in ihren kultischen Stücken manche Berührung zeigt, nicht selten, z. B. 1. Chr 15_{16} (vgl. 1. Mak 13_{51}). Die beiden Bablizeugen haben in die Levitenmusik das Priesterinstrument חֲצוֹצֶרֶת (siehe V 4c) eingetragen, ein Fehler, den sich der Chronist (vgl. etwa 2. Chr 5_{12}) nie erlaubt hat. Siehe auch Benzinger, Archäologie[3], S. 245ff. (Abbildungen), sowie A. Büchler, Zur Geschichte der Tempelmusik und der Tempelpsalmen, ZAW 19 (1899) S. 96ff., 329ff.

V 4b [3]מְצִלְתַּיִם ist Dual; nach Ar II 5 soll es im Tempel nur ein, von Ben Arṣa (Tam VII 3) bedientes Instrument dieser Art gegeben haben, vgl. auch κύμβαλον (1. Kor 13_1).

V 4b [4]כְּלֵי שִׁיר sind zum Begleiten des Gesanges verwendete Instrumente. Reine Instrumentalmusik gab es im israelitischen Kult nicht (vgl. auch Midd II 6 Anf.).

V 4b [5]Von dieser großen halbkreisförmigen Freitreppe ist auch Midd II 6 ausführlich die Rede. Eine Gegenüberstellung mag zum folgenden wertvoll sein:

חֲמֵשׁ עֶשְׂרֵי מַעֲלוֹת הַיּוֹרְדוֹת מֵעֶזְרַת יִשְׂרָאֵל לְעֶזְרַת הַנָּשִׁים | כְּנֶגֶד חֲמֵשׁ עֶשְׂרֵה שִׁיר הַמַּעֲלוֹת שֶׁבַּתִּלִּים | שֶׁעֲלֵיהֶם הַלְוִיִּם עוֹמְדִים בַּשִּׁיר:

Suk V 4.	Midd II 6.
עַל חֲמֵשׁ עֶשְׂרֵי מַעֲלוֹת	וַחֲמֵשׁ עֶשְׂרֵה מַעֲלוֹת
הַיּוֹרְדוֹת מֵעֶזְרַת יִשְׂרָאֵל לְעֶזְרַת הַנָּשִׁים	עוֹלוֹת מִתּוֹכָהּ לְעֶזְרַת יִשְׂרָאֵל
כְּנֶגֶד חֲמֵשׁ עֶשְׂרֵה שִׁיר הַמַּעֲלוֹת שֶׁבַּתִּלִּים	כְּנֶגֶד חֲמֵשׁ עֶשְׂרֵה שִׁיר הַמַּעֲלוֹת שֶׁבַּתִּלִּים
שֶׁעֲלֵיהֶם הַלְוִיִּם עוֹמְדִים בַּשִּׁיר:	שֶׁעֲלֵיהֶם הַלְוִיִּם אוֹמְרִים (עוֹמְדִים *B* M) בַּשִּׁיר:

Die beiden Texte entsprechen einander genau abgesehen von der Richtung der Beschreibung, die Suk V 4 von oben nach unten, Midd II 6 von unten nach oben verläuft. Die dritte Zeile steht jeweils in Parenthese, die vierte wird in Suk V 4 ursprünglich sein, da die Leviten nur bei der nächtlichen Feier am Laubhüttenfest auf der Freitreppe, sonst jedoch auf einer besonderen Tribüne (דּוּכָן Ar II 6) standen. Man könnte sogar versucht sein, auch in Midd II 6 עוֹמְדִים zu lesen, da sonst אָמַר in der Mischna nicht mit בְּ verbunden, sondern transitiv konstruiert wird, doch widersprechen dem die besten Textzeugen, vgl. O. Holtzmann, Middot (= Gießener Mischna V 10) (1913) textkritischer Anhang, S. 107. Liest man demnach אוֹמְרִים, was *B* in Suk V 4 harmonisierend mit עוֹמְדִים verbindet, so muß man in Midd II 6 das שֶׁ zu Beginn der vierten Zeile auf die Maʿalotpsalmen beziehen.

Bevor wir auf sie eingehen, noch ein Wort zu den fünfzehn Stufen. Holtzmann, a. a. O., S. 27 und 71 bestreitet ihr Vorhandensein zwischen dem Vorhof Israels und dem Frauenvorhof. Dagegen kann auf Billerbecks klaren Exkurs zu Apg 3_{12} (II, S. 620—625) verwiesen werden. Er bestätigt darin im wesentlichen die Ergebnisse von E. Schürers Aufsatz „Die Θύρα oder Πύλη ὡραία Akt $3_{2.10}$", in: ZNW 7 (1906) S. 51—68. Holtzmanns zu diesem Aufsatz gemachten Einwänden: ZNW 9 (1908) S. 71 ff. muß entgegnet werden, daß ὑπέρ mit Akkusativ gelegentlich eben doch „über" im Sinne von „oberhalb" bedeuten kann (vgl. die Wörterbücher s. v. ὑπέρ), und weiter, daß διατείχισμα sowohl Jos Bell 5, 199 als auch 5, 206 die Mauer zwischen dem Vorhof Israels und dem Frauenvorhof bezeichnet.

Nun zu den Maʿalotpsalmen! Es ist für unseren Zusammenhang unwesentlich, was für einen Sinn die diesen Dichtungen vorangesetzte Überschrift ursprünglich gehabt hat. „Wallfahrtslieder" scheint immer noch die beste und auch aus dem Inhalt am ehesten begründbare An-

fünfzehn Stufen, die vom Vorhof Israels in den Frauenvorhof hinabführen [5], | entsprechend den fünfzehn Stufenliedern, die in den Psalmen [6] [stehen], | — auf ihnen also [7] standen die Leviten beim Gesang.

---

sicht zu sein. Für die Zeit der Mischna, ja bereits für die griechische Zeit (LXX: ᾠδὴ τῶν ἀναβαθμῶν) ist indessen die Beziehung auf die in unserem Text genannten Stufen gegeben. Es ist nur fraglich, welche Beziehung zwischen Stufen und Stufenliedern besteht. Suk V 4 und Midd II 6 erwecken den Eindruck: das Primäre sind die Stufenlieder, ihnen erst entsprechen die fünfzehn Stufen (vgl. b Suk 53 a/b). Tatsächlich wird es eher umgekehrt sein. Sicher läßt sich nur feststellen, daß Suk V 4 zunächst nicht sagen will, daß die Leviten bei der nächtlichen Feier die fünfzehn Stufenpsalmen gesungen, sondern daß sie in Abweichung von ihrem sonstigen Standort sich auf der fünfzehnstufigen Treppe aufgestellt haben.

Anders Tos Suk IV 7: „Und die Leviten mit Zithern und mit Harfen und mit Zimbeln und mit allen [anderen Arten von] Musikinstrumenten ohne Zahl" (bisher = M Suk V 4) — „was sprachen (= sangen) sie"? Es folgt Ps 134 im Wechsel, von den einen V. 1a, von den andern V. 2. Wie so oft bei der rabbinischen Zitierung des Alten Testaments steht das für das Verständnis Wesentlichste, was dem Juden mit dem Anfang des Verses bereits gegenwärtig ist, in dem nicht zitierten Versteil. Es sind die an V. 1a sich anschließenden Worte הָעֹמְדִים בְּבֵית־יְהוָה בַּלֵּילוֹת (LXX + ἐν αὐλαῖς τοῦ θεοῦ ἡμῶν, vgl. Ps 135 2) = („Ihr Knechte Gottes), die ihr in den Höfen unsres Gottes steht in den Nächten". Mag auch der Grund für das Anstimmen des 134. Psalms offensichtlich in diesen Worten liegen, er ist zugleich das letzte der Maʿalotlieder, und so ist es wahrscheinlich, daß Ps 120—133 während der lange dauernden nächtlichen Feier von den Leviten ebenfalls gesungen wurde, vgl. auch H. Graetz in MGWJ 28 (1879) S. 241 ff.

V 4b [6] תִּלִּים (= תְּהִלִּים) setzt ein festes Psalmbuch voraus.

V 4b [7] Der Anschluß des Relativsatzes ist hart.

V 4c [1] Von der nicht zu verkennenden gemessenen Feierlichkeit des hier Beschriebenen kann ein immer wieder zu sprachlichen Anmerkungen genötigter Kommentar kein Bild geben. Man schiebe ihn einen Augenblick beiseite und lasse allein den Text auf sich wirken.

V 4c [2] Den Namen „das obere" führte nach Midd II 6 (vgl. bereits 2. Kön 15 35) das auf der Südseite des Tempels am weitesten nach Westen zu liegende Tor. In Suk V 4c ist jedoch שַׁעַר הָעֶלְיוֹן kein Eigen-

עָמְדוּ שְׁנֵי כֹהֲנִים בְּשַׁעַר הָעֶלְיוֹן הַיּוֹרֵד מֵעֶזְרַת ⌝יִשְׂרָאֵל⌜ לְעֶזְרַת הַנָּשִׁים | וּשְׁתֵּי חֲצוֹצְרוֹת בְּיָדָם:

⌜...⌝ fehlt bei K.

קָרָא הַגֶּבֶר תָּקְעוּ וְהֵרִיעוּ וְתָקְעוּ | הִגִּיעוּ לְמַעֲלָה עֲשִׂירִית תָּקְעוּ וְהֵרִיעוּ וְתָקְעוּ:

הִגִּיעוּ לָעֲזָרָה תָּקְעוּ וְהֵרִיעוּ וְתָקְעוּ | הָיוּ תוֹקְעִים וְהוֹלְכִים עַד שֶׁמַּגִּיעִים לַשַּׁעַר הַיּוֹצֵא לַמִּזְרָח:

---

name, sondern eine aus dem Gegensatz zu dem fünfzehn Stufen tiefer liegenden „unteren Tor" für diesen besonderen Fall geprägte Ortsbezeichnung. Das obere Tor ist das größere (Jos Bell 5, 206), das untere heißt das „korinthische" (Bell 5, 201), bei den Rabbinen „Nikanortor" (Midd I 4). Als Eingang vom Vorhof der Heiden in den Frauenvorhof wird das letztere sinngemäß „das nach Osten hinausführende Tor" genannt, ein Ausdruck, dem ἡ ἔξωθεν τοῦ νεὼ (πύλη) Bell 5, 201 (νεώς = „Tempel", im Unterschied vom „Tempelberg") genau entspricht, vgl. A. Schlatter, Zur Topographie und Geschichte Palästinas (1893) S. 180.

V 4c [3]יִשְׂרָאֵל, vom Vokalisator von K am Rande ergänzt, ist ursprünglich, denn das vorhergehende מֵעֶזְרַת steht im Status constructus und am Ende der Zeile.

V 4c [4]Die Trompete (Num 10_{1-10}) darf im Tempel nur von Priestern geblasen werden. Neh 12_{41}, Sir 50_{16} sowie die Mischna zeigen diese Vorschrift in Geltung. Da sie von zwei Trompeten spricht, hat man nie weniger als zwei Instrumente verwendet (R hasch III 3. 4, Tam VII 3). Im täglichen Opferdienst bezeichnet das Blasen die Psalmabschnitte des Levitengesangs Tam VII 3, hier kündigt es das Ende der nächtlichen Feier an und mahnt (nach Bart. z. St.) zugleich die zum Schiloaḥ hinuntersteigenden Priester zum Aufbruch. Die Lesart שְׁנֵי הַכֹּהֲנִים des Zeugen *B* deutet an, daß zwei Priester eigens zu diesem Signalblasen bestimmt waren. Jos Ant 3, 291 f. gibt eine ausführliche Beschreibung der „ἀσώσρα"; Abbildungen des langen schmalen Instrumentes bei Benzinger, Archäologie[3], S. 249. Die σάλπιγξ des N.T. entspricht nicht der Trompete, sondern der anders geformten Kriegs- und Gerichtsposaune (שׁוֹפָר R hasch III 2 ff.).

V 4c [5]Da גֶּבֶר ursprünglich „Mann" und die gewöhnliche Bezeich-

V 4c [1]Zwei Priester standen im oberen Tor[2], das aus dem Vorhof Israels[3] in den Frauenvorhof hinabführt, | und zwei Trompeten[4] waren in ihrer Hand.

Krähte der Hahn[5], so bliesen sie einen gedehnten und einen schmetternden und [wieder] einen gedehnten Ton. | Gelangten sie auf die zehnte Stufe, so bliesen sie einen gedehnten und einen schmetternden und [wieder] einen gedehnten Ton[6].

Gelangten sie in den [Frauen-]vorhof, so bliesen sie einen gedehnten und einen schmetternden und [wieder] einen gedehnten Ton. | Sie bliesen immer weiter[7], bis[8] sie zu dem Tor gelangten, das nach Osten hinausgeht[9].

---

nung für „Hahn“ תַּרְנְגוֹל (Edu VI 1, vgl. b Ber 57 a) ist, so war bereits in talmudischer Zeit die Bedeutung der Wendung קָרָא הַגֶּבֶר hier wie Jom I 8 und Tam I 2 strittig (j Suk 55 c, 18, b Jom 20 b, vgl. Billerbeck I, S. 992 ff.). Man setzte בֶּן גֶּבֶר für גֶּבֶר ein und brachte mit diesem Ausdruck einen der Tempelbeamten, den Herold Gebini (Schek V 1), in Verbindung. Daß die Beziehung auf den Hahn richtig ist, zeigt am deutlichsten Jom I 8, wo der Hahnenschrei unbeschadet des besonderen Charakters eines Tages, nach dem sich ein Tempelbeamter richten kann, als etwas zeitlich Feststehendes erscheint. Völlig parallel zu Jom I 8 steht im N.T. Marc 13_{35}: ἢ ὀψὲ ἢ μεσονύκτιον ἢ ἀλεκτοροφωνίας ἢ πρωΐ. Das bedeutet für Suk V 4: „Mitternacht“ ist vorüber, aber es ist noch nicht „frühmorgens“, sondern es läßt sich eben erst ein kleiner Unterschied in der Helligkeit feststellen (vgl. b Ber 60 b). Dalman, Arbeit und Sitte I 2, S. 636 f. nimmt die Zeit gegen ein Uhr nachts an. Vgl. auch die weiteren Stellen über den Hahnenschrei im N.T.: Mat 26_{34} (קָרָא = φωνεῖν) u. Par.

V 4c [6]Bei C fehlt das Blasen auf der zehnten Stufe, vgl. b Suk 54 a und zu V 5 c unter [8].

V 4c [7]Der Gebrauch des Partizipiums eines Verbums in Verbindung mit dem Partizipium Ḳal von הָלַךְ zur Bezeichnung der Fortdauer einer Handlung ist bereits biblisch, z. B. Ex 19_{19}, siehe auch Tam I 3.

V 4c [8]עַד שֶׁ ... entspricht dem neutestamentlichen ἕως οὗ ... (Mat 1_{25}).

V 4c [9]Zu dem nach Osten hinausgehenden Tor vgl. Anm. [2]. Es ist das „schöne“ (Apg $3_{2.10}$).

V 4d [1]Subjekt können dem Zusammenhang nach nur die beiden Priester sein, die das folgende Bekenntnis stellvertretend für die ganze

הִגִּיעוּ לְשַׁעַר הַיּוֹצֵא לַמִּזְרָח | וְהָפְכוּ פְנֵיהֶם לַמַּעֲרָב וְאָמְרוּ | אֲבוֹתֵינוּ הָיוּ
בַּמָּקוֹם הַזֶּה אֲחֹרֵיהֶם אֶל הֵיכַל יי וּפְנֵיהֶם קֵדְמָה | וְהֵמָּה ⌜מִשְׁתַּחֲוִים⌝
קֵדְמָה לַשֶּׁמֶשׁ:

⌜...⌝ K: משתחויתם (?).

Gemeinde sprechen. Vgl. auch Soṭ VII 5 und zur Gebetsrichtung Tos Ber III 16.

V 4d [2]Die folgende Schilderung des Götzendienstes ist von אֲחֹרֵיהֶם an Zitat aus Ez 8_{16}. Während jedoch dem Propheten dort nur 25 Männer gezeigt werden, ist die Szene hier ganz allgemein auf die „Väter" übertragen. Dies Wort ist bei Ezechiel, siehe etwa noch 20_{4}, geradezu zu einem Fluchwort geworden, vgl. E. Sellin, Geschichte des israelitisch-jüdischen Volkes II (1932) S. 54. Die „Väter" spielen im Judentum in der weiteren Bedeutung „Vorfahren" und in der engeren „Erzväter" eine nicht zu unterschätzende Rolle, die auch im N.T. sichtbar wird (vgl. etwa Mat 3_{9}, Joh 7_{22}, Röm 9_{5}, Hebr 1_{1}, z. St. besonders Joh 4_{20}), aber bisher noch nicht die ihr gebührende Beachtung gefunden hat. Der Sinn der Ez 8_{16} geschilderten Zeremonie ist ohne weiteres deutlich: Sonnenanbetung im Tempel zu Jerusalem, aus babylonischen Einflüssen zu erklären. Dagegen ist ihre Ausführung unsicher, vgl. dazu etwa J. Herrmann, Ezechiel (1924) S. 61f. z. St. LXX μυκτηρίζοντες (V. 17) weist auf eine höhnische Gebärde. Dem Tempel den Rücken kehren ist an sich schon Ausdruck gröbster Mißachtung; vgl. b Ber 6b, wo, wer sein Gesicht beim Beten nicht zur Synagoge wendet, als Gottloser bezeichnet und getötet wird (siehe auch j Jom 42c, 3). Wie sehr dies empfunden wurde, zeigt die Erweiterung von Ez 8_{16} im Text von M. Die Mißachtung wird dadurch auf die Spitze getrieben, daß die „Väter" nach b Suk 53b, b Ḳid 72b in dieser Haltung ihre Ausscheidung verrichteten. Ob dies allerdings bereits zur Zeit der Mischna so verstanden wurde, muß trotz Sanh VII 6 fraglich bleiben. Es ist bedeutsam, daß auch das Passah einen ähnlichen Rückblick auf die frühere Zeit kennt: die „Schmach", von der die Juden beim Passah reden (Pes X 4), wird b Pes 116a dahin gedeutet, daß ihre Vorfahren Götzenanbeter waren. Hochman, Festivities, S. 86f. faßt die Zitierung von Ez 8_{16} als direkte Absage an den Ischtarkult, den Kult der chthonischen Götter, zu dem sich noch der sadduzäisch gesinnte Alexander Jannai bekannt habe (vgl. zu IV 9d). Aber die Sadduzäer waren nach allem, was wir von ihnen wissen, die hellenisierenden Aufklärer ihrer Zeit und

V 4d Waren sie zu dem Tor gelangt, das nach Osten hinausgeht, | so wandten sie ihr Gesicht nach Westen und sprachen[1]: | [2]„Unsere Väter waren an diesem Ort, ihren Rücken [kehrten sie] gegen den Tempel Jahwes, und ihr Angesicht [richteten sie] nach Osten, | und sie warfen sich nach Osten zu vor der Sonne nieder[3].

---

außerdem doch Hüter des Gesetzes, wenn auch ohne die traditionelle Erweiterung und Interpretation, und dürfen daher mit chthonischen Mysterien nicht in Zusammenhang gebracht werden. Wir müssen also die Worte der Priester in einem allgemeineren Sinn verstehen, vgl. Anm. [7].

V 4d [3]Die Variante מִשְׁתַּחֲוִיתֶם findet sich auch im masoretischen Text. Unter Bezugnahme auf Jer 2_{13} („zwiefache Sünde“) nimmt j Suk 55c, 21 sie als einen Hinweis darauf, daß es sich um ein doppeltes Sich-Niederwerfen handelt, a) mit dem Angesicht gegen die Sonne, b) mit dem Rücken — man könnte wörtlicher und dem Tenor der Stelle entsprechend auch sagen: „mit der Hinterseite“ — gegen den Tempel zu.

V 4d [4]Für das Folgende ergeben sich zwei Deutungsmöglichkeiten: Entweder man folgt K, dann will Rabbi Jehuḏa den ganzen Satz von den Priestern (oder vom Volk?) wiederholen lassen, לוֹמַר wäre pleonastisch zu fassen. Oder aber man liest mit *B*MP im ersten Glied nur einmal לְיָהּ und als Einführung zum zweiten שׁוֹנִין אותו. Dann soll der Gottesname (אותו = Nominativ von הוא!) zweimal gesprochen werden, der Satz stellte damit eine zu IV 5 (s. d.) analoge Berichtigung Rabbi Jehuḏas dar. Er erhielte so gegenüber dem ersten Glied einen neuen Sinn (b Suk 53b). Mit dieser zweiten Möglichkeit würde לוֹמַר besser zusammen stimmen, das analog dem biblischen לֵאמֹר mit „folgendermaßen“ übersetzt werden muß. Suk V 4d ist mit Miḳ VII 1 die einzige Mischnastelle, in der es sicher diese Bedeutung hat (vgl. aber Suk IV 4, sowie Soṭ V 4).

V 4d [5]Zu יָהּ als Gottesname vgl. die Wörterbücher, ferner Schebu IV 13, j Suk 53d, 59ff., j Ḥag 77c, 54.

V 4d [6]Die hinter diesen Worten stehende Anschauung ist schon biblisch, vgl. ganz ähnlich 2. Chron 20_{12}, Ps 123_{2}, s. auch 2. Chron $13_{9.10}$.

V 4d [7]Daß man, d. h. zum mindesten die Priester, nun nicht etwa nach Hause ging, sondern den feierlichen Zug durch das Wassertor zum Schiloaḥ hinunter begleitete, wird durch die Bemerkung des Augenzeugen Rabbi Jehoschuaʿ ben Ḥananja nahegelegt, sie hätten

אָנוּ לְיָהּ וּלְיָהּ עֵינֵינוּ ‖ רַבִּי יְהוּדָה אוֹמֵר | שׁוֹנִין אוֹתָן לוֹמַר | אָנוּ לְיָהּ וּלְיָהּ עֵינֵינוּ:

---

während der ganzen acht Tage nicht geschlafen, sondern nur ein wenig auf den Schultern ihrer Genossen geschlummert (Tos Suk IV 5, j Suk 55 b, 24 ff., b Suk 53 a Bar). Daraus geht weiter hervor, daß die Pflicht, in der Laubhütte zu wohnen, vor der Tempelzerstörung in Jerusalem wenigstens sich im wesentlichen darauf beschränkte, daß man seine festen Mahlzeiten in ihr hielt (Suk IV 8 b).

Abschließend ist zu der nächtlichen Lichtfeier zu sagen: So stark sie durch Sätze wie V 1 b, 3 b hervorgehoben wird, so wenig hören wir sonst von ihr. Weder die Jubiläen noch Josephus noch Plutarch erwähnen eine Silbe, ebensowenig Philo, dem es Spec Leg II 210, wo er im Zusammenhang seiner Beschreibung des Laubhüttenfestes vom Licht der Sonne und des Mondes spricht, nahe gelegen hätte. Bei ihm macht sich hier die räumliche Entfernung von Jerusalem bemerkbar. Die einzige Bezugnahme ist das Wort Jesu Joh 8_{12}, das analog $7_{37\,ff.}$ auf einen Ritus des Laubhüttenfestes zurückblickt (vgl. S. 38).

Der ursprüngliche Sinn der Lichtfeier erklärt sich aus dem Zeitpunkt des Festes an der Jahreswende = תְּקוּפָה (Ex 34_{22}). Dieses Wort wird j Erub 22 c, 23 ff. auf die vierteljährliche Tag- und Nachtgleiche bezogen, die einmal auf den Tischri fällt. Damit stimmt überein Philo Spec Leg II 204 (auch In Flaccum 116): ἑορτὴ . . . καιρὸν ἔχουσα τὸν μετοπωρινῆς ἰσημερίας (vgl. dazu Spec Leg I 189: τῆς πλησιφαοῦς σελήνης). An der Jahreswende muß nicht nur das für die Erde unentbehrliche Wasser, sondern auch das den Himmel beherrschende Licht der Gestirne symbolisch erneuert werden (vgl. die religionsgeschichtlichen Parallelen bei P. Volz, Neujahrsfest, S. 26 ff., und Dalman, Arbeit und Sitte I 1, S. 148 ff.). P. Volz denkt hierbei in erster Linie an den Mond. Mit mindestens demselben Recht ist die Sonne in den Vordergrund zu stellen, denn die Zitierung von Ez 8_{16} erhält erst dann ihren konkreten Sinn, wenn in der Illumination des Tempels der Rest eines alten Sonnenkultes gesehen werden kann, vgl. H. St. J. Thackeray, The Septuagint and Jewish worship (1923) S. 64. Innerhalb dieses größeren Rahmens mögen die Fackeln ursprünglich ein sympathetisches Mittel für den Blitz darstellen, der den Regen bringt (1. Kön $18_{34\,ff.}$). Den Ritus einer besonderen Er-

[4]Wir [aber werfen uns] vor Jahwe[5] [nieder], und auf Jahwe [sind] unsre Augen [gerichtet]." || Rabbi Jehuḏa sagt: | 'Sie wiederholten sie [d. h. ihre Worte]: | „Wir [werfen uns] vor Jahwe [nieder], und auf Jahwe [sind] unsere Augen [gerichtet]"'[6, 7].

---

neuerung des Feuers neben der des Lichtes (so P. Volz, Neujahrsfest, S. 28, S. Mowinckel, Thronbesteigungsfest, S. 99f.) legen die Quellen nicht nahe.

Am ehesten von allen Bräuchen des Laubhüttenfestes ist bei der nächtlichen Lichtfeier an eine Beeinflussung des jerusalemischen Tempelrituals durch fremde Kulte, etwa von der iranischen Lichtreligion her, zu denken (P. Volz, a. a. O., S. 29). Die Juden empfanden selbst, daß die stark orgiastische Züge tragende Feier aus dem Rahmen ihres sonstigen Gottesdienstes herausfiel. Daher erfolgt gerade hier die Wendung gegen den längst vergangenen Götzendienst der Väter, deren jährliche Wiederholung nur den Sinn haben kann, den Verdacht abzuweisen, als ob die in der Gegenwart Israel umgebenden Götter über Nacht mit ihren Riten in den Tempel zu Jerusalem eingebrochen seien. Mag die Form des Festes von außen gesehen einen dionysischen Eindruck erwecken (vgl. Plutarch, Quaest. conv. IV 6 671 D f.), für die Juden war die Blickrichtung entscheidend. Nicht auf irgend eine der Israel umgebenden Lichtgottheiten, mag sie Kronos oder Helios oder Zervan oder Bel-Schemin heißen (vgl. O. S. Rankin, The origins of the festival of Hanukkah [1930] S. 204 ff.), sondern auf Jahwe waren ihre Augen gerichtet.

Es muß hier noch kurz auf das Ḥanukkafest eingegangen werden, das durch seine Lichter eine gewisse Ähnlichkeit mit der nächtlichen Lichtfeier des Laubhüttenfestes aufweist. Dieses jüngste jüdische Fest ist nach der Wiedereinnahme Jerusalems durch die Makkabäer zum Gedächtnis an die Reinigung des Tempels gestiftet worden (1. Mak $4_{36\,\text{ff.}}$). Nach 2. Mak $10_{5\,\text{ff.}}$ wurde es σκηνωμάτων τρόπον und mit den Riten des Laubhüttenfestes gefeiert, es wird daher ἡμέραι σκηνοπηγίας τοῦ Χασελεῦ (1_{9}), auch τῆς σκηνοπηγίας καὶ τοῦ πυρός (1_{18}), genannt. Rankin (a. a. O., S. 76 ff.) hat gezeigt, daß die Darstellung von Ḥanukka als eines zweiten Laubhüttenfestes auf einer tendenziösen Interpretation pharisäisch gesinnter Männer beruht. Daß wir abgesehen von den genannten Makkabäerstellen nie mehr etwas von dem „Laubhüttencharakter" des Tempelweihfestes hören, beweist dies klar. Ähnliche Gründe machen es unwahrscheinlich, daß die Ḥanukkalampe sich aus der nächtlichen Lichtfeier des Laubhüttenfestes im Tempel ent-

אֵין פּוֹחֲתִין מֵעֶשְׂרִים וְאַחַת תְּקִיעָה בַּמִּקְדָּשׁ וְלֹא מוֹסִיפִים ⌈עַל⌉ אַרְבָּעִים וּשְׁמֹנֶה: ⌈...⌉ K: עד.

בְּכָל יוֹם הָיוּ שָׁם עֶשְׂרִים וְאַחַת תְּקִיעָה | שָׁלֹשׁ לִפְתִיחַת הַשְּׁעָרִים ⌈תֵּשַׁע לַתָּמִיד שֶׁל שַׁחַר⌉ תֵּשַׁע לַתָּמִיד שֶׁל בֵּין הָעַרְבַּיִם | וּבַמּוּסָפִים מוֹסִיפִים עוֹד תֵּשַׁע ‖ וּבְעֶרֶב שַׁבָּת מוֹסִיפִים עוֹד שֵׁשׁ | שָׁלֹשׁ לְהַבְטִיל אֶת הָעָם מִן הַמְּלָאכָה וְשָׁלֹשׁ לְהַבְדִּיל בֵּין קֹדֶשׁ לְחוֹל: ⌈...⌉ fehlt bei K.

---

wickelt hat oder umgekehrt (Rankin, S. 88 ff.). Die beiden Riten sind zu verschieden. Warum sollten sie nicht unabhängig voneinander bestanden haben? Über Ḥanukka siehe weiter Schürer I 5, 1920, S. 209.

V 5a [1]Das Blasen der Priester bei der nächtlichen Feier führt auf das Blasen im Tempel im allgemeinen, und zwar werden, vom gewöhnlichen Tage bis zum Rüsttag eines Sabbats, innerhalb der Laubhüttenfestwoche alle möglichen Fälle durchgegangen, nachdem auch hier wieder (vgl. IV 1) die feste Mindest- und Höchstzahl vorangestellt ist. Der Unterschied dieser „Liste" von der lebendigen Schilderung V 4 ist mit Händen zu greifen. Vgl. auch V 5b, Anm. [1].

V 5a [2]Dieser Satz findet sich wörtlich auch Ar II 3. Nach Rabbi Jehuḏa waren es nie weniger als sieben und nie mehr als sechzehn Trompetenstöße (Tos Suk IV 10b). Seine Ansicht stimmt jedoch mit der der Mischna überein, da er immer einen langen, einen kurzen und einen langen Ton als ein einziges Blasen rechnet (j Suk 55c, 24 ff. Bar, b Suk 53b Bar). Die höchste Zahl der im Tempel möglichen Trompetenstöße ist achtundvierzig übrigens nicht. Fällt der Vorabend des Passahfestes auf einen Sabbat, so sind es siebenundfünfzig, doch wird dieser Fall in der Mischna nicht aufgeführt, da er nicht jedes Jahr vorkommt (b Suk 54b).

V 5b [1]Aus der Partikel שָׁם erkennt man im Zusammenhang mit dem ganzen Stil von V 5 (vgl. insbesondere בַּמִּקְדָּשׁ V 5a), daß der Tempel nicht mehr steht und der Autor dieser Halaḵa sich außerhalb Jerusalems befindet (ebenso V 5c[6], anders [2]). Vgl. auch zu V 5c unter [2].

V 5b [2]Vgl. Tam III 7.

7. Das Trompetenblasen der Priester im Tempel an gewöhnlichen und an Festtagen (V 5).

V 5a [1]Man blies nicht weniger als einundzwanzig Töne im Heiligtum und nicht mehr als achtundvierzig[2].

V 5b An jedem [gewöhnlichen] Tag waren [es] dort[1] einundzwanzig Töne: | Drei zum Öffnen der Tore[2], neun zum täglichen Opfer[3] [,das] am Morgen[4], neun zum täglichen Opfer [,das] zwischen den Abenden [stattfand,] | und bei den Zusatzopfern[5] fügte man nochmals neun hinzu. || Und am Rüsttag eines Sabbats fügte man noch sechs hinzu, | drei, um die Leute mit der Arbeit aufhören zu lassen[6], und drei, um zwischen heilig und profan zu scheiden[7, 8].

V 5b [3]Das dreimalige Blasen beim täglichen Morgenopfer erfolgt zum Zeichen für das Einsetzen des Levitengesangs und für die Absätze, durch die er unterbrochen wird. Jedesmal beim Klang der Trompeten wirft sich das Volk zu Boden (Tam VII 3). Über die Unterschiede zwischen Sir 50 und Suk V 5 vgl. A. Büchler, Zur Geschichte der Tempelmusik und der Tempelpsalmen, ZAW 20 (1900) S. 103 ff.

V 5b [4]Bei K ist durch die Doppelheit des Tamid das am Morgen stattfindende versehentlich ausgefallen.

V 5b [5]Am Sabbat, Neumond und an anderen Feiertagen.

V 5b [6]Alle Zeugen außer KL haben לְהַפְטִיר „frei zu machen". Der Sinn ist derselbe, vgl. auch Jos Bell 4, 582: ἀνέργειαν τῷ λαῷ καταγγέλλων.

V 5b [7]הִבְדִּיל בֵּין קֹדֶשׁ לְחוֹל, bereits Lev 10_{10} u. ö., wird in der Mischna örtlich (Jom V 1, Midd I 6) und vor allem — wie hier — zeitlich gebraucht. הִבְדִּיל erhält von hier aus die spezielle Bedeutung „die Habdala (einen Lobspruch zur „Scheidung" von Sabbat- und Wochentag) sprechen" (Ḥul I 7), vgl. Billerbeck IV 1, S. 236 f. und J. Elbogen, Der jüdische Gottesdienst in seiner geschichtlichen Entwicklung[3] (1931) S. 120 ff., sowie Anm. [8].

V 5b [8]Das Blasen zur Ankündigung des Eintritts des Sabbats erfolgt in zwei Stufen. Die Worte der Mischna, die sie bezeichnen, werden Tos Suk IV 11. 12 (übersetzt bei Billerbeck IV 1, S. 140 ff.) durch die Frage כֵּיצַד „wie" aufgenommen und der hier nur angedeutete Vorgang eingehend beschrieben. Vgl. J. Elbogen, Der Eintritt des Sabbats nach talmudischen Quellen, in: Festschrift zu Israel Lewys 70. Geburtstag (1911) S. 140 ff.

עֶרֶב שַׁבָּת שֶׁבְּתוֹךְ הֶחָג הָיוּ שָׁם אַרְבָּעִים וּשְׁמֹנֶה ‖ שָׁלֹשׁ לִפְתִיחַת שְׁעָרִים
שָׁלֹשׁ לְשַׁעַר הָעֶלְיוֹן [1]וְשָׁלֹשׁ לְשַׁעַר הַתַּחְתּוֹן | שָׁלֹשׁ לְמִלּוּי הַמַּיִם שָׁלֹשׁ
עַל גַּבֵּי הַמִּזְבֵּחַ | וְתֵשַׁע לַתָּמִיד שֶׁל ⌜שַׁחַר⌝ וְתֵשַׁע לַתָּמִיד שֶׁל בֵּין הָעַרְבַּיִם
וְתֵשַׁע לַמּוּסָפִים | וְשָׁלֹשׁ לְהַבְטִיל אֶת הָעָם מִן הַמְּלָאכָה שָׁלֹשׁ לְהַבְדִּיל
בֵּין קֹדֶשׁ לְחוֹל:

⌜...⌝ K: Rasur.

יוֹם טוֹב הָרִאשׁוֹן שֶׁל חָג הָיוּ שָׁם שְׁלֹשָׁה עָשָׂר פָּרִים וְאֵילִים שְׁנַיִם
וְשָׂעִיר אֶחָד | נִשְׁתַּיְּרוּ שָׁם אַרְבָּעָה עָשָׂר כְּבָשִׂים לִשְׁמֹנֶה מִשְׁמָרוֹת:

V 5c [1]Zum oberen und zum unteren Tor vgl. zu V 4c, Anm. [2].

V 5c [2]Der im Rahmen der nächtlichen Lichtfeier auftretende Terminus שָׁאַב „schöpfen" wird weder hier noch IV 9. 10 gebraucht, scheint also in noch ältere Zeit zurückzugehen.

V 5c [3]Auch in dieser Aufzählung sollen wir die feierliche Prozession durch den Tempel zum Schiloaḥ hinuntersteigen und wieder heraufkommen sehen. Aber schon A. Büchler, ZAW 20 (1900) S. 111 ff. hat erkannt, daß sich zwischen der summarischen Aufzählung aller im Heiligtum an diesem Tage gegebenen Posaunenzeichen und der ihr in V 4 vorangegangenen anschaulichen Schilderung des Anfanges des feierlichen Zuges zum Schiloaḥ Unstimmigkeiten ergeben. Mit Raschi und Bart. z. St. versuchen wir zunächst einmal V 5 mit den Angaben von Kapitel IV und V 1—4 in Einklang zu bringen. Tatsächlich ist die Zahl der beiderseits auftretenden Trompetenstöße dieselbe, wenn wir die schon für die gewöhnlichen Tage in Betracht kommenden abziehen. Unsicher ist einerseits das Blasen zum Öffnen der Tore, andererseits das auf der zehnten Stufe (vgl. V 4c, Anm. [6]!). Dann käme in beiden Listen das obere Tor, hierauf in V 4 der Frauenvorhof, in V 5 das untere Tor, die unter Berufung auf הוֹלְכִים וְתוֹקְעִים (V 4) in eins gesetzt werden. Auch die beiden folgenden Glieder, das Wassertor (IV 9) und das Wasserfüllen (V 5), sollen einander entsprechen, ebenso zuletzt das sowohl IV 5 als auch V 5 sich findende עַל גַּבֵּי הַמִּזְבֵּחַ, obgleich es, wenn man V 5 für sich allein betrachtet, schwerlich anders als auf die Wasserspende auf den Altar bezogen werden kann. Ließe sich auf diese Weise zur Not eine Übereinstimmung herstellen, so werden wir doch besser mit Büchler zwei ver-

V 5c Am Rüsttag eines Sabbats, der mitten in die Festwoche fällt, waren es dort achtundvierzig [Töne]: ‖ drei beim Öffnen der Tore, drei am oberen Tor und drei am unteren Tor[1], | drei beim Füllen des Wassers[2], drei beim Altar[3] | und neun zum täglichen Opfer [,das] am Morgen[,] und neun zum täglichen Opfer [,das] zwischen den Abenden [stattfand,] und neun zu den Zusatzopfern[4] | und drei, um die Leute mit der Arbeit aufhören zu lassen, drei um zwischen heilig und profan zu scheiden.

8. Die Darbringung der Opfer des Laubhüttenfestes durch die vierundzwanzig priesterlichen Dienstabteilungen (V 6).

V 6a [1]Am ersten Feiertag des [Laubhütten]festes waren es dort dreizehn Stiere, zwei Widder und ein Bock. | [Dabei] blieben dort vierzehn Lämmer für acht Dienstabteilungen[2] übrig[3].

---

schiedene Überlieferungen annehmen. Die zweite, die gegenüber der Lebendigkeit der ersten nur an der Zahl interessiert ist, ist deutlich die spätere. Ihr Autor hat den zweiten Tempel wahrscheinlich nie gesehen und daher das Blasen beim täglichen Öffnen der Tore, das in der Beschreibung der nächtlichen Feier keinen Platz hat, aus V 5b eingetragen (vgl. auch Tos Suk IV 10).

V 5c [4]In diesem Zusammenhang erwähnt b Suk 55a die Psalmstücke, die an den Zwischenfeiertagen des Laubhüttenfestes beim Musafopfer gesungen wurden. Es sind dies Ps $29_{1\,ff.}$, $50_{16\,ff.}$, $94_{16\,ff.}$, $94_{8\,ff.}$, $81_{7\,ff.}$, $82_{5\,ff.}$ Bei einzelnen ist der Grund ihrer Verwendung am Laubhüttenfest sofort zu erkennen, so bei Ps 29 (LXX Überschrift: ἐξοδίου σκηνῆς). H. St. J. Thackeray glaubt im Text dieses sowie anderer Psalmen Spuren liturgischen Gebrauchs nachweisen zu kōnnen: J Th St 15 (1914) S. 425, vgl. derselbe, The Septuagint and Jewish worship (1923) S. 61 ff. Auch Ps 81, der jüdische Neujahrspsalm, hat seinen festen Platz am Laubhüttenfest seiner Überschrift zu verdanken (LXX: ὑπὲρ τῶν ληνῶν „über den Keltern", vgl. P. Volz, Neujahrsfest, S. 60, Anm. 85). Ps 8 und besonders Ps 84, die dieselbe Überschrift tragen, müssen noch stärker als bisher vom Laubhüttenfest her verstanden werden (vgl. auch die Haftaren für das Fest, b Meg 31a).

V 6a [1]Nachdem der Gang des Laubhüttenfestes im Tempel in seinen wesentlichen Bestandteilen beschrieben ist, erscheint zum Schluß die Vorschrift für das Opfer der Gemeinde an den einzelnen Feiertagen. Sie wird mit ähnlicher Ausführlichkeit gegeben wie ihr alttestamentliches Vorbild Num 29_{12-38}.

V 6a [2]מִשְׁמָר, mit dem feminin gebildeten Plural מִשְׁמָרוֹת, der jedoch

בַּיּוֹם הָרִאשׁוֹן שִׁשָּׁה ⌐...⌐¹ מַקְרִיבִים שְׁנַיִם שְׁנַיִם וְהַשְּׁאָר ⌐²אֶחָד אֶחָד |
בַּשֵּׁנִי חֲמִשָּׁה מַקְרִיבִין שְׁנַיִם שְׁנַיִם וְהַשְּׁאָר⌐² אֶחָד אֶחָד | בַּשְּׁלִישִׁי אַרְבָּעָה

⌐...⌐¹ K: כהנים. — ⌐...⌐² fehlt bei K.

---

meist maskulin behandelt wird, ist „Priesterdienstabteilung". Im A.T. hat das Wort noch den allgemeineren Sinn „Wache", „Wach- oder Dienstabteilung", so Neh 12₂₄ (LXX ἐφημερία) von Sängern, 1. Chron 26₁₆ (LXX φυλακή) von Torhütern gebraucht. Ähnlich steht es Midd I 2 für den einzelnen Leviten, der nachts an den Toren des Tempelbergs die Wache hält. Taan IV 2 zeigt zwar, daß der מִשְׁמָר im weiteren Sinne auch Leviten und „Israeliten" umfaßte, doch sind, wenn sonst von ihm die Rede ist (Bik III 12, Tem III 4 u. ö.), nur Priester gemeint. Nach Taan IV 2 sind die vierundzwanzig Dienstabteilungen, deren Namen 1. Chron 24₉—₁₉ genannt werden, eine Einrichtung der „ersten Propheten", nach b Taan 27a gehen sie auf Mose, Samuel und David zurück. Die einzelnen Abteilungen, für die Joach. Jeremias, Jerusalem II B 1, S. 65 aus Scheḳ VIII 5 eine Zahl von etwa 300 Priestern erschließt, hatten abwechslungsweise eine Woche, also im Jahr durchschnittlich zwei Wochen Dienst im Tempel. Dazu kamen die drei Wallfahrtsfeste, zu denen alle vierundzwanzig מִשְׁמָרוֹת nach Jerusalem hinaufziehen mußten (עָלָה Taan IV 2 = ἀναβαίνειν Mat 20₁₇, ἀνέρχεσθαι Gal 1₁₇.₁₈). Im N.T. entspricht dem מִשְׁמָר die ἐφημερία (Luc 1₅.₈), Josephus hat ἐφημερίς und φυλή (Vita I 2), auch πατριά (Ant 7, 365f.). Vgl. ferner das reiche Material, das Billerbeck II, S. 55—71 gibt. Ḳeroba's [קרובות = „in die Tefilla eingeschaltete Poesien", s. J. Elbogen, Der jüdische Gottesdienst ...³ (1931) S. 212ff.] zum 9. Ab über die 24 Priesterordnungen hat P. Kahle, Masoreten des Westens (1927) S. 77f. (Text S. 1*—58*) veröffentlicht.

V 6a ³נִשְׁתַּיְּרוּ ist Nithpaʿel von שָׁאַר „übrig sein". Zu dem schwankenden Charakter des א, das hier durch י ersetzt ist, vgl. Rengstorf, Jebamot, S. 263f.

V 6b ¹Der vom Vokalisator übergangene Zusatz כֹּהֲנִים, den der Schreiber der Kaufmannschen Mischnahandschrift zu שִׁשָּׁה macht, wirft kein gutes Licht auf ihn. Natürlich waren es Priester, die die Lämmer darbrachten, aber zur Besorgung eines Lammes und zu den damit verbundenen Einzelfunktionen werden Tam III 1 dreizehn Priester ausgelost! שִׁשָּׁה bezieht sich vielmehr auf das vorangehende מִשְׁמָרוֹת. K weist in Suk V 6 weitere Fehler auf, vgl. den textkritischen Anhang.

V 6b Am ersten Tag brachten sechs [Dienstabteilungen][1] je zwei[2] [Lämmer] und der Rest je eines dar[3]. | Am zweiten brachten fünf je zwei und der Rest je eines dar, | am dritten brachten vier je zwei und der Rest je eines dar, | am vierten brachten drei je zwei und der Rest je eines

---

V 6b [2]Zu שְׁנַיִם שְׁנַיִם vgl. δύο δύο (Marc 6_{7}).

V 6b [3]Die Mischna beschränkt sich in ihrer Schilderung der Opfer auf die Angabe der Verteilung der Lämmer auf die einzelnen Dienstabteilungen. Dadurch wird die aus Num $29_{12\text{ff.}}$ hervorgehende Tatsache, daß die Zahl der darzubringenden Stiere täglich um eins vermindert wird, nur indirekt sichtbar. Tos Suk IV 15a hingegen berichtet nur über die Stiere, und zwar, daß alle Dienstabteilungen dreimal einen Stier darbrachten außer zweien, die nur zweimal an die Reihe kamen. Die Rechnung stimmt: Es waren im ganzen 70 Stiere, 70 : 24 = 2, Rest 22. Vgl. V 6c.

Die Zahl der Opfer, die Abraham Jub $16_{22\text{ff.}}$ am Laubhüttenfest dargebracht haben soll, stimmt aus einem bisher unerklärten Grunde mit der Vorschrift Num $29_{12\text{ff.}}$ nicht überein, was jedoch von geringer Bedeutung ist, da sie nicht einmal mit der im selben Buche genannten Zahl der Opfer bei der Feier des Laubhüttenfestes durch Jakob ($32_{4\text{ff.}}$) parallel läuft. Dagegen bezeugen Philo Spec Leg I 189 (s. auch Migr Abr 202, Fug 186) und Josephus Ant 3, 246 die im Gesetz vorgeschriebene Zahl. Die Menge der Opfer, die in seiner Schilderung des Laubhüttenfestes einen breiten Raum einnehmen, mag im Hintergrund stehen, wenn der Priester Josephus es das größte Fest der Juden nennt (vgl. zu I 1b). Analog den Schlachtopfern stieg auch die Zahl der Speise- und Trankopfer am Laubhüttenfest am höchsten (Men XII 4, XIII 5).

Die Darbringung der 70 Stiere erfolgt nach b Suk 55b u. ö., damit für die 70 Völker der Welt (über sie jetzt G. F. Moore, Judaism III [1930] S. 62, mit Angabe der Literatur) Sühne geschafft, nach Pesiḳ 193b (Buber), mehr in der Linie der Gesamthaltung des Festes, damit für sie Regen erbeten werde. Die gegenüber den übrigen Feiertagen auffallend geringe Zahl der Opfer am letzten Feiertag wird von hier aus den Amoräern ebenfalls verständlich. Ein dem Rabbi Alexandrai (um 270 n. Chr.) zugeschriebenes Gleichnis verdeutlicht das: Nachdem der Sohn des Königs sieben Tage lang um die Gäste bemüht war, will sich der Vater auch noch einen Tag mit ihm allein erfreuen und ihm dabei nicht viel Mühe machen (Pesiḳ 193b [Buber], ausführlich bei Billerbeck II, S. 811). Der sich hier aussprechende

מַקְרִיבִים שְׁנַיִם שְׁנַיִם וְהַשְּׁאָר אֶחָד אֶחָד | בָּרְבִיעִי שְׁלֹשָׁה מַקְרִיבִים שְׁנַיִם
שְׁנַיִם וְהַשְּׁאָר אֶחָד אֶחָד | בַּחֲמִישִׁי שְׁנַיִם ⌜...⌝[1] מַקְרִיבִים שְׁנַיִם
וְהַשְּׁאָר אֶחָד אֶחָד | בַּשִּׁשִּׁי אֶחָד מַקְרִיב שְׁנַיִם ⌜...⌝[2] וְהַשְּׁאָר אֶחָד ⌜אֶחָד⌝[3] |
בַּשְּׁבִיעִי כֻּלָּם שָׁוִים | בַּשְּׁמִינִי חָזְרוּ לַפַּיִס ⌜כָּרְגָלִים⌝[4]:

⌜...⌝[1] K: שנים. — ⌜...⌝[2] K: שנים. — ⌜...⌝[3] K: ואחד. — ⌜...⌝[4] K: ברגלים.

---

universalistische Zug des Festes gehört nicht erst der talmudischen Zeit an, er tritt bereits in der Prophetenlektion des ersten Feiertages (Sach 14$_{16 ff.}$) deutlich zutage, vgl. das zu I 1b unter [5] Gesagte sowie Gen r 13 zu 2$_{5}$.

V 6b [4] An diesem Tag entfiel nach Num 29$_{32-34}$ auf jede Dienstabteilung je ein Tier.

V 6b [5] Der achte Tag heißt in der früheren rabbinischen Literatur meist „der letzte Feiertag des Laubhüttenfestes" (so II 8, IV 8), in der späteren und heute noch kurz שְׁמִינִי עֲצֶרֶת, „der achte (‚nämlich der) Schlußfeiertag". Bh bezeichnet עֲצֶרֶת wie auch עֲצָרָה zunächst ganz allgemein die Festversammlung, so Jes 1$_{13}$ (LXX: ἀργία), Am 5$_{21}$ (LXX: πανήγυρις), dann besonders die am siebten Tag des Mazzot- (Dtn 16$_{8}$, vgl. Suk V 7) und am achten Tag des Laubhüttenfestes (Lev 23$_{36}$) stattfindende Festversammlung (LXX: jeweils ἐξόδιον, vgl. die Überschrift von Ps 29: ἐξοδίου σκηνῆς). Haggadisch wird das Wort mit עָצַר „zurückhalten" in Verbindung gebracht (vgl. Sifr Num 151 zu 29$_{35}$), was auch in *retentatio*, der lateinischen Wiedergabe von עֲצֶרֶת (Jub 32$_{37 ff.}$) zum Ausdruck kommt (siehe E. Littmann, Das Buch der Jubiläen, in: E. Kautzsch: Die Apokryphen und Pseudepigraphen des A.T. II [1900] S. 96). Josephus, der den letzten Tag Ant 3, 252 erwähnt, übernimmt das aramäische עֲצַרְתָּא als ἀσαρθά ins Griechische. Philo spricht Spec Leg II 211 ff. ausführlicher über ihn: ἑπτὰ δὲ ἡμέραις ὀγδόην ἐπισφραγίζεται καλέσας ἐξόδιον αὐτήν. Bei ihm ist er nicht nur Abschluß des Laubhüttenfestes, sondern des ganzen Festjahres: τελευταία γάρ ἐστι τοῦ ἐνιαυτοῦ καὶ συμπέρασμα. In der Mischna tritt עֲצֶרֶת z. B. in den Festlisten Scheḳ III 1, Meg III 5 u. ö. als Eigenname an die Stelle des nur noch selten vorkommenden חַג שָׁבֻעֹת „Wochenfest" (Ex 34$_{22}$, vgl. R hasch 6b); als Bezeichnung des achten Tages des Laubhüttenfestes findet es sich erst spät und nur da, wo dieser als עֲצֶרֶת שֶׁל חָג dem עֲצֶרֶת שֶׁל פֶּסַח gegenübergestellt wird, so Pesiḳ 195a (Buber), vgl. zu I 1b[5].

Der letzte Tag hat mit den übrigen Feiertagen nur das Hallel und die Festopferfreude gemeinsam (IV 1. 8); konkretere Züge erhält er

dar,—am fünften brachten zwei je zwei und der Rest je eines dar, | am sechsten brachte eine [Dienstabteilung] zwei [Lämmer] und der Rest je eines dar, | am siebten waren alle gleich [beteiligt][4], | am achten[5] kehrte man zum Losen[6] zurück[7] wie an den [übrigen] Wallfahrtsfesten[8].

---

erst durch Tos Suk IV 17 (vgl. b Suk 48a, 47a). Dort heißt es unter Bezugnahme auf 1. Kön 8$_{66}$: פַּיִס לְעַצְמוֹ זְמָן לְעַצְמוֹ רֶגֶל לְעַצְמוֹ קָרְבָּן לְעַצְמוֹ שִׁיר לְעַצְמוֹ בְּרָכָה לְעַצְמוֹ. Wir gehen die einzelnen Bestimmungen, die er לְעַצְמוֹ „für sich“ (vgl. Suk II 3) hat, in aller Kürze durch. Zu פַּיִס „Losen“ und קָרְבָּן „Opfer“ vgl. Anm. [6]. זְמָן ist der beim Eintritt eines Festes zu sprechende, immer gleich lautende Lobspruch oder „Zeitsegen“ (vgl. II 9a). רֶגֶל, bh „Fuß“ (Num 22$_{25}$), im Plural „Male“ (Ex 23$_{14}$, LXX: καιροί), erhält im Neuhebräischen von hier aus die Bedeutung „Fest“ und bezeichnet vor allem die drei großen Wallfahrtsfeste, vgl. Anm. [8]. Der achte Feiertag ist also „ein Fest für sich“. שִׁיר führt seinen besonderen Tagespsalm ein. Es ist Ps 12, offenbar wegen seiner Überschrift עַל הַשְּׁמִינִית. בְּרָכָה endlich ist ein Lobspruch, dem an den übrigen Feiertagen die Worte entsprechen, die man beim Eintritt in die Laubhütte oder beim Nehmen des Feststraußes zu sagen verpflichtet ist.

Wenn sich auch der achte Feiertag damit deutlich vom Festganzen abhebt, wenn auch an ihm Bethphage nicht mehr zum Stadtbezirk von Jerusalem gerechnet wurde, was die vorhergehenden sieben Tage der Fall gewesen war (s. Sifr Num 151 zu 29$_{35}$, vgl. Joach. Jeremias, Jerusalem II A, S. 16), so war er im Spätjudentum wenigstens nicht nur eine ausschließlich für die Tempelschaft bestimmte esoterische Feier (so P. Volz, Neujahrsfest, S. 40), sondern bildete mit dem übrigen Fest eine große organische Einheit (siehe IV 8b). Seine Bedeutung besteht nach der Anschauung der talmudischen Zeit einmal darin, daß er die besondere Liebe Gottes zu Israel zum Ausdruck brachte (vgl. Anm. [3]), ferner vor allem darin, daß an ihm erstmalig die Regenbitte in das tägliche Achtzehnbittengebet aufgenommen wird, in dem sie bis zum Passahfest verbleibt. Ob dabei nur an die „Bitte um Regen“ in בִּרְכַּת הַשָּׁנִים (9. Bitte) oder auch an die „Erwähnung des Regens“ in תְּחִיַּת הַמֵּתִים (2. Bitte) zu denken ist, darüber ist man sich nicht einig (vgl. b Taan 2b/3a sowie Ber V 2). Die Belege gibt Billerbeck II, S. 809ff., siehe auch E. Schwaab, Historische Einführung in das Achtzehngebet (1913) S. 58ff.

אָמְרוּ מִי שֶׁהָיָה מַקְרִיב פָּרִים הַיּוֹם | לֹא הָיָה מַקְרִיב לְמָחָר | אֶלָּא חוֹזְרִים חֲלֵילָה:

בִּשְׁלֹשָׁה פְרָקִים בַּשָּׁנָה הָיוּ כָל ˹הַמִּשְׁמָרוֹת˺ שָׁוִים בְּאֵמוּרֵי רְגָלִים וּבְחִלּוּק לֶחֶם הַפָּנִים:

˹...˺ K: משמרות.

Über den seit dem 11. oder 12. Jahrhundert erst bekannten, an das Laubhüttenfest sich anschließenden neunten Feiertag שִׂמְחַת תּוֹרָה, „Fest der Gesetzesfreude“, vgl. J. Elbogen, Der jüdische Gottesdienst in seiner geschichtlichen Entwicklung[3] (1931) S. 166f.

V 6b [6]Nach Num 29 35ff. bestand das Opfer des achten Tages aus einem Stier, einem Widder, sieben Lämmern und einem Bock. Um ihre Darbringung zu regeln, griff man auf den sonst üblichen Brauch des Losens zurück, zu dem alle Dienstabteilungen, nicht etwa lediglich die beiden, die nur je zwei Stiere erhalten hatten, zugelassen waren (b Suk 55b). Das Losen hatte im täglichen Opferdienst seinen festen Platz (Tam I 2, III 1, V 2, vgl. Luc 1 9: ἔλαχε τοῦ θυμιᾶσαι). Den Vorgang des Losens beschreiben Tos Suk IV 16, Tos Jom I 10, b Jom 25b, vgl. Billerbeck II, S. 596.

V 6b [7]חָזַר ist zunächst „rund herumgehen“, so in der Wendung חוֹזְרִים חֲלִילָה (V 6c), vgl. das Piʿel „die Runde machen“ (Midd I 2). Aus der Vorstellung des Kreisens ergibt sich organisch die Bedeutung „zurückkehren (an einen Punkt, wo man schon einmal gewesen ist)“, so חָזְרוּ לְפֵיס. Daneben findet sich חָזַר לְ beinahe adverbiell abgeschliffen: „später etwas tun“ (Sanh III 3). Zum Ganzen vgl. auch Tos Suk IV 15.

V 6b [8]Die alten Zeugen schwanken zwischen בָּרְגָלִים und כָּרְגָלִים. Die erste Lesart ergibt neben בַּשְּׁמִינִי keinen Sinn, sie muß einer Auffassung des Textes entstammen, die das strittige Wort zum folgenden nahm. Der neue Satz kann sich jedoch nur auf das Laubhüttenfest beziehen. Er gibt eine Anweisung zur praktischen Durchführung der vorangehenden Opferordnung. Die Editio princeps des Babli verdeutlicht hier sinngemäß durch כִּבָרְגָלִים.

V 6c [1]Subjekt sind die חֲכָמִים.

V 6c [2]מִי bezieht sich auf die Dienstabteilungen (Bart. z. St.).

V 7a [1]Die Erörterung der Beteiligung der Dienstabteilungen an den Opfern des Laubhüttenfestes bedingt den Anschluß einer Reihe

V 6c Man sagte[1]: „Wer[2] heute Stiere dargebracht hat, | bringt morgen keine dar, | sondern man geht der Reihe nach herum."

9. Anhang: Die Verteilung der Opferstücke und der Schaubrote unter die Dienstabteilungen (V 7. 8).

V 7a [1]Zu [den] drei [Fest]zeiten[2] im Jahre waren alle Dienstabteilungen gleich [beteiligt] an den Festopferstücken[3] und an der Verteilung des Schaubrotes[4, 5].

---

weiterer Bestimmungen über Priester, Opfer und Schaubrote, die sich jedoch z. T. über das ganze Jahr erstrecken. Anknüpfend an das Stichwort שָׁוִים schreitet die Mischna vom Besonderen zum Allgemeinen fort.

V 7a [2]פֶּרֶק ist „Gelenk", „Glied", dann „Abschnitt", örtlich (in der Schrift oder in der Mischna) = „Kapitel", zeitlich = „Periode", manchmal, wie hier, gleichbedeutend mit זְמַן „Festzeit", vgl. b Pes 117a, b R hasch 35a. Die Mischna nennt fünfmal drei, dreimal vier Jahresabschnitte (פְּרָקִים). Außer einer (Ab V 9) beziehen sich alle diese Stellen auf die drei Hauptfeste, zu denen — weniger oft — das Neujahr tritt. Daraus geht wieder (vgl. auch I 1b) hervor, daß der Jude, wenn es sich um größere Zeitabschnitte handelte, nicht nach der Monatsrechnung, sondern nach dem „Festkalender" ging (s. die Feste im N.T.).

V 7a [3]Die Schwierigkeit, daß אֵמוּרִים nicht, wie sonst immer (z. B. Pes VI 5, Meïl II 5), „Fettstücke, die auf dem Altar verbrannt werden", bedeuten kann, löst die babylonische Gemara 55b in der Weise, daß sie das Wort durch מה שאמור ברגלים, „was an den Festen darzubringen anbefohlen ist", erläutert. Demgemäß vokalisiert K: בָּאמוּרֵי. Aber aus dieser Verlegenheitsauskunft des Babli den Terminus selbst erklären zu wollen, wäre verfehlt. Die übrigen Versuche können indessen ebensowenig befriedigen, vgl. die Übersicht bei E. Baneth zu Jom VI 7, Mischnajot II (1927) S. 322. Ist auch eine einleuchtende Etymologie des Wortes noch nicht gegeben, so kann doch sein Sinn nicht fraglich sein. Gemeint ist in Suk V 7a, was auch sonst vom Opfer nicht auf den Altar kommt und das Jahr hindurch dem einzelnen darbringenden Priester gehört, nämlich Brust und rechte Keule (Lev $7_{28ff.}$), sowie das Fell (Lev 7_8). So nach Raschi z. St.

V 7a [4]Die zwölf alten Schaubrote (Ex 25_{30}, Lev $24_{5ff.}$) werden jeden Sabbat durch vier Priester der Dienstabteilung der Woche von dem für sie bestimmten Tisch weggenommen, und neue werden aufge-

וּבַעֲצֶרֶת אוֹמְרִים לוֹ | הֵילָךְ מַצָּה ⌈...⌉ הֵילָךְ חָמֵץ הֵילָךְ מַצָּה הֵילָךְ חָמֵץ:

⌈...⌉ K: הילך מצה.

מִשְׁמָר שֶׁזְּמַנּוֹ קָבוּעַ הוּא מַקְרִיב תְּמִידִים נְדָרִים וּנְדָבוֹת וְכָל קָרְבְּנוֹת הַצִּבּוּר | הוּא מַקְרִיב ⌈אֶת⌉ הַכֹּל:

⌈...⌉ K: על.

---

legt (Tos Suk IV 21, Men XI 7). Die Gleichberechtigung zum Genuß am Fest wird aus Dtn 18 8: חֵלֶק כְּחֵלֶק יֹאכֵלוּ erschlossen (b Suk 55 b/56 a).

V 7a [5] Vgl. das zu IV 5 c, Anm. [2] Gesagte, ferner Hebr 7 13, 13 10, wo der Altar von Jerusalem überboten wird. Der ganze Satz steht auch b M ḳaṭ 17 b Bar.

V 7b [1] Zu עֲצֶרֶת „Wochenfest" vgl. V 6 b unter [5], sowie Billerbeck II, S. 597 ff. Wie V 7a tritt auch V 7b nur für den Fall ein, daß der Feiertag auf einen Sabbat fällt.

V 7b [2] D. h. dem Priester, der den Anteil seiner Dienstabteilung in Empfang nahm, vgl. Tos Suk IV 22.

V 7b [3] Daß הֵילָךְ nur eine Zusammenziehung aus הֵי und לָךְ ist, zeigt L: הא לך mit dem bekannten Wechsel von א und י, vgl. Albrecht, Grammatik, § 11, 1.

V 7b [4] Ungesäuert waren nach Men V 1 alle Mehlopfer außer zehn von den 40 Kuchen des Dankopfers und den „zwei Broten" (Lev 23 16 f.). Die letzteren wurden am Wochenfest als Erstlingsopfer vom Weizen dargebracht und von allen Dienstabteilungen gegessen (Tos Suk IV 20). So treffen hier Gesäuertes und Ungesäuertes zusammen, vgl. weiter b Jom 17 b.

V 7b [5] Die zweimalige Überlieferung der Worte ist wahrscheinlich ursprünglich, da sie mehrmals gesprochen wurden (vgl. Tos Suk IV 23) und da das Hebräische zur Wiederholung von Zurufen neigt (siehe Tos Suk IV 28, sowie M Suk IV 5 b).

V 7c [1] Das Folgende gilt wie V 7a von allen drei Hauptfesten.

V 7c [2] Dieselbe Wendung auch Ned VIII 3 und Tem II 1. Zu קָבוּעַ vgl. V 8 sowie קָבַע (II 8).

V 7c [3] Über הוּא vgl. zu I 3 unter [5]. Ähnlich steht ἐκεῖνος Joh 1 18, vgl. Schlatter, Sprache und Heimat, S. 24.

V 7c [4] תְּמִידִים (bh nur Singular: Num 28 3) sind die beiden täglich darzubringenden Lämmer. In der Aufzählung stehen sie an erster Stelle, denn sie werden gemäß der Zeb X 1 gegebenen Regel, daß das Häufigere vorangeht, zuerst geopfert.

V 7b Und am Wochenfest[1] sagt man zu ihm[2]: | „Da hast du[3] Ungesäuertes![4] Da hast du Gesäuertes! Da hast du Ungesäuertes! Da hast du Gesäuertes!“[5]

V 7c [1]Die Dienstabteilung, deren Zeit [für die laufende Woche] festgesetzt ist[2], die[3] bringt die täglichen Opfer[4], die Gelübdeopfer[5] und freiwilligen Opfer[5] und alle Gemeindeopfer[6], | sie[3] bringt [überhaupt] alles[7] dar [,was nicht zum eigentlichen Festopfer gehört][8].

V 7c [5]נְדָרִים „Gelübdeopfer“ (Num 30_{2-17}) und נְדָבוֹת „freiwillige Opfer“ (Ex 35_{29}) werden, da sie einander sehr nahe stehen, meist durch וְ zusammengeschlossen, vgl. Num 29_{39}, Scheḳ I 5, Par I 4. Den Unterschied zeigt Ḳin I 1: Wenn ein Tier, das man zum Opfer bestimmt hat, umkommt oder gestohlen wird, so muß man es im Falle eines נֶדֶר ersetzen, da man sich dabei durch die Formel הֲרֵי עָלַי עוֹלָה persönlich gebunden hat. Hat man dagegen die Formel הֲרֵי זוֹ עוֹלָה angewendet, so handelt es sich um eine נְדָבָה, man ist nur sachlich gebunden und zum Ersatz nicht verpflichtet. In dem gleichnamigen dritten Traktat der dritten Ordnung hat der Terminus נְדָרִים einen anderen Sinn, vgl. dazu S. Petuchowski in: Mischnajot III (1912 ff.) S. 173 f. Opfer der genannten Arten, die man das Jahr über gelobt, werden an den großen Festen in Jerusalem dargebracht (vgl. Bart. z. St.).

V 7c [6]צִבּוּר, bh „Haufe“ 2. Kön 10_{8}, bezeichnet neben עֵדָה und קָהָל weniger die Gemeinschaft als die Gesamtheit im Gegensatz zum Einzelnen (יָחִיד), vgl. שְׁלִיחַ צִבּוּר, der „Vorbeter“ (Ber V 5, R hasch IV 9, dazu S. Krauß, Synagogale Altertümer [1922] S. 109). „Gemeindeopfer“ waren ein Stier, wenn die Gemeinde sich unabsichtlich versündigt (Lev $4_{13\,ff.}$), oder ein Bock, wenn der Gerichtshof in Fragen des Götzendienstes sich geirrt und der größte Teil der Gemeinde nach seiner Entscheidung falsch gehandelt hatte (Lev $4_{22\,f.}$, b Suk 56 a). Die Wendung וְכָל קָרְבְּנוֹת הַצִּבּוּר steht auch nach einer Aufzählung anderer Opfer Scheḳ IV 1.

V 7c [7]Die Textüberlieferung ist geteilt zwischen עַל הַכֹּל „für die Gesamtheit“, so KM (vgl. Ned IV 3), und אֶת הַכֹּל „alles“, zu beziehen auf die Opfer, die dadurch noch einmal zusammengefaßt werden. b Suk 56 a zieht zur Erklärung קַיִץ הַמִּזְבֵּחַ, den „Herbst“ oder „Nachtisch“ des Altars (Scheḳ IV 4), heran. War das Tamid beendet und waren keine Gelübde- oder freiwilligen Opfer mehr vorhanden, so kaufte man, um am Fest ein Leerstehen des Altars zu vermeiden, aus den überschüssigen Tempelgaben Opfertiere und brachte sie wie Früchte als „Nach-

בִּזְמַן שֶׁהוּא יוֹם טוֹב ⌜...⌝[1] סָמוּךְ לַשַּׁבָּת בֵּין מִלְּפָנֶיהָ וּבֵין מִלְּאַחֲרֶיהָ | הָיוּ כָּל הַמִּשְׁמָרוֹת שָׁוִים בְּחִלּוּק ⌜לֶחֶם⌝[2] הַפָּנִים:

⌜...⌝[1] K: הראשון. — ⌜...⌝[2] fehlt bei K.

חָל יוֹם אֶחָד לְהַפְסִיק בֵּינְתַּיִם | מִשְׁמָר שֶׁזְּמַנּוֹ קָבוּעַ ⌜הוּא⌝ נוֹטֵל עֶשֶׂר חַלּוֹת | וְהַמִּתְעַכֵּב נוֹטֵל שְׁתַּיִם:

⌜...⌝ K: Rasur.

בִּשְׁאָר כָּל יְמוֹת הַשָּׁנָה הַנִּכְנָס נוֹטֵל שֵׁשׁ וְהַיּוֹצֵא נוֹטֵל ⌜שֵׁשׁ⌝[1] | רַבִּי יְהוּדָה אוֹמֵר הַנִּכְנָס נוֹטֵל שֶׁבַע וְהַיּוֹצֵא נוֹטֵל ⌜...⌝[2] חָמֵשׁ:

⌜...⌝[1] K: שתים. — ⌜...⌝[2] K: נוטל.

---

tisch“ dar, vgl. Tos Scheḳ III 1ff., Raschi zu b Suk 56a, auch Billerbeck II, S. 42ff.

V 7c [8]Die hier aufgezählten Opferarten werden durch Tos Suk IV 19 noch ergänzt.

V 7d [1]Nach der Auslegung, die b Suk 56 für V 8a gibt, können sich V 7d und V 8a, nachdem V 7b vom Wochenfest gehandelt hat, nur auf die beiden anderen großen, eine Woche dauernden Jahresfeste, insbesondere das Laubhüttenfest, beziehen. Vgl. Anm. [5].

V 7d [2]בִּזְמַן שֶׁ ist „zu einer Zeit, wo“, „wenn“, vgl. Albrecht, Grammatik, § 27c.

V 7d [3]K fügt הָרִאשׁוֹן zu יוֹם טוֹב hinzu, wahrscheinlich, weil יום טוב außer den ausdrücklich vom letzten Feiertag handelnden Stellen im Traktat immer den ersten Feiertag bezeichnet. Der Zusatz führt jedoch irre, da der Satz ebenso vom letzten wie vom ersten Feiertag gilt.

V 7d [4]Zu הוא in שֶׁהוּא vgl. zu I 3, Anm. [5].

V 7d [5]Im Gegensatz zu V 7a ist hier ein Sabbat gemeint, der außerhalb der Festwoche liegt (Bart. z. St.).

V 7d [6]Zur Form vgl. Tam I 2 = Jom I 8.

V 7d [7]Diese Maßnahme ist darin begründet, daß die Dienstabteilungen wegen des Sabbats nicht reisen können und sich daher länger in Jerusalem aufhalten müssen.

V 8a [1]D. h. zwischen den Sabbat und den Feiertag.

V 8a [2]חַלָּה (Ex 29 23) bezeichnet zunächst den Kuchen, und zwar als Form des Teigs (Gegensatz: רְקִיקִין „Fladen“ Men V 9), dann die Teighebe für die Priester, nach der der neunte Traktat der ersten Ordnung genannt ist. Im Plural finden wir das Wort in der Mischna in

V 7d [1]Wenn[2] ein Feiertag[3] gerade[4] einem Sabbat[5] benachbart war, sei es [daß er] vor ihm, sei es [daß er] nach ihm[6] [lag], | so waren alle Dienstabteilungen [ebenfalls] gleich [beteiligt] an der Verteilung des Schaubrotes[7].

V 8a Fällt ein [gewöhnlicher] Tag trennend zwischen die beiden[1], | so erhält die Dienstabteilung, deren Zeit [für die laufende Woche] festgesetzt ist, zehn [Schaubrot-]Kuchen[2] | und die, die sich [,ohne Dienst zu haben, in Jerusalem] aufhält, erhält zwei[3].

V 8b An allen übrigen [Sabbat]tagen des Jahres erhält die zum Dienst eintretende Abteilung sechs, und die abtretende erhält sechs[1]. | Rabbi Jehuda sagt: „Die eintretende erhält sieben, und die abtretende erhält fünf“[2].

---

den Verbindungen חַלּוֹת שֶׁל תּוֹדָה „Dankopferkuchen“ (Pes I 5, II 5) und שְׁתֵּי חַלּוֹת „die zwei Kuchen“ (Men II 5, synonym mit שְׁתֵּי הַלֶּחֶם Men V 1, VI 2), d. h. die zwei Erstlingsweizenbrote am Wochenfest (siehe V 7). Unsere Stelle ist mit Men XI 7 die einzige in der Mischna, wo auch die Schaubrote mit חַלּוֹת bezeichnet werden.

V 8a [3]Fiel der erste Feiertag auf den zweiten Tag der Woche, sodaß sie am ersten Tage hätten kommen können, und kamen sie trotzdem bereits am Rüsttag des Sabbats, oder fiel der letzte Feiertag auf den fünften Tag der Woche, sodaß sie am sechsten hätten gehen können, und hielten sie sich doch noch über den Sabbat in Jerusalem auf, so wurden die Schaubrote nach Bart. z. St. in der Weise verteilt, daß die aufziehende und die abtretende Dienstabteilung je fünf, alle übrigen zusammen nur zwei Schaubrote erhielten.

V 8b [1]K hat, durch das in V 8a schon einmal vorkommende שְׁתַּיִם irre geführt, hier שְׁתַּיִם anstatt שֵׁשׁ.

V 8b [2]Denn die neu aufziehende Dienstabteilung (vgl. 2. Chron 23_{8} und Jos Ap 2, 108) mußte am Abend des Sabbats die Tore schließen (b Suk 56b). Die Halaka richtet sich nicht nach Rabbi Jehuda.

V 8c [1]D. h. rechts vom Brandopferaltar, wo auch geschlachtet wurde (Lev 1_{11}, Zeb V 1). Die rechte Seite ist immer die heilige, vgl. Luc 1_{11}: (der Engel) ἑστὼς ἐκ δεξιῶν τοῦ θυσιαστηρίου τοῦ θυμιάματος, auch Mat 25_{33}, j Ber 6d, 48 sowie Billerbeck I, S. 980. Hier, an heiliger Stätte, mußte das Schaubrot noch am Sabbat gegessen werden.

V 8c [2]Die Textlage des Satzes ist verwickelt. Der Singular הַנִּכְנָס ist bei K wahrscheinlich durch V 8b hervorgerufen (vgl. zu V 8b unter [1]), wir lesen also mit allen andern Zeugen הַנִּכְנָסִין. Dagegen

⌜הַנִּכְנָסִין⌝ חוֹלְקִים בַּצָּפוֹן וְיוֹצְאִין בַּדָּרוֹם ‖ בִּלְגָּה חוֹלֶקֶת לְעוֹלָם בַּדָּרוֹם | וְטַבַּעְתָּהּ קְבוּעָה וְחַלּוֹנָהּ סְתוּמָה׃

⌜...⌝ K: הנכנס.

---

wäre es nicht richtig, die von KLck gut bezeugte Lesart וְיוֹצְאִין aufzugeben. Daß sie die älteste ist, beweist auch ihr Vorkommen in der jerusalemischen Gemara [j Suk 55d, 31, nicht in der Mischna des Jeruschalmi (!)]. Sie könnte von dem im Heiligtum herrschenden Grundsatz beeinflußt sein, daß man rechts, d. h. auf der Nordseite, hinein und links, d. h. auf der Südseite, herausgeht (= Midd II 2, zum Verständnis unserer Stelle in j Suk 55d, 32 zitiert) und würde dann besagen, daß die eben aufziehende und daher im Norden ihr Schaubrot teilende Abteilung nach ihrer Dienstwoche im Süden den Priestervorhof verließ. Indessen verlangt der Zusammenhang mit dem Folgenden den in unserer Übersetzung gegebenen, in der Lesart וְהַיּוֹצְאִין deutlicher zum Ausdruck kommenden Sinn. Daß er auch in וְיוֹצְאִין stecken kann, geht einerseits aus dem vielfach formelhaften Gebrauch des Partizipiums von יָצָא hervor, andererseits aus der zweiten, j Suk 55d, 31 zu eben dieser Lesart angeführten Auslegung: (diese Regelung geschah,) „um den zum Dienst eintretenden Abteilungen Ehre zu erweisen".

V 8c [3]Bilga, sprachlich wohl = Βελγᾶς (Jos Bell 6, 280), ist der Name der fünfzehnten von den vierundzwanzig priesterlichen Dienstabteilungen (1. Chron 24_{14}).

V 8c [4]לְעוֹלָם entspricht dem neutestamentlichen εἰς τὸν αἰῶνα (Mat 21_{19} u. ö.).

V 8c [5]טַבַּעַת, bh Ex 25_{12}, ist der Ring als Gebrauchs- und Schmuckgegenstand. Im besonderen bezeichnet das Wort die 24 Ringe, die im Priestervorhof nördlich vom Altar auf Anordnung des Hohenpriesters Johannes Hyrḳan (135—104 v. Chr.) für die 24 Dienstabteilungen zum Schlachten der Opfertiere angebracht worden waren (vgl. Midd III 5, b Soṭ 48a). Wie sie aussahen, ist strittig. Bart. z. St. nimmt an, daß man den Kopf der Tiere in sie hineinsteckte, Maim. z. St., daß man mit ihnen die Füße festhielt. Jedenfalls war nur ein beweglicher Ring brauchbar, und Bilga mußte daher immer einen der Ringe der andern Abteilungen benutzen.

V 8c [6]חַלּוֹן, bh Ez 40_{25}, von חָלַל „durchbohren", ist „Öffnung", „Fenster", so Tos Suk II 3. Gewöhnliche Fenster können hier nicht gemeint sein. Da der Zusammenhang unsrer Stelle vom Schlachten handelt, ist nicht in erster Linie an die zur Aufbewahrung von Klei-

V 8c Die zum Dienst eintretenden [Abteilungen] verteilen [, was ihnen zukommt, jeweils] im Norden [1] und die abtretenden im Süden [2]. || Bilga [3] verteilt für immer [4] im Süden, | und ihr [Schlacht]ring [5] ist [unbeweglich] festgemacht und ihre Nische [6] verschlossen [7].

---

dern dienenden חַלּוֹנוֹת (= „Wandnischen" Tam V 3), sondern eher mit j Suk 55d, 44f. an den Schlachtmesserraum (בֵּית חֲלִיפוֹת Midd IV 7) zu denken, in dessen Mauerdicke nach Raschi z. St. ebenfalls eine Art Wandnische für jede Dienstabteilung angebracht war.

V 8c [7] Der den Traktat schließende Satz klingt ähnlich wie der drittletzte Vers des Nehemiabuches, 13 29, der ebenfalls eine schwere Verfehlung nur andeutet (vgl. B. Stade, Geschichte des Volkes Israel II [1888] S. 190f.). Erst die Tosefta (IV 28) und die beiden Talmude (j Suk 55d, 33ff., b Suk 56b) begründen diese harte Bestrafung einer priesterlichen Dienstabteilung: Eine sonst ungenannte, aus dem Geschlecht Bilgas stammende Mirjam fiel von der väterlichen Religion ab und heiratete einen griechischen (gemeint ist wohl: syrischen) Offizier. Als die Griechen (= Antiochus Epiphanes im Jahre 168 v. Chr.) in das Heiligtum eingedrungen waren, schlug sie (mit ihrer Sandale) auf den Altar und rief ihm zu: „Wolf, Wolf (לוקוס = λύκος), du verwüstest die Güter der Israeliten und stehst ihnen nicht bei in der Stunde ihrer Qual!".

Die Sünde dieser einen Frau schien die tiefe Erniedrigung einer ganzen Priesterabteilung nicht genügend zu rechtfertigen. Deshalb erscheint in den beiden Talmuden anschließend eine zweite Begründung: Bilga sei zu der für sie bestimmten Zeit nicht nach Jerusalem hinaufgezogen, und Jeschbe'ab, die ihr benachbarte vierzehnte Abteilung, sei für sie eingetreten. Der Gedanke, Bilga ganz vom Dienst auszuschließen, wurde zwar erwogen, aber unter Berufung auf die in der Schrift verankerte Tradition der 24 Priesterabteilungen abgewiesen (j Suk 55d, 38f.). Doch das Brandmal blieb.

Textkritischer Anhang

Die benutzten Textzeugen[1]) (mit Abkürzungen)[2]) sind:

1. K, Die Mischnahandschrift Kaufmann, nach der Originalfaksimileausgabe von Prof. D. G. Beer, Haag (1930). Die Handschrift weist im Traktat Sukka verschiedentlich Rasuren auf. Ist die ursprüngliche Lesart deutlich erkennbar, so wird sie in unserem Text gegeben. Die jetzige Gestalt der durch mindestens zwei Hände korrigierten und vokalisierten Handschrift bezeichnen wir mit K^1.

2. L, Die Mischnahandschrift Cambridge [University Library 470 (II)] nach dem Abdruck von W. H. Lowe, The Mishna on which the Palestinian Talmud rests, Cambridge (1883).

3. P, Die Parmaer Mischnahandschrift de Rossi Nr. 138, benutzt nach Photographien, die mir Herr Professor D. G. Beer-Heidelberg in liebenswürdiger Weise zur Verfügung stellte. Den die gesamte Mischna enthaltendeu wertvollen Codex konnte ich später in Tübingen selbst einsehen. Zwei Hände haben an ihm abwechslungsweise gearbeitet. Die von der üblichen stark abweichende Vokalisation erstreckt sich nur auf einzelne Teile, besonders in der Ordnung Mo'ed, und ist nicht zugleich mit dem Konsonantentext gesetzt worden. Teilweise, ebenfalls besonders in der Ordnung Mo'ed, durchgehend im Traktat Sukka, finden sich ausgiebige Glossen in winzigem Format auf den Rändern und zwischen den beiden Spalten der Handschrift, die jedoch für unsere Ausgabe unwesentlich sind.

1) Die in der Reihe „Texts for Students", London, Society for promoting Christian knowledge (Nr. 31) von A. W. Greenup gebotene Textausgabe „Tractate Sukkah, Mishna and Tosefta" (1921) konnte ich nicht übernehmen, da sie die Anforderungen, die heute an eine Mischnaausgabe gestellt werden können, nicht genügend befriedigt. Es ist z. B. nur eine von den bedeutenden Mischnahandschriften, der Codex Cambridge, verwendet. Immerhin behält sie ihren Wert dadurch, daß sie die Editio princeps der Mischna, Neapel (1492), laufend druckt. Außerdem veröffentlicht das Heft erstmals den Text des Toseftatraktats Sukka nach The British Museum MS add, 27, 296 (vgl. C. Margoliouth, Catalogue of the Hebrew and Samaritan manuscripts in the British Museum II [1905] S. 76). Dieser die ganze Ordnung Mo'ed umfassende Textzeuge steht der Wiener Toseftahandschrift näher als der Erfurter.

2) Auf den Rat von Prof. M. Dibelius werden die Abkürzungen für Handschriften in gewöhnlichem Satz, die für Drucke kursiv gegeben.

4. *N*, Die Editio princeps der Mischna mit dem hebräischen Kommentar des Maimonides, Neapel (1492).

5. *J*, Die Editio princeps des Jeruschalmi, Venedig (Bomberg, 1523/24) nach dem photomechanischen Neudruck des ספרים-Verlags, Berlin (1924/25).

6. *B*, Die Editio princeps des Babli, Venedig (Bomberg, 1522).

7. M, Die Mischna der Bablihandschrift der Münchener Staatsbibliothek Cod. Hebr. 95 nach der Faksimilelichtdruckausgabe von H. L. Strack, Leiden (1912)[1].

8. Zwölf verschiedene Genizafragmente mit Stücken des Traktats Sukka. Ihre Bedeutung für die Textarbeit an der Mischna haben zuerst G. Kittel und K. H. Rengstorf erkannt; letzterer hat erstmalig[2]) solche Fragmente für den von ihm herausgegebenen Traktat Jebamot verwendet. Ihm verdanke ich Abschriften bzw. Photographien der Fragmente aus den Sammlungen der Universitätsbibliotheken von Oxford und Cambridge, die Stücke aus Sukka enthalten. Ferner bin ich Herrn Professor A. Marx-New York zu Dank verpflichtet, der mir wertvolles Material aus der Adler-Sammlung des Jewish Theological Seminary of America verschaffte. Das wichtigste der Fragmente aus New York beschreibe ich hier etwas ausführlicher, die Stücke aus Oxford und Cambridge kurz, da Rengstorf in absehbarer Zeit eine Liste des gesamten dortigen Materials vorzulegen beabsichtigt.

a) New York: Pergament, Höhe 26 cm, Breite 24 cm, oberer Rand ca. 2,8 cm, unterer Rand ca. 4 cm, innerer Rand 1—2 cm, äußerer Rand ca. 3 cm, Schrifthöhe (des Buchstabens) 4 mm, Schriftbreite (des Textes) 19 cm; 32 Zeilen auf der Seite. Das in der Art von K geschriebene Fragment ist abgesehen von Namen, Zahlen, Maßen, Schriftzitaten und Ausdrücken, die während des Ganges des Traktates geläufig geworden sind, ganz vokalisiert und hat wie alle alten Texte den Raphe-Strich (Gegensatz zum Dagesch lene). Interpunktionsspuren finden sich in Gestalt von schräg auf das letzte Wort des Sinnzusammenhangs gesetzten kleinen Strichen. Der Rand enthält wenige (5) Zusätze von mindestens zwei Händen, deren eine durch ihre

---

1) Ursprünglich wollte ich nur eine Babli-Mischna kollationieren, bemerkte jedoch, daß M gegenüber *B* eine so große Anzahl von Sonderlesarten besitzt, daß seine Mitverarbeitung lohnend erscheint.

2) Jebamot, S. 219 ff. Ein Einzelfragment hatte G. Beer schon in Abot (= Gießener Mischna IV 9) (1927) S. 187 Anm. * auf Anregung von G. Kittel verwertet.

Schreibweise arabische Herkunft verrät. Von der Handschrift sind je acht Blätter der zweiten und der dritten Ordnung vorhanden. Der Traktat Sukka, dem Scheḳalim vorangeht und Beṣa nachfolgt, ist auf drei Blättern ganz erhalten, doch sind je die acht letzten Zeilen durch Mäusefraß schwer beschädigt. Unversehrt geblieben sind Scheḳ VIII 6—Suk I 7, I 11 b—II 7, III 3—12, IV 2—9, V 3 b—7 b. Das Fragment ist von E. Deinard in Gubbar bei Damaskus gefunden worden und stammt nach Mitteilung von Prof. Marx wohl aus dem 12. Jahrhundert[1]).

b) Oxford Ms. Heb. c 17 fol 21 (= Nr. 2661, 7 b; vgl. Cowley, Catalogue of the Hebrew manuscripts of the Bodleian library II [1906] Sp. 56): Pgt., H. 20,8 cm, Br. 17,5—18 cm, o. R. 7 mm, u. R. 2,3 cm, rechter Rand 1,3—3 cm, linker Rand 1—2,5 cm; 26—28 Zeilen; zwei zusammenhängende Blätter, Jom V 1—VI 2 und Suk II 2—III 5 (II 9. 10 teilw. zerstört).

c) Oxford Ms. Heb. c 17 fol 23 (= Nr. 2661, 8 b; vgl. Cowley, a. a. O., Sp. 56): Pgt; H. 20 cm, Br. 18,3 cm, o. R. 2 cm, u. R. 1 cm, r. R. 1,7—3 cm, l. R. 1,8—2,8 cm; 25 Zeilen; gelegentlich von späterer Hand vokalisiert; zwei zusammenhängende Blätter, ziemlich gut erhalten. Taan II 6—III 8 und Suk V 5 b bis Ende.

d) Oxford Ms. Heb. c 21 fol 186 b ff. (= Nr. 2662, vgl. Cowley, a, a. O., Sp. 58 f.): Pgt; H. 21 cm, Br. 14,5 cm, o. R. 2,5 cm, u. R. 5,5 cm, r. R. 3 cm, l. R. 2 cm; 15 Zeilen; unvokalisiert; 14 Blätter. Jom VIII 9—Suk III 15.

e) Oxford Ms. Heb. b 10 fol 3 (= Nr. 2833, 2, vgl. Cowley, a. a. O., Sp. 263): Pgt; H. bis 31 cm, Br. bis 25,5 cm, o. R. ?, u. R. ?, r. R. 2,5—3 cm, l. R. bis 3,5 cm, zwei Spalten, Abstand ca. 2,5 cm; 28 Zeilen; sehr große Schrift; zwei Blätter. Suk V 8 b bis Beṣ II 5; R hasch I 6—II 9.

f) Cambridge E1 62: Pgt; H. 24 cm, Br. 16,5 cm, o. R. 2 cm, u. R.

---

1) Die Beschreibung eines weiteren New Yorker Textzeugen sei hier angefügt: Pgt; H. 10,7 cm, Br. 8 cm, o. R. 1,8 cm, u. R. 2,6 cm, i. R. 1,3 cm, äuß. R. 1,9 cm, Schrifthöhe 2 mm, Schriftbreite 5 cm; 13 Zeilen; unvokalisiert, wenige Worte am Rand, zierliche Raschischrift; 13 Blätter. Die Handschrift umfaßt die ganze Ordnung Mo'ed und ist von einem Glied der bekannten italienischen Familie Finci, aus deren Besitz auch der Parmaer Mischnakodex stammt, am 2. Jjar 1361 beendigt worden. Aus der Kollation ergab sich, daß sie bis auf wenige Stellen mit dem Fragment a übereinstimmt. Aus diesem Grunde wurde ihre Lesart zugunsten von M (vgl. S. 173 Anm. 1) hier nicht verzeichnet. Die beiden New Yorker Zeugen sind verwertet und kurz beschrieben in H. Malter, The treatise Ta'anit of the Babylonian Talmud, Philadelphia (1928), S. XXVI bzw. XXVIII.

3 cm, r. u. l. R. je 1,5—2 cm; 22 Zeilen; ganz vokalisiert; zwei zusammenhängende Blätter, von denen das erste sehr, das zweite nur wenig zerstört ist. Suk I 5—II 4b; Schek̦ III 1—IV 6.

g) Cambridge E1 63: Pgt; H. 20 cm, Br. 18 cm, o. R. 1,8 cm, u. R. ca. 1,2 cm, r. R. 2,5—3 cm, l. R. 1,5—1,8 cm; 24 Zeilen; Vok. selten; zwei zusammenhängende Blätter mit einer Anzahl kleinerer Löcher mit geringem Verlust, sonst gut. Schek̦ VII 6—Jom (= Kippurim!) I 1; Suk II 6a g. E. bis III 8b Anf.

h) Cambridge E1 64: Pgt; H. 29,5 cm, Br. 27,5 cm, o. R. 2,5—3 cm, u. R. 5 cm, i. u. äuß. R. je 3—3,5 cm; zwei Spalten, Abstand bis 2,5 cm; 25—27 Zeilen; zwei zusammenhängende Blätter, das erste sehr, das zweite weniger zerstört. Suk IV 4 Ende bis V 5a, g. E.; Schek̦ VII 7—Suk I 9a.

i) Cambridge E1 66: Pgt; H. 15,5 cm, Br. 12—13 cm, o. R. ca. 1,7 cm, u. R. ca. 2,2 cm, i. R. ca. 1,3 cm, äuß. R. ca. 2 cm; 7 Zeilen; nicht vokalisiert; vier Blätter, davon je zwei zusammenhängend, sehr zerstört. Suk I 1—III 7 Anf.

k) Cambridge E1 67: Pgt; H. 23,3 cm, Br. 23,5 cm, o. R. 1,5 cm, u. R. 2,5 cm; zwei Spalten, Abstand ca. 1,5 cm; 25 Zeilen; nicht vokalisiert; ein Blatt. Suk V 6 g. E. bis Beṣ (= Jom Ṭob) II 6.

l) Cambridge E2 101; Pgt; H. ?, Br. mehr als 20 cm, kein Rand; zwei Spalten, Abstand 2 cm; mehr als 10 Zeilen; vokalisiert; ein Fetzen mit vier kleinen Stücken aus Suk I 10—II 7.

m) New York: Pgt; H. 18 cm, Br. 13 cm, o. R. 1,2 cm, u. R. ca. 1,6 cm, i. R. 1,2 cm, äuß. R. 1,7 cm; Schrifthöhe 4 mm, Schriftbreite ca. 10 cm, ungefüge Quadratschrift; 21—22 Zeilen; vokalisiert; ein leicht beschädigtes Blatt. Suk I 4 bis II 3 Anf.

Als Text der vorliegenden Ausgabe ist auf den Rat von K. H. Rengstorf[1]) hin, dem ich in den Fragen der Textbehandlung und Textbeurteilung Entscheidendes verdanke, im wesentlichen der der Kaufmannschen Mischnahandschrift gegeben. Einen einzelnen guten Zeugen in seiner Eigenart zu bieten, erschien auch mir zweckmäßiger als einen Mischtext herzustellen. Dabei war es selbstverständlich nötig, offensichtliche Fehler auszuscheiden. Abweichungen von K sind demgemäß im Text mit den Zeichen ⌜...⌝ gekennzeichnet und jeweils sofort unter dem Text (aber auch im textkritischen Anhang noch einmal) vermerkt, die wichtigeren im Kommentar besprochen. Die große

1) Vgl. auch sein Jebamot, S. 221.

Anzahl der in K auftretenden Fehler könnte zunächst auf die Meinung führen, es sei besser, der Bearbeitung weiterer Traktate etwa die Cambridger oder die Parmaer Mischnahandschrift, ebenfalls gute alte Zeugen, die jedoch eine viel geringere Anzahl derartiger Fehler aufweisen, zugrundezulegen. Und doch wäre das nicht ratsam. Wer immer sich eingehender mit Textfragen der Mischna beschäftigt, kommt zu dem Ergebnis, daß die Mischna der Editio princeps des Babli, die im allgemeinen in den heutigen jüdischen Ausgaben abgedruckt wird, den am stärksten harmonisierten Text darstellt. Diese Tatsache hat als Grundlage jeder Beurteilung der Textverhältnisse der Mischna zu dienen. Auf ihr aufbauend hat Rengstorf (nach mündlicher Mitteilung) auf Grund eingehender Zählungen festgestellt, daß die Kaufmannsche Handschrift der Mischna des Babli am fernsten steht. Der Schluß, daß sie deshalb auch den ältesten vollständigen Text bietet, ist zwar in Anbetracht des oben erwähnten fehlerhaften Charakters der Handschrift nicht zwingend, bei der Lage der Dinge indessen immerhin wahrscheinlich, und so wird es sich empfehlen, auch weiterhin K in erster Linie zu berücksichtigen.

Für den vorliegenden, auf Vokalisierung angelegten Text ist die Pleneschreibung der Kaufmannschen Mischnahandschrift aufgegeben. Nur in wichtigen Fällen sind Abweichungen in dieser Beziehung im Apparat vermerkt. Es steht auf derselben Linie, wenn die in den ältesten Zeugen (KP, sowie die Fragmente, dagegen nicht L) übliche Verbindung des zur Umschreibung des Genetivs dienenden שֶׁל mit dem folgenden Wort nicht übernommen ist. Unwichtige Abkürzungen sind nicht verzeichnet, die weithin auch innerhalb der einzelnen Zeugen schwankenden Endungen auf ם- und ן- einheitlich nach K gegeben. Die Zählung der Halaḵot, in der die Texte oft voneinander abweichen, ist die in den heutigen Drucken übliche.

Abkürzungen: + = Zusatz; > = fehlt bei . . .; a. R. = am Rande; i. T. = im Text; Vok. = Vokalisator; o. d. Z. = oberhalb der Zeile.

Die nicht genannten Zeugen stimmen jeweils mit dem Text unserer Ausgabe überein.

Überschrift: מסכת סכה: *BJ*L*N*Pad, סכה: Kh, > M. — I 1a גבוהה[1,2]: גבוה M*N*d, + למעלה *BJN*Mad. — ורבי: ו > L*N*Pdh. — שלש: שלשה *B*.

I 1b הישנה[1]: ה > *B*M. — Die Namen: Meist hat K הֶ(י)לֵּל, L שמיי, *BJ*M*N* שמאי, die Fragmente verschieden (so durch den Traktat). — ובית: ו > Lh. — אי זו היא (bei a היא später gestrichen): איזוהי *N*, אי זו L,

ואיזו היא *B*M. — הישנה²: ישנה M, סכה ישנה *BN*d, סכה הישנה a. — לחג: של חג M. — ואם: אבל אם *BJ*P*N*d. — לשם: לשום *B*. — החג: חג *B*M. — בתחלת: מתחלת *N*.

I 2a כילו: כאלו *BJ*LM*N*Padh. — I 2b על: שעל M. — סכה²: סכתו a. — אמר: אומר a.

I 3 פרס: פרש h, פורס *B*, פירס *J*M. — שפרס: שפרש h, שפירס *BJ*. — הקינוף: ה > M. — אבל: אם M. — פֵּרֵס: פורש a h, פירס M. — הוא: > M. — על²: + גבי *B*M*N*d. — המטה: + כשרה M.

I 4a ואת: ו > *J*. — גבה: גבן K¹L*N*dhi, גביו M. — אם: + ו *B*. — הסכוך: סכוך *J*Lh.

I 4b זה: + ו *J*. — דבר: כל *B*, כל דבר M. — מקבל: שהוא מקבל: שהו מקבל *B*, שמקבל M. — מקבל: > P (+ o. d. Z.). — ואין: אם אין *B*M, ושאין h. — Zusatz am Schluß: וכל דבר שאינו מקבל טמאה וגדולו מן הארץ מסככין בו *BJ*.

I 5 וחבילי עצים: > M. — אם: + ו Lh. — אם התירן: וכלן שהתירן *B*, ואם היו מותרין M. — כשרות¹·²: כשרין M. — וכלם: ו > f. — כשרות²: P (a. R.).

I 6 Vor רבי יהודה: + רבי מאיר, doch wieder gestrichen, M. — רבי²: + ו *BJ*M. — שהוא רחב: שרחב a, רוחב M.

I 7 תקרא: תקרה *BJ*LM*N*Pahm. — יהודה: יודה L, + אמר K¹Lfh, + אומר *BJ*M*N*Padm. — משם: משום *J*, > d. — בית שמאי: משם בית הלל *B*M. — אומר: K¹ gestrichen, אומרי' *B*, + מפקפק או נוטל אחת (> adm) או מפקפק ונוטל בית מבינתים (ובית *PJ*adf) שמאי אומרים K¹*J*LPadfhm. — ובית הלל אומר: מבינתים¹ אחת¹: > *J*. — אחת: או מפקפק או נוטל אחד N. — מפקפק או נוטל אחת מבינתים *B*M, bei M von אומר an a. R. — רבי²: + ו *B*. — אמר: אומר *BJ*M*N*dhm. — ואינו מפקפק: ואינו צריך לפקפק *B*, ואין צריך לפקפק M, ואינו זה מפקפק d, אינו צריך לפקפק f.

I 8a המקרא: המקרה *BJ*LM*N*Pdhm. — סכתו: את סכתו *N*d. — בשפודים: בְּשְׁפוֹדִים K (vok.) — או בארוכות: ובארוכות M. — המטה: ה > d. — יש: + שם *N*. — רוח: רווח L, ריווח P. — ביניהן: + אחד (?) d. — I 8b לו: בו *N*d.

I 9a המשלש: המשלשל (K¹): K. — דפנות: כדפנות M. — מלמעלן: מלמעלה (entsprechend, auch bei למטן, durch I 9a. b) *B*M*N*d. — גבוהה¹·²: גבוה *BJN*d, גבוהות: M. — אם² bis הארץ²: > M (+ a. R.). — מן הארץ²: > *B*. — טפחים²: > M. — כשרה (K¹: a. R.): > K.

I 9b Der ganze Satz steht bei K nur a. R. — שלמטן: שמלמטן f.

I 9c הרחיק: אם הרחיק M.

I 10 בין: > m, מן *B*Md. — הכתל: ה > Lf. — בחצר: ב > *B*Mdm. — מקפת: שהיא מקפת: שהוא מקפת *N*d, המקפת M. — אכסדרא: אכסדרה *BLN*dm, לאכסדרא M. — בדבר: ב > *JN*Pad. — בו: בה *N*. — תחתיו: תחתיה M.

I 11a סכתו: סכה M. — כמין: כמן K. — שסמוכה: שסמכה M. — אליעזר: ליעזר L. — מפני: לפי M. — מתירים: מכשירין *BJ*M*N*PdlmK¹.

I 11b קנים: הקנים M. — מחצלת²: > *B*M, ומחצלת L. — ולסכוך: ו >

*B*M*N*. — לעזר (K[1] vok: לְעָזָר): אליעזר *BJ*M*N*dm. — אחת גדולה ואחת קטנה: umgestellt *B*M. — עשאה: עשה M. — בה: > K (+ a. R.). — ולסכוך: ו > *B*M*N*d. — ולסכוך מסככים בה: > L. — ואינה: ואין M.

II 1 המטה: + בסכה *B*. — ידי: + ידי L (Fehler!). — היינו: + שהיינו *B*M. — המטה: המטות *B*LM. — לפני: בפני: *BJ*LM*N*Padfm. — הזקנים: + ולא אמרו (*B* אמר) לנו דבר *BJ*M. — אמר: אמר להן *B*, ואמר להן M. — טבי: בטבי a (das ב später gestrichen). — חכמים: חכם *BJ*L*N*d, + שהוא a (später gestrichen). — ויודע: ו > *J*LP. — שעבדים: שהעבדים M. — וישן לו: לפיכך ישן הוא *B*, לפיכך הוא ישן M. — לפי: + ו *BJN*Pad.

II 2a הסומך (K[1]): הסוכך KP. — לכרעי: בכרעי *B*M. — המטה: ה > PM. — כשרה: בשדה(!) L. — יהודה: יודה Lb (so öfter). — מעצמה: בפני עצמה M. — פסולה: אסורה M.

II 2b המדבללת: ה > *B*Mf. — ושצלתה: ו > *J*Pab. — והמִעבה: ו > *BJ*M*N*Pdfm. — הכוכבים: ה > M.

II 3a הגמל: ה > *B*Md. — כשרה: > M (+ a. R.).

II 3b שתים בידי אדם ואחת באילן: In diesem wie im folgenden Satzteil ist die Reihenfolge der Glieder bei *B* umgekehrt. — אחת: K Rasur, jetzt אחד. — Von או[1] bis בידי אדם[2] steht bei M, bis באילן[3] bei a alles a. R. — בה: לה K. — שלשה: שלש *N*d; M hat von hier bis Schluß der Mischna alles a. R.

II 3c כל: + שאילו P. — שנטל: שינטל Laf, ינטל P. — והיא יכולה: ויכולה *B*ab. — לעמוד: + בפני עצמה כשרה *BJ*. — עולים: ועולין *B*.

II 4a והאילנות: ה > M. — דפנות: + לה *B*M*N*d. — כשרה: > M (+ a. R.).

II 4d אוכלים: + עראי a (wieder gestrichen). — ושותים: > M (+ a. R.), + אכילת M. — עראי: ערי *BJ*M*N*adi.

II 5a שהביאו: והביאו *B*Md. — לו: לפני *B*, > *J*LM*N*Pabd. — רבן: לרבן *BJ*LM*N*Pabd. — בן זכאי: בן זכי *BJN*adi, > M. — שני: שתי *B*. — אמרו: ואמרו *BJ*LPad, + להם M.

II 5b לו: > M. — צדוק: > d. — פחות: בפחות M. — מכביצה: מ bei i über der Zeile. — נטלו: + ו *J*Pb, נוטל M. — במפה: במפא *B*LM*N*Pabdi.

II 6a אליעזר: ליעזר Lbi. — אדם: אדן b. — לאוכל (K vok. לְאוֹכַל): לואכל b, לוכל *J*Pi, לאכל L*N*a, לאכול *B*Md (Stellung des א!). — אומרים: אומר *B*. — קצבה: קצווה b. — הראשון: ראשון של חג *B*. — בלבד: > M.

II 6b אליעזר: ליעזר Lbi, > M (+ a. R.). — מי bis הראשון fehlt bei M. — בלילי[1]: > *B*. — משלים: ישלים *J*. — בלילי[2]: ב > *B*. — האחרון: vorher Rasur P, + של חג *B*. — על: + ו *J*Ma. — לתקן: letztes Wort M.

II 7a ובית[1]: ו > Li.

II 7b אמרו: אמר *B*, + לו a (wieder gestrichen), + להם *B*M. — Vor מעשה: + לא כך היה *B*M, sowie g (a. R.). — Nach מעשה: + אלא פ M

(?, wieder gestrichen). — בית^3: > *B*. — Vor יוחנן: + רבי *B*M. — בן: > *N*Pad. — החורוני: החורונית *B*M. — ומצאוהו: > M, + שהיה יושב *B*M. — הבית: + ולא אמרו לו דבר *B*M. — בית שמי^2: > M. — כן: כך *B*Mbd. — הייתה: הייתה לו K (לו vom Vok. gestrichen). קיימת: קימתה *BJN*d. — מצות: מצוות Pa, מצוה *J*.

II 8a וקטנים: a Rasur (?), > M (+ a. R.). — הסכה: > i. — וכל קטן (K^1): וכל הקטן K, כל קטן *JN*Pabdg, קטן *B*, וקטן M.

II 8b שילדה: וילדה *B*Mbg. — את: מן (את klein darüber) g. — הקטן: ה > *B*.

II 9a שבעת: שבעה M*N*. — הימים: ה > *J*MPa. — אדם עושה: עושה אדם *B*. — אדם: אדן b. — את^1: > *B*M. — את^2: ואת *J*K^1L*N*Pbdg. — ביתו: וביתו *B*M. — ערי: עראי *BJ*M*N*dg.

II 9b מאמתי: מימתאי g. — מתר (K^1): ומותר K. — לפנות: + את הכלים M.

II 9c מושלים אותו: > *B*M. — משלו: משל M. — שבא למזוג: שמוזג לו M, + כוס *BJ*M. — לקונו: לקוניו *JN*d, לרבו *B*M. — ושפך: + לו *B*, + לו לרבו M, + את bg. — הקיתון: קיתון *B*M, + מים M.

III 1a של אשרה: + ו Mbg. — ונפרדו: ו > *BJ*K^1LM*N*Pbdg. — עליו: > M (+ a. R.). — כשר: כשרה *B*, כשיר g. — יוגדנו: יאגדנו *BJ*M*N*d. — מלמעלה: מלמעלן *BJN*Pdg, למעלה M. — וצני: ו > *BJ*M*N*d. — הברזל: ה > *B*.

III 1b Vor לולב: + כל *J*K^1LM*N*bd, + וכל P. — שלשה: ארבעה M(!). — בו: > M (+ o. d. Z.).

III 2 של אשרה (K^1): של שרה K (Fehler!). — הנדחת: ה > b. — פסול^2: P Rasur, ursprünglich פסולה. — נפרצו: נפרטו Lb. — שהיו: K Rasur (?). — ענבין: ענביו *N*d, ענפיו M. — פסול^3: פסולה *N*d, > M (+ a. R.). — אם: + ו *BJ*M*N*dg. — מעטן: מיעטו M. — אין: + ו *BJ*LM*N*bdg. — ממעטין (K^1): ממעיטין K.

III 3 של אשרה: + ו b. — הנדחת: ה > b. — ראשו: ראשה M. — נפרצו: נפרטו Lbi. — והצפצפת (K^1): הצפצפת K, והצפצפה *BJN*Pd, הצפצפה M. — כמישה: כמושה *BJ*M*N*ad. — ושנשרו: ו > P, או שנשרו Mg, שנפלו *N*d. — ושל בעל: + ושל הרים M(!).

III 4 לולב: + ו M. — אפלו^1: + ו *J*Mb. — שנים: שתי M. — ואחד: ואחת M. — שאינו: ש > *B*d. — טרפון: M שמעון (gestrichen), a. R. טרפון — אומר^2: > *B*P (P + o. d. Z.). — עקיבה: עקיבא *B*Mg. — אחד^4: > b. — כן: כך bd. — אחד^5: אחת M.

III 5 אתרוג: + ו M. — של^1: + ו b. — הנדחת (K^1): ה > Kb. — של ערלה פסול: > K, ושל ערלה פסול K^1 (a. R.), של ערלה *N*d, ושל ערלה M. — ושל^2: ו > *BJ*Pa. — ושל^3: ו >, + תרומה *B*d. — של^1: + ו *J*K^1L*N*Pagi. —

דמי: דמיי LPb, דמאי *BJ*M*N*agi. — שמי: + אומ׳ (wieder gestrichen) g. — ובית: ו > b. — של מעשר: + ו *J*K^{1}L*N*Padg. — ואם: ו > b.

III 6a עלת[1]: עלתה *BJ*M*N*dg. — פטמתו: פְּטַמְתּוֹ K (vok.), פטומתו L. — ונקלף: ו > *BJ*K^{1}LM*N*Pad. — ונסדק: ו > *BJ*K^{1}L*N*Pad. — Stellung: נקלף (ו)נסדק נקב *B*Md. — חסר: + ו *B*Mdg. — שהוא[1.2]: שהו Ma. — עלת[2]: עלתה *BJ*LM*N*dg. — ונקב: נקב *BJ*K^{1}L*N*Pad, נקלף M. — כל שהוא: > M.

III 6b הכושי: ה > M. — פסול: + אתרוג הבוסר פסול M. — והירוק: ו > *J*LM*N*P. — ככרתן: ככרתי *B*Md. — ורבי: ו > L*N*P. — ורבי יהודה פוסל: וחכמ׳ פוסלין a(!).

III 7 קטן: הקטן: *B*Lgi, > M (+ a. R.). — ורבי[1]: ו > *BJ*LM*N*Pai. — יהודה: יודה *BJ*M*N*Pag, + אומר *BJ*K^{1}LM*N*Pagi. — והגדול: ובגדול *JN*Pa. — את: > *B*Mg. — שניהם: שני׳ *B*, שתים M. — אחת: > *B*. — דברי (K^1): > K. — אפלו: + אחד *BJN*Pa, + אחת Mg.

III 8a ממינו: במינו *BJ*. — רבי[2]: + ו g. — אפלו: + ו g. — במשיחה: בחוט המשיחה M. — באנשי: ביקרי M(!). — שהיו אוגדים את לולביהם: so jetzt M, früher שאין אוגדין את לולביהן אלא. — Am Schluß Zusatz von *BJ*M*N*Pa: אמרו לו (אמ׳ לו ר׳ יהודי׳ *N*) משם ראיה (מ׳ ר׳ > *BJ*) ממינו (במינו *BJ*) היו אוגדין אותו מלמטה.

III 8b ואיכן: ובאיכן Lg, והיכן *B*M*N*. — ליי׳: לה׳ *BN*. — אף[1]: > *B*M, + ו *J*. — באנא[1]: ובאנא *B*L, ואנא M. — ליי׳[1.2]: ייי P, ה׳ *B* (so auch in III 8c). — הושיע נא: הושיעה נא *J*LPa, הושענא *BN* (so auch in III 8). — כדברי: דברי *B*M, M vertauscht die beiden Schulen. — בית[1]: > *J*. — בית[2]: + ו *B*. — הצליחנא: הצליחה נא *N*.

III 8c עקיבה: עקיבא *B*. — וּבְרַבִּי (Ka vok): ורבי *B*M*N*. — מטרפים: מנענע׳ M, היו מנענעין *B*. — את לולביהם: בלולביהן *J*L*N*Pa. — בלבד: > *B*.

III 9 ולא היה: ואין M. — לולב: + ליטול *B*. — כשיכנס: משיכנס *N*Pa, לכשיכנ׳ *B*. — שלחנו (K^1): K starke Rasur, vorher? — ואם: אם *J*L*N*Pa, ו (אם o. d. Z.) M, > *B*. — לא (K^1): לאו(!) K. — בשחרית: לשחרית M, יטול שחרית (Stellung!) *B*. — בין: לבין M. — היום: + כולו M. — ללולב (K^1): לולב K*J*. — Siehe auch den Kommentar zu III 9 [7].

III 10 והוא[1]: > *BJ*LM*N*Pa. — עונה[1]: + ו LP. — מה שהן אומרים: שאין או׳ (wieder gestrichen) M. — ותהא: ותהי *BN*. — אם היה: ואם M. — והוא[2]: > *BJ*LM*N*P. — עונה[2]: + ו LM*N*P. — והוא עונה: והן עונין korrigiert in עונה a. — הללויה: הללו יה a.

III 11a יברך: + אחריו *B*.

III 11b מחברו: M (a. R., i. T. מעם הארץ, durchgestrichen). — מתנה: במתנה *BJ*M*N*P. — שאינו: לפי שאינו M, לפי שאין *B*. — רשי: רשאי *BJ*LM*N*a. — לקחו: ללוקחו *B*M (M das erste ל o. d. Z.), + ממנו *N*.

III 12 היה: K Rasur, vorher היו(?). — לולב: הלולב *JNP*, M > (+ o. d. Z.). — נטל: נוטל M. — ובמדינה: ו > M. — זכי: זכאי *BJMN*a. — לולב (K[1]): ללולב K, הלולב *JLNP*, > M. — זכר למקדש: > M (+ a. R.). — ושיהא (K[1]): ו > K.

III 13 הכנסת: + מערב שבת למח׳ M, + למחר P, + ובאין משכימין למחרת *BJ*. — מכיר: נוטל M. — ונוטל: ונוטלו *B*, > M. — שאמרו: + חכמים *B*M. — ביום ... של[2] חג: > M, bei *J* stehen diese Worte erst nach בלולבו של חברו. — של[2] חג: > *B*. — ושאר: ובשאר M. — כל: > *B*M. — החג: השנה (!) M, die beiden folgenden Wortgruppen stellen *BJ*M um.

III 14 אומר: > M. — ביום: יום *BJ*K[1]L*NP*a. — שכח: + ו *B*. — הלולב: לולבו M. — לרשות: ברשות KM*N*P.

III 15a בעלה: + את לולביהן M. — ומחזירתו: ומחזרת *B*. — ביום: + ו *J*MP.

III 15b וכל: כל *JLNP*, > *B*. — היודע: שיש בו דעת *B*. — בלולב: M a. R., i. T. לנענע (gestrichen).

IV 1 ההלל (K[1]): > K. — שבעה: > M (+ a. R.). — והחליל: ו > *B*Ma, der Artikel o. d. Z. M.

IV 2 כיצד: כי צד P (so im folgenden immer). — טוב: > M.

IV 3 השביעי: ה > *B*M. — שחל להיות בשבת: > M (+ a. R.). — ערבה[2]: > *J*M.

IV 4a מצות: מצוות a. — הלולב: ה > *BJMN*. — כיצד: + בשבת M. — כל העם: בשבי׳ י״ט׳ הראשון של חג שחל להיות בשבת: *B*. — מקבלים: + אותן M. — מידם: בידן L, מהן *B*. — גג: גב M, גבי *B*. — האיסטווא: האיסטווה a, האיצטבא M*N*, האיצטבה *J*, איצטבא *B*. — מניחים: מביאין M. — שיגיע: שהגיע L, שמגיע *B*M. — לולבי: K Rasur, früher לולבו (?), לולבו M, לולב *B*. — לידו: בידו *JLMNP*a. — מתנה: במתנה *B*M. — למחרת: + ו K[1]L, למחר *B*, ולמחר M. — ובאים: + והיו לבית הכנסת (!) M. — והחזנים: ו > *JL*M. — מזרקים: מ o. d. Z. *B*, + אותם *B*. — והיו: והן M.

IV 4b שהם באים: שהיו באים *J*a, שבאו *B*M. — סכנה: תקלה (!) M. — התקינו: + כל K, von K[1] gestrichen. — בביתו: בבית *BJ*K[1]L*NP*ah.

IV 5a מצות: מצוות a, מצוה M. — מקום (K[1]): + ו K. — נקרא: + ו *BJ*, ושמו M. — יורדים: + ו *BJ*M. — משם: לשם *B*. — ובאים: ו > h. — לצדדי: בצדדי a, בצידי *BJ*M, על צדי *N*. — ראשיהם: + ו *BJ*K[1]LM*NP*ah. — תקעו: + ו *BJ*. — והריעו: ו > h.

IV 5b בכל: + ו M. — ואומרים: ואומר *B*. — Von ואומרים bis והושיעה נא[1]: K[1] scheidet ה׳ durch einen darum gezogenen Kreis aus und vokalisiert das ו vor הושיעה נא nie, (*N*a jeweils הושיענא = ein Wort) אנא ה׳ הושיעה נא אנא ה׳ הושיעה נא L*NP*ah (der Gottesname fehlt jeweils bei Pah), אנא יי הושיע׳ נא אני והו הושיעה נא אנא ה׳ הושיעה נא *BJ*, אנא ה׳ הצליחה נא M

(Fehler!). — אומר (K^1): > K. —. Von אומר bis והושיעה נא[3] (K = L!): אני והוא הושיעה נא *N*, doppelt *J*Pha (a jeweils הושיענא), אני והו הושיעה נא *B*, doppelt M.

IV 5c אותו: + ו *B*M. — היום: + היו M. — שבעה: שבע *N*. — Am Schluß ein Zusatz von *B*, vgl. den Komm. zu IV 5c Anm. [2].

IV 6a כן: כך *BJ*Ma. — אותם[1]: אותה *J*, אותו M. — שבת: > *B*. — בגגיות: M a. R., i. T. בגימוניות (!, gestrichen). — כדי: בשביל *N*.

IV 6b אומר: או L. — דקל: K^1 vok. דָקָל. — מלקטים: לוקטין Lh, מביאין *B*M. — וחובטים: + אותן *B*M. — על גבי: בקרקע בצדי *B*, + קרקע בצדי M. — אותו: + ו *BJ*M*N*Pah. — היה: > *B*M. — יום: > *B*. — חבוט: > P (+ a. R.).

IV 7 מיד: מֵיַד K^1 voc., + ו h. — התינוקות: ה > *B*M. — ואוכלים: + את: LK^1 (a. R.) Mh.

IV 8a ההלל (K^1): הלל K. — שמונה: > M (+ a. R.). — שאדם: ש zugefügt a. — שאדם חיב: שחיב אדם *B*. — בכבוד: בהלל ובשמחה ובכבוד (!): *B*M. — ימות: ימי M.

IV 8b מלאוכל: מלאכל La, מלאכול *B*M*N*. — הוא: > *B*. — ולמעלן: ולמעלה *B*LM*N*. — בשביל: מפני *B*. — כבוד: > a. — האחרון: + של חג *B*M*N*.

IV 9a שבעה: > *B*. — שלשת: שלש M. — ממלא: ממלאה L. — מן: + מי M. — ותקעו: > K (+ a. R.).

IV 9b לשמאלו: לשמאל M. — ושני: ו > *B*M. — כסף: זהב M. — שהיו: ש o. d. Z. bei a. — משחרים: + פניהם *B*. — ומנוקבין: ומוקבין *N*. — אחד: + ו *B*. — מדק: מֵידַק KP voc, מידיק (?) L, מודק *N*a, דק *B*. — שיהו: שיהוא L. — שניהם: > *J*. — בבת (K^1): בת K. — מערבי: מערבו *B*M. — ומזרחי: ומזרחו M, מזרחו *B*. — של יין[1]: + זה הוא מערבו של מים M. — ערה: die beiden folgenden Glieder vertauscht *N*. — של יין[2]: + ו *B*M. — בתוך: לתוך *BJ*LM*N*Ph.

IV 9c בלוג: K Rasur, jetzt מלוג, so auch *J*L*N*h, P a. R. + ויש אומ׳ מלוג. — כל: על M.

IV 9d אומר: אומרין *B*. — את: > *B*M. — אחד: אחת *B*. — נסך: + אח׳ *B*M. — על רגליו: על גבי רגליו M*N*, על גביו רגלי׳ *B*.

IV 10a כן: כך *BJ*LMa. — אלא: אבל (!) K. — מערב שבת: > M. — מקדשת: + בערב שבת M. — מן: + מי M. — ומניחה: היה מניחה *BJ*LM*N*Pah. — בלשכה: + בעד החלון L.

IV 10b או: > *B*. — ממלא: K Rasur, jetzt ממלה, ממלאה L. — מן: + מי M. — שהמים: K שמים, doch wie שהמים vokalisiert. — שהמים והיין: שהיין והמים *N*, שיחין והמים *B*. — המגלים: > M (+ a. R.), ה > *B*. — מעל: על M. — מעל גבי המזבח: לגבי מזבח *B*.

V 1a זה: זהו *B*. — חליל: + ה *BN*. — השואבה: השאבה L (so auch weiterhin), + לא ראה שמחת בית השואבה לא L, wieder getilgt. — שאינו: שאינה *J*. — את$^{1.2}$: > *J*M. — השבת: ה > *J*M.

V 1b אמרו: > *B*M, + כל *J*L*N*a.

V 2a מוצאי: > M (+ a. R.), + ב *B*. — הראשון: > M (+ a. R.). — היו יורדים: יורדים M, ירדו *B*. — הנשים: ה > *B*M. — ומתקינין: ומתקנין *BJ*K^1 M*N*P. — שם (K^1): משום K (!).

V 2b ומנורות: ו > *B*M. — וספלים: וארבעה ספלים *B*M. — של זהב: > M. — בראשיה: בראשיהם *B*. — על כל מנורה ומנורה: לכל אחד ואחד *B*M. — וארבעה: וארבעים (!) M, + כהנים *B*. — מפרחי: K (Rasur), מפריחי *B*. — כדי: K^1 a. R. + יין וכדי שמ׳. — כדי שמן: כדים *B*, כדי M. — והן: שהן *B*, שהיו M. — לתוך כל: לתוך K (K^1 + כל a. R.), על כל *J*, לכל *B*M, ebenso P, doch das erste ל gestrichen und dafür לתוך o. d. Z.

V 3a הכהנים: ה > *BJ*, ה o. d. Z. bei P. — vor היו^1: + מהן *B*. — היו^2: > M (+ a. R.).

V 3b לא היתה: ולא היה *B*. — שלא היתה: שאינה *B*. — בית השואבה: בית השאבה Lh, של שואבה (!) M.

V 4a החסידים: ה > *B*M. — המעשה: ה > *BJ*M*N*a. — לפניהם: בפניהן *B*. — באבוקות: + של אור M, + של אור שבידיהן *B*. — ואומר: ואומרין *J*. — תשבחות: שירות ות׳ *B*M.

V 4b הלוים: + ו *BJ*LM*N*Pa. — ובנבלים: ו > *J*. — ובמצלתים: + ובחצוצרות *B*M. — וכל כלי שיר: כל > *B*M. — על: של, in על korrigiert, M. — חמש: שמנה (!) *N*. — עשר: עשרי *N*, עשרה *BJ*LPa. — הנשים: ה > *BJ*M. — שיר המעלות: מעלות L (שיר und ה klein hinzugefügt) *B*M. — שבתלים: K^1 streicht ש, שבתהילים *BN*. — הלוים עומדים: עומדים הלוים *J*, הלוים > M, ה > *B*. — בשיר: בכלי שיר ואומרים שירה *B*.

V 4c עמדו: + ו *B*M. — כהנים: הכהנים (!) *B*, אנשים (!) M. — היורד: שיורד *B*. — ישראל: > K (+ a. R.). — הנשים: ה > *BJ*M. — ושני: ושתי *B*. — בידם: בידיהן *B*. — Hier tilgt M einen größeren Zusatz aus V 6, wohin er beim Abschreiben geriet, wieder. — והריעו^1: ו > h. — הגיעו bis ותקעו^2: > LM. — לעזרה: לעזרת הנשים M, לקרקע *B*. — היו: > M. — למזרח: ממזרח *B*.

V 4d הגיעו ... למזרח: > M (+ a. R., vorher + כיון ש). — ממזרח: למזרח *BN*. — והפכו: ו > *B*Mah, הפסו (Fehler!) L, + ממזרח *B*. — ואו׳: ואמרו M. — היו: שהיו *B*, > M. — היכל יי: ההיכל *B*. — קדמה^1: + בבית ראשון היו רופ׳ ולא היו פניהם לבית אלא אחוריהם אל היכל יי ופניה׳ קדמה (!) M. — והמה: והם *N*, המה > *B*. — משתחוים: משתחויתם *BJ*a; K^1 und h haben משתחוים in משתחויתם geändert. — אנו^1: + ו *BJ*M*N*Pa. — וליה^1: > *B*MP. — Vor שונין: + היו *B*M. — אותן: K Rasur (jetzt אותו), אותו Pa, אותם *N*, אותה Lh, > *B*. — לומר: ואומרין *B*M.

V 5a מעשרים ואחת:מאחת ועשרים MN. — תקיעה:תקיעות BJMN. — ולא:ואין BM. — על ארבעים (K^{1}): עד ארבעים K, מארבעים M.

V 5b עשרים ואחת:אחת ועשרים N. — תקיעה:תקיעות MB, + במקדש B. — שלש:שלשה N. — השערים:ה > BJLMNPah. — תשע לתמיד של שחר: > K (+ a. R.). — תשע^{1}:+ ו K^{1}, תשעה JNPa, ותשעה BM. — תשע^{2}:+ ו LK^{1}h, ותשעה BJMNPach. — ובמוספים:ולמוספים LNPach, + היו BM. — עוד^{1}: > M. — ובערב:ו > N. — שבת:+ היו BM. — עוד^{2}: > BM. — שלש:שלשה N. — להפטיר:להבטיל JNPa, להבדיל M. — את: > B. — מן המלאכה:ממלאכה B. — ושלש:ושלשה JN.

V 5c ערב:בערב M. — ושמנה:+ תקיעות N. — שלש^{1}:שלשה (im folgenden immer so) N. — שלש^{2}:+ ו BK^{1}MNc. — ושלש:ו > JLMNPa. — שלש^{3}:+ ו BK^{1}Nc, תשעה M. — שלש^{4}:+ ו BJK^{1}LNc. — לגבי:על גבי MNa. — המזבח:ה > BN. — ותשע^{1}:ו > BJLPa, תשעה N (so immer) M. — של שחר: K Rasur (ח vom Vok eingesetzt.). — ותשע^{2}:תשעה M, ושלש B. — למוספים:של מוספין N. — Statt ובמוספים ותשע למוספים hat M היו מוסיפים תשע׳, den Rest der Mischna a. R. — ושלש:ו > BJLac. — להפטיר:להבטיל: JNPa. — שלש^{5}:+ ו BK^{1}LPac.

V 6a יום:ביום c. — הראשון: > M, ראשון N. — ואילים:ו > BMP. — שנים:+ עש׳ M. — ושעיר:חטא׳ M. — ארבעה:ארבע N. — של שמנה:לשמנה Nc.

V 6b הראשון:ה > BM. — ששה:+ כהנים K (unvokalisiert!) — והשאר: והנשא׳ B, + מקריבין P. — ⌜. . .⌝^{2} fehlt bei KLMa im Text, steht bei a a. R., bei K am unteren Ende der Spalte direkt nach dem vorhergehenden והשאר. — שנים שנים^{2}: N hat wegen Spaltenwechsels dreimal שנים. — ארבעה: > M. — שנים שנים^{3}:שנים N. — בחמישי שנים:+ שנים K (von K^{1} gestrichen). — אחד מקריב שנים:+ שנים K. — אחד אחד^{4}:אחד ואחד K (ו von K^{1} gestrichen). — שוים:שווין JL, der Rest von V 6 steht bei M a. R. — כרגלים:ברגלים KMN, כרגליו k, כברגלים B.

V 6c מי שהיה מקריב:מי שהקריב B. — פרים: > J, + היו c. — לא היה מקריב:לא יקריב B, + פרים JPa. — אלא:אילא c.

V 7a היו כל:היובל L (Fehler!). — כל המשמרות (K^{1}): ה > K. — שוים: שווין L, שוות BMPa. — באמורי:בָּאמוּרֵי K^{1} (voc.), באימורי BJMNPak, רגלים:+ ה BJLMNPka (o. d. Z.).

V 7b ובעצרת:ו > BJMNPak. — אומרים:אומר BK^{1}P. — לו: > a (+ o. d. Z.), M. — Die Priesterworte: הילך:הי לך J, הא לך LMk (so jeweils). Einfach stehen die Worte bei BJLM (M + הא לך מצה am Schluß) Na (a unterstrichen = Verdoppelung [?]), doppelt bei K (+ הי לך מצה am Anfang, vom Vok. gestrichen) Pck (k bei הא לך$^{3.4}$ Rasur).

V 7c משמר שזמנו קבוע:משמרה קבוע M. — הוא^{1}: > M. — נדרים:+ ו k. — ונדבות:+ וגפד (?) c. — וכל:ושאר BM. — הצבור:ה > BMc. — הוא^{2}

מקריב: ומקריב *BJM*, הוא היה מקריב (k: והוא) ck. — את הכל: על הכל KM. — הוא מקריב את הכל: > Pa.

V 7d בזמן שהוא: ש *J*c, בזמן ש L*N*k, > *B*M. — יום טוב: + הראשון K. — סמוך: + ה *B*M. — ובין: ו > *BJ*LMak. — מלאחריה: לאחריה *B*, מאחריה c. — שוים: שוות *B*MP. — לחם: > K (K^1 + a. R.).

V 8a חל: + להיות: *B*. — אחד: > c. — להפסיק: > *B*, מפסיק c, להיות M. — הוא: K Rasur, היו *B*. — Für נוטל^1 . . משמר hat M שמיני קבוע נוטל. — שנים: שתים *N*.

V 8b בשאר כל: + ו *J*Pc, ושאר כל L*N*k, וכל a, ובשאר *B*, ושאר M. — שש^2 (K^1 + a. R.): שתים (!) K. — נוטל^3: > *B*. — נוטל^4: + נוטל K (vom Vok. gestrichen).

V 8c הנכנסין (K^1): הנכנס K. — ויוצאין: והיוצאין *BJ*M*N*Pa, + חולקים Me. — בלגה: בלגנה M (נ gestrichen). — חולקת: חולקת לעולם לעולם *BJ*L M*N*Pacek. — וטבעתה: ו > Mack.

Unterschrift: חסלת סכה Kc, חסלת מסכת סכה L, חסלת ק׳ סכה P, סל׳ פר׳ k, נגמרה סכה e, וסליקא לה מסכת סכה M, וסליקא לה מסכתא דסכה *J*.

Eine fortschreitende Harmonisierung des Mischnatextes von K bis *B*, wie sie K. H. Rengstorf (nach mündlicher Mitteilung) auf Grund seiner Zählungen, deren Einzelergebnisse erst nach ihrer Veröffentlichung nachgeprüft werden können, vermutet, würde sich aus dem Textbefund des Mischnatraktats Sukka auch belegen lassen. Dem Text der Kaufmannschen Mischnahandschrift steht L am nächsten, in geringem Abstand folgen P und a, zu denen auch die S. 174, Anm. 1 erwähnte zweite New Yorker Handschrift gehören würde, hierauf *N* und *J* und schließlich die beiden Bablizeugen M und *B*. Dabei weist *J* einzelne mit M und *B* weitgehend übereinstimmende Zusätze auf, sodaß von hier aus die oft geäußerte Vermutung gestützt wird, die heute bzw. in der Editio princeps vor der Gemara des Jeruschalmi gedruckte Mischna sei ursprünglich nicht in dieser Form vor ihr gestanden. Die Genizafragmente gehen in der Mehrzahl mit den ältesten Zeugen, und zwar mehr mit L und P als mit K parallel, zwei von ihnen, d und m, sind anscheinend später anzusetzen, da sie dem durch M und *B* vertretenen Texttypus angehören.

Register.

1. Verzeichnis der im Traktat Sukka genannten Rabbinen[1]).

a) Die Zeit der fünf „Paare" (vorchristliche Zeitrechnung).

Schammai, der Alte (הַזָּקֵן): II 8b. Auf ihn geht die „Schule Schammais" zurück.

b) Erste Generation der Tannaiten (Zeit Jesu und der Apostel).

Die Schule Schammais und die Schule Hillels: I 1b, 7; II 7a, b; III 5, 8b.
Rabban Joḥanan ben Zakkai: II 5a: III 12*.
(R.) Joḥanan ben Haḥoroni: II 7b.
R. Ṣaḏoḳ: II 5b.

c) Zweite Generation der Tannaiten (ca. 90—130 n. Chr.).

Ältere Gruppe:

R. Eliʿezer (ben Hyrḳanos): I 11a; II 6a, b; (IV 5c).
Rabban Gamli'el II., der Enkel Rabban Gamli'els I.: II 1, 5a; III 8c.
R. Jehoschuaʿ (ben Ḥananja): III 8c.

Jüngere Gruppe:

R. Jischmaʿel (ben Elischaʿ): III 4.
R. Ṭarfon: III 4.
R. Joḥanan ben Beroḳa: IV 6c.
R. ʿAḳiḇa (ben Josef): III 4, 8c.

d) Dritte Generation der Tannaiten (ca. 130—160 n. Chr.).

R. Elʿazar (ben Schammuaʿ): I 11b.
R. Jehuḏa (ben Elʿai): I 1a, 2b, 6, 7; II 1, 2a; III 1a, 6b, 7, 8a, 15a; IV 5b, 9b, c; V 4d, 8b.
R. Jose (ben Ḥalafta): I 9b; III 7, 14.
R. Me'ir: I 6b, 7; III 6, 7, 8a.
R. Schimʿon (ben Joḥai): II 1.

e) Die Weisen (חֲכָמִים) = die Mehrzahl der tannaitischen Lehrer.

I 11a; II 6a, b; III 8, ohne die Einführung als „Weise": III 13.

---

1) Näheres über die einzelnen Lehrer findet sich, wenn nicht eine besondere Stelle durch eiu Sternchen hervorgehoben ist, jeweils zu ihrem ersten Auftreten im Traktat.

2. Verzeichnis der erklärten Termini.

3. Verzeichnis der im Traktat Sukka vorkommenden griechischen und lateinischen Fremdwörter.

אִיסְטְוָה = στοά, Säulenhalle: IV 4a.
אַכְסַדְרָא = ἐξέδρα, Säulenhalle (vorn offen), Säulengang: I 10.
מַפָּה = μάππα = mappa, Tuch, Handtuch: II 5b.
נִקְלִיטִין = ἀνάκλιτα, Ruhebett, Lehne, dann Bettstangen an den Lehnen: I 3.
קִינוֹף = κωνωπεῖον, Mückennetz, dann Bett mit Mückennetz: I 3.
קִיתוֹן = κύαθος (oder κώθων?), großes Gefäß, Wasserkrug: II 9c.
קִסּוֹס = κισσός, Efeu: I 4a.

4. Verzeichnis der zitierten Bibelstellen

a) im Traktat

b) in Einleitung und Kommentar

Verzeichnis der Abkürzungen und Umschriften

1. Bibel mit Apokryphen und Pseudepigraphen

Gen = Genesis
Ex = Exodus
Lev = Levitikus
Num = Numeri
Dtn = Deuteronomium
Jos = Josua
Ri = Richter
Sam = Samuelis
Kön = Könige
Chron = Chronik
Es = Esra
Neh = Nehemia
Jes = Jesaja
Jer = Jeremia
Ez = Ezechiel
Dan = Daniel
Hos = Hosea
Jo = Joel
Am = Amos
Ob = Obadja
Jon = Jona
Mi = Micha
Nah = Nahum
Hab = Habakuk
Zeph = Zephanja
Hag = Haggai
Sach = Sacharja
Mal = Maleachi
Ps = Psalmen
Prov = Proverbien
Hi = Hiob
HL = Hohes Lied
Ru = Ruth
Klagl = Klagelieder
Ḳoh = Ḳohelet
Est = Esther
Jud = Judith
WSal = Weisheit Salomos
Tob = Tobit
Bar = Baruch
Mak = Makkabäer
St.Est = Stücke in Esther
Sus = Susanna
Bl = Bel zu Babel
Dr = Drachen zu Babel
Ges = Gesang der drei Männer im Feuerofen
As = Gebet Asarjas
Man = Gebet Manasses
Jub = Jubiläen
PsSal = Psalmen Salomos
Sib = Sibyllinen
Hen = Henoch
HMos = Himmelfahrt Mosis
IVEs = IV Esra
ApBar = Apokalypse Baruch
XII Patr = Testamente der 12 Patriarchen
Od = Oden Salomos
Mat = Matthäus
Marc = Marcus
Luc = Lucas

Joh = Johannes
Apg = Apostelgeschichte
Röm = Römer
Kor = Korinther
Gal = Galater
Phil = Philipper
Eph = Epheser
Kol = Kolosser
Thes = Thessalonicher
Tim = Timotheus
Tit = Titus
Phm = Philemon
Hebr = Hebräer
Jak = Jakobus
Petr = Petrus
Ju = Judas
Apc = Apokalypse
Hebr Ev = Hebräerevangelium
Prot Jak = Protevangelium des Jakobus
Thom = Evangelium des Thomas
Barn = Barnabas
Did = Didache
Herm = Hermas

2. Die Traktate der Mischna

1. Seder

Ber = Berakot
Pea = Pea
Dam = Damai
Kil = Kilajim
Schebi = Schebiit
Ter = Terumot
Maas = Maaserot
Maas sch = Maaser scheni
Ḥal = Ḥalla
Orl = Orla
Bik = Bikkurim

2. Seder

Schab = Schabbat
Erub = Erubin
Pes = Pesachim
Scheḳ = Scheḳalim
Jom = Joma
Suk = Sukka
Beṣ = Beṣa
R hasch = Rosch haschana
Taan = Taanit
Meg = Megilla
M ḳaṭ = Moëd ḳaṭan
Ḥag = Ḥagiga

3. Seder

Jeb = Jebamot
Ket = Ketubbot
Ned = Nedarim
Naz = Nazir
Giṭ = Giṭṭin
Soṭ = Soṭa
Ḳid = Ḳidduschin

4. Seder

B ḳam = Baba ḳamma
B meṣ = Baba meṣia
B bat = Baba batra
Sanh = Sanhedrin
Makk = Makkot
Schebu = Schebuot
Edu = Edujot
Ab zara = Aboda zara
Ab = Abot
Hor = Horajot

5. Seder

Zeb	= Zebaḥim
Men	= Menaḥot
Ḥul	= Ḥullin
Bek	= Bekorot
Ar	= Arakin
Tem	= Temura
Ker	= Keritot
Meïl	= Meïla
Tam	= Tamid
Midd	= Middot
Ḳin	= Ḳinnim

6. Seder

Kel	= Kelim
Ohal	= Ohalot
Neg	= Negaïm
Par	= Para
Ṭeh	= Ṭeharot
Miḳ	= Miḳwaot
Nid	= Nidda
Maksch	= Makschirin
Zab	= Zabim
Teb j	= Ṭebul jom
Jad	= Jadajim
Uḳṣ	= Uḳṣin

3. Sonstiges

A.T.	= Altes Testament
N.T.	= Neues Testament
M	= Mischna
Tos	= Tosefta
Bar	= Baraita
Gem	= Gemara
j	= jerusalemische Gemara (zitiert nach Traktat, Blatt u. Zeile, z. B. j Suk 53a, 20ff.)
b	= babylonische Gemara (zitiert nach Traktat und Blatt, z. B. b Suk 14b)
r	= Midrasch rabba (z. B. Gen r 15 zu 3_{6})
Meḵ	= Meḵilta
Sifr	= Sifra, Sifre
Pesiḳ	= Pesiḳta
Jos	= Josephus
Bart.	= Bartenora
Maim.	= Maimonides
H. S.	= הלכות סוכה } משני תורה
H. L.	= הלכות לולב } משני תורה

4. Häufig zitierte neuere Literatur.

Albrecht, Grammatik = K. Albrecht, Neuhebräische Grammatik auf Grund der Mischna, München 1913.

Bacher, Terminologie = W. Bacher, Die exegetische Terminologie der jüdischen Traditionsliteratur, Leipzig 1905.

Baneth, Mischnajot = E. Baneth, Mischnajot, Teil II^{2}, Berlin 1927.

Benzinger, Archäologie = J. Benzinger, Hebräische Archäologie^{3}, 1927.

Beyer-Lietzmann = H. W. Beyer und H. Lietzmann, Die jüdische Katakombe der Villa Torlonia in Rom (= Studien zur spätantiken Kunstgeschichte 4), Berlin 1930.

Billerbeck = H. L. Strack und P. Billerbeck, Kommentar zum Neuen Testament aus Talmud und Midrasch I—IV, München 1922—1928.

Büchler, Priester und Cultus = A. Büchler, Die Priester und der Cultus im letzten Jahrzehnt des jerusalemischen Tempels, Wien 1895.

Dalman, Arbeit und Sitte = G. Dalman, Arbeit und Sitte in Palästina I 1. 2: Jahreslauf und Tageslauf, Gütersloh 1928.

Elbogen, Gottesdienst = J. Elbogen, Der jüdische Gottesdienst in seiner geschichtlichen Entwicklung[3], Frankfurt a. M. 1931.

Feuchtwang, Wasseropfer = D. Feuchtwang, Das Wasseropfer und die damit verbundenen Zeremonien, Wien 1911.

Greenup, Sukkah = A. W. Greenup, Sukkah, Mishna and Tosefta (with introduction, translation and short notes) London 1925.

Hochman Festivities = J. Hochman, Jerusalem temple festivities, London (undatiert, etwa 1910).

Jeremias, Jerusalem = Joach. Jeremias, Jerusalem zur Zeit Jesu II A, B 1, Leipzig 1924/1929.

Krauß, Archäologie = S. Krauß, Talmudische Archäologie I—III, Leipzig 1910/12.

„ , Lehnwörter = S. Krauß, Griechische und lateinische Lehnwörter in Talmud, Midrasch und Targum II, Berlin 1899.

„ , Altertümer = S. Krauß, Synagogale Altertümer, Berlin-Wien 1922.

Kristensen, Loofhuttenfeest = W. B. Kristensen, De Loofhut en het Loofhuttenfeest in den Egyptischen Kultus (= Koninkl. Akademie van Wetenschappen, Afd. Letterkunde LV, B 6) Amsterdam 1923.

Levy = J. Levy, Neuhebräisches und chaldäisches Wörterbuch über die Talmudim und Midraschim I—IV, Leipzig 1876—1889.

Löw, Flora = J. Löw, Die Flora der Juden I—III, Wien/Leipzig 1924 ff.

Mowinckel, Thronbesteigungsfest = S. Mowinckel, Psalmenstudien II. Das Thronbesteigungsfest Jahwäs und der Ursprung der Eschatologie, Kristiania 1922.

Rankin, Hanukkah = O. S. Rankin, The origins of the festival of Hanukkah, the Jewish new-age festival, Edinburgh 1930.

Schlatter, Geschichte Israels = A. Schlatter, Geschichte Israels von Alexander dem Großen bis Hadrian[3], Stuttgart 1925.

Schlatter, Sprache und Heimat = A. Schlatter, Die Sprache und Heimat des vierten Evangelisten, Gütersloh 1902.

Schürer = E. Schürer, Geschichte des jüdischen Volkes im Zeitalter Jesu Christi, Leipzig I^{5} 1920, II^{4} 1907, III^{4} 1909.

Segal, Grammar = M. Segal, A Grammar of Mishnaic Hebrew, Oxford 1927.

Strack, Einleitung = H. L. Strack, Einleitung in Talmud und Midrasch^{5}, München 1921.

Venetianer, Mysterien = L. Venetianer, Die eleusinischen Mysterien im jerusalemischen Tempel, in: Populärwissenschaftliche Monatsblätter zur Belehrung über das Judentum, Jahrg. 1897, Frankfurt a. M., S. 121 ff., 168 ff.

Volz, Neujahrsfest = P. Volz, Das Neujahrsfest Jahwes (Laubhüttenfest), Tübingen 1912.

Wensinck, Tabernacles = A. J. Wensinck, Arabic New Year and the Feast of Tabernacles (= Verhandelingen der Koninkl. Akademie van Wetenschappen, Afd. Letterkunde, Nieuwe reeks, Deel XXV 2), Amsterdam 1925.

Zahn, Johannes = Th. Zahn, Das Evangelium des Johannes, Leipzig 1908.

Hier nicht aufgeführte Literatur ist abgesehen von den zur Bearbeitung eines derartigen Textes erforderlichen sprachlichen Hilfsmitteln innerhalb der Arbeit zitiert.

Alle übrigen Abkürzungen sind die sonst in wissenschaftlichen Arbeiten üblichen; das gilt auch von den Sigla der benutzten Zeitschriften usw.

5. Umschrift des hebräischen Alphabets

א am Wortanfang und Ende –, im Wort ’–; ב = b, ḇ; ג = g, ḡ; ד = d, ḏ; ה = h, am Wortende –; ו = w (Kons.), u bzw. o (Vokal); ז = z; ח = ḥ; ט = ṭ; י = j (Kons.), i (Vokal); כ = k, ḵ; ל = l; מ = m; נ = n; ס = s; ע = ‘–; פ = p, f; צ = ṣ; ק = ḳ; ר = r; שׂ = ś; שׁ = sch; ת = t, ṯ.

Die altorientalische Weisheit in ihrer israelitisch-jüdischen Ausprägung

Eine Studie zur Nationalisierung der Weisheit in Israel

von

Johannes Fichtner

Lic. theol., Priv.-Doz. in Greifswald

(Beihefte zur Zeitschr. f. d. Alttest. Wiss. 62) — 136 S. 1933. 6,80 RM

Der Elohist als Erzähler — ein Irrweg der Pentateuchkritik?

An der Genesis erläutert von

Paul Volz und **Wilhelm Rudolph**

Prof. D. in Tübingen Prof. D. Dr. in Gießen

(Beihefte zur Zeitschr. f. d. Alttest. Wiss. 63) — 192 S. 1933. 10 RM

Name und Wort Gottes im Alten Testament

von

Oskar Grether

Lic. theol., Repetent a. d. Univ. Erlangen

(Beihefte zur Zeitschrift f. d. Alttest. Wissenschaft 64) — 208 S. 1934. 9 RM

Lieder und Gottessprüche der Rückwanderer

(Jesaja 40—55)

von

Wilhelm Caspari

Prof. D. in Kiel

(Beihefte zur Zeitschrift f. d. Alttest. Wissenschaft 65) — 271 S. 1934. 13 RM

Verlag von Alfred Töpelmann in Berlin

FSC
www.fsc.org
MIX
Papier | Fördert gute Waldnutzung
FSC® C083411

Kolibri 360 GmbH
Ferdinand-Jühlke-Straße 7
99095 Erfurt, Deutschland
produktsicherheit@kolibri360.de